黃國清——著

漢傳佛教經典一本通

30本必讀經典入門

All About Chinese Buddhist Texts

An Introduction to 30 Must Read Classics

〔推薦序〕善說漢傳佛典之精髓

漢傳佛教透過對印度佛教的思想吸納與理論轉化，在中國歷史與文化背景中形成豐富且多元的宗教理論與實踐型態。若要適切地理解漢傳佛教，除了需正確認識印度佛教思想與理論架構之外，也需對漢傳佛教複雜且多元的發展歷程有所把握。此外，漢傳佛教思想的發展除了透過對印度佛教重要經論的翻譯之外，中國僧人與知識分子對於佛教經論的理解、詮釋乃至於對佛教內外不同思想的會通所留下來的文本，也是漢傳佛教傳衍的重要途徑。因此，宏觀地認識印度佛教及漢傳佛教的思想、歷史與文化背景之發展歷程，以及對漢傳佛教的經典與注疏有適切的認識與解讀，是理解漢傳佛教得當的綱領。

黃國清教授《漢傳佛教經典一本通——30本必讀經典入門》一書，從漢傳佛教思想史脈絡中，挑選三十本在漢傳佛教具代表性之祖師大德的重要著作，以深入淺出的文字，提綱契領地引導讀者認識這些古籍文獻的核心義理。閱讀此書，讀者能從漢傳佛教複雜的思想發展歷程中，有系統地把握漢傳佛典的思想精要，對初學者乃至研究者均能收綱舉目張之效。

黃國清教授乃國立中央大學中國文學系博士，在取得博士學位之前，除了獲得中央大學中國文學系碩士學位外，也從法鼓山中華佛研所畢業，具有相當嚴謹且紮實的學術訓練背景。他不但精通佛典漢語、梵語等佛教經典語言，更對中觀與唯識、法華思想、天台思想等佛教義理有深入的研究與良好的研究成果。黃教授對於佛法研究與教學具有高度的熱忱，除了善於佛教義理研究與發表著作之外，教學上更是循循善誘，常見他於課餘時間組織佛教經論的讀書會，帶領許多不同專業背景的人士研習佛典義理。黃教授教研均佳，敝人相信這是本書能以清晰明瞭且平易近人的文字表達，卻又不失客觀嚴謹與專業深度的主要理由。

《漢傳佛教經典一本通——30本必讀經典入門》以「漢傳佛典的建基思想」、「佛學世界的開門鎖鑰」以及「實踐佛法的修行指南」三篇，據此分別揀擇代表性的漢傳佛典，並進一步解說，此乃兼顧漢傳佛教思想史以及各個發展脈絡的思想特色而立。本書能夠在漢傳佛教發展的詮釋歷史脈絡下，循序漸進地引導讀者把握代表性佛典之要旨，也能透過各本佛典的研習領略三論、法相、天台、華嚴、禪、淨、律、密等不同宗派的思想風貌，可見作者之巧思。

經典導讀性質的書籍，最大的困難與挑戰在於如何從繁瑣的專業術語、古籍文獻以及複雜的義理結構中理出要略，並以清晰、明瞭、流暢與易讀的寫作形式引導徘徊在佛教經典門外的讀者進入智慧之門，又不失學術的客觀與嚴謹。這本書確實克服了上述的困難。

敝人作為讀者之一，在閱讀的動態歷程中著實於字裡行間感受到作者紮實的學術訓練與善導教理的調和，可謂法喜充滿。作為推薦人，敝人常感於聖嚴法師「佛法這麼好，知道的人那麼少，誤解的人那麼多」的警語而思，佛學研究除了研究者自身精進不懈地深入經藏之外，若能有效且善巧地將所思所學貢獻於對佛教學問與實踐有興趣，但卻不得其門而入的社群、甚至是對佛法有片面誤解的人們，或許也是作為一位佛教學者「饒益有情」的方法之一。本書作者可謂面面俱到地透過書寫實踐了善知識的角色。

漢傳佛教的文獻浩瀚如海，義理多元而複雜，一般人若沒有適當的引導，實在難以有整全又不失客觀的理解與認識。《漢傳佛教經典一本通——30本必讀經典入門》是一本可以帶領初學者乃至於研究者對漢傳佛典一窺堂奧的導論書籍，值得讀者深入閱讀、細細品味。

嚴瑋泓
國立成功大學中國文學系教授

〔自序〕漢傳法苑叩其門

天竺佛典自東漢時代開始傳播漢地，經由歷代譯經家們的接續努力，將印度佛教在各時期、各地域流通的經、律、論三藏典籍轉梵為漢，使中華大地的學佛大眾得以受用佛法智慧，在生死流轉的暗冥長夜之中，見到生命自在的光明燈塔。中國佛教祖師精勤研讀、修習與領悟這批卷帙龐大的佛教藏經法義，大致歷經了吸收調和、註釋發揮到漢化詮釋的遞進演變過程，他們將許多義詮精深的佛學著述遺贈後世佛子，是漢傳佛教的智慧結晶。

「漢文佛典」可分為兩大類：其一是漢譯過來的印度佛教經、律、論典籍；其二是中國佛門祖師所撰述的佛教著作。本書的「漢傳佛典」所指，是漢傳佛教古德的著述，包括佛典註疏、佛學論著、禪法語錄、佛經目錄、高僧傳記、文史載記等。了解中國祖師所書寫的智慧寶藏，對於一個自許為漢傳佛弟子者而言，應思作為必修功課。

從東漢直至明、清，漢傳佛典積累的數量龐多，涵蓋的領域廣闊，想要對其進行全面的梳理與導讀，可說是一項浩瀚艱鉅的工程。退而求其次，為了幫助有興趣探訪漢傳佛典世界的智慧尋寶者找到門徑，宜有一本簡明的導論書。比較理想的情況，這本導論書是由多位專精中國佛學領域的學者專家共同執筆，分頭就所熟悉的祖師著述撰寫導讀，集結成書。

在精當的導論專書問世之前，筆者不揣淺陋，曾自二〇〇四年二月起，以兩年時間在《人生》雜誌逐月導讀二十四部漢傳佛教祖師的著述，一方面督促自己能藉此機緣深入理解，另一方面將研究心得按時與讀者分享。此時面臨一個難題，考慮到讀者群的接受性，應當擇取哪些著作呢？幾經思量，先行鳥瞰各時代、各宗派在佛教思想與文化領域具代表性的祖師，然後在他們的著述當中篩選出具有特殊義理發揮或開風氣之先者。如果發現合宜的概論宗義的綱要性撰述，亦會優先選取，以利閱聽受眾想要鑑賞原文的延伸閱讀。

本書所導讀的漢傳佛教典籍，上篇「漢傳佛典的建基思想」，挑選三國到南北朝時代的六種佛教撰述，涉及禪法與般若學的法義詮釋，佛教面對中國文化的調適與護教，以及佛經目錄與高僧傳記的典範著作。中篇「佛學世界的開門鎖鑰」，擇取天台、三論、唯識、華嚴諸宗的十四種代表性典籍或宗義概論書。下篇「實踐佛法的修行指南」，包含禪宗、淨土宗、律宗、密宗的十種著述。如此，將漢傳佛教大乘八宗含攝於其中。

過去所寫文稿不知不覺中已放置二十年，此番將其集結與修訂出書，調整部分書單並略予擴充，使全書的照顧範圍與篇目安排較為合理。同時，對文字內容做了大量改寫，尋求更充實地反映書中思想觀點，及盡力降低訛誤。考量到本書的著作旨趣在於幫助更多人了解漢傳佛學，遣詞用字方面盡量採取淺顯的表達，引用古文也都轉譯為現代中文，而不減損其間所含的學術觀照。由於篇幅的限制，僅能納入三十部典籍（〈圓頓止觀集大成〉一篇包含兩部），藉以管窺漢傳佛典的滄海一粟。遺珠之憾必多，有興趣的讀者可進一步探尋與鑽研。

這次在百事繁忙當中能將這部書稿順利完成，承蒙法鼓文化編輯總監果賢法師看重，還要感謝編輯團隊的督促與協助。另外，畢業於中華佛研所的謝美霜居士、在法鼓文理學院佛學博士班深造的洪琬雯，及甫自南華宗教所取得碩士學位的廖幸華，這幾位優秀佛弟子願意撥冗校看文稿與提供修改意見，使得成果更加完善，於此聊表謝忱！眾因眾緣和合，感恩不盡！

目錄

中篇 佛學世界的開門鎖鑰

下篇 實踐佛法的修行指南

緒論
——漢傳佛海一舟航

印度佛典在中國的傳譯，借用玄奘譯經集團的分期觀點，可方便地分為古譯、舊譯與新譯三個階段。若以重要佛經翻譯家作為分期的代表，將鳩摩羅什（三四四—四一三）以前視為古譯，譯文具有質樸風格，尚處於進步當中，不免存在許多文意費解之處。舊譯以鳩摩羅什作為代表，譯文明晰曉暢，漢譯品質顯著提升。新譯以玄奘大師（六〇二—六六四）為代表，譯經風格追求準確達意，用詞典雅。每個階段的佛典翻譯成績，都對中國佛教圈接受與把握佛教法義做出重大貢獻。

這些漢譯過來的經、律、論三藏佛典，在不同時代引進印度佛學的多元思想與主流思潮，成為漢傳佛教祖師們理解與詮釋佛法教理的文本依據。相應於佛典漢譯的三個時期，中國祖師們對印度佛教義理的接受過程也有吸收調和、註釋發揮及漢化詮釋三個階段。

受容佛教三部曲

在吸收調和階段，中國祖師嘗試去了解翻譯過來的佛典文義，並且對印度佛教文化與中國儒家文化，在觀念與價值上的衝突進行調解，開展適應漢地的佛法修學形態。由於早期佛經譯文質樸難懂，以致造成諸多理解紛歧甚至解讀不當之處，如般若學即有六家七宗的觀點差異。然而，隨著時間向前推移，翻譯品質不斷改善，佛典譯出數量漸次增多，對於佛教觀念與印度文化的認識獲得拓展，對佛典義理的理解隨之提升。

鳩摩羅什於姚秦弘始三年（四〇一）來華，將漢傳佛教帶向一個新的紀元。他本人是中觀學派的大師級人物，通曉漢語，在譯經方面獲得本地優秀文士的鼎力相助，譯文能夠達意，也更加明曉易讀。他一邊譯經一邊講解，使得漢地佛教知識分子對印度佛學的理解程度呈現大幅跳躍之勢，促進講經與註經風氣的盛行。東晉、南北朝時期除了鳩摩羅什的譯經與弘法事業，佛性、華嚴、唯識等各系經論的漢譯同樣成績斐然。在這段期間，中國古德們致力於三論學、毘曇學、《成實論》、《攝大乘論》、《十地經論》、禪法等佛典的法義詮釋與教理發揮。

隋、唐時期，佛教祖師們對佛典教理的消化融通、思想創獲與義理體系建構可謂達到頂峰，漢傳佛學大放異彩，提出許多具中國佛教特色的精妙思想及建立宗派教學體系。佛教經論在唐朝與宋朝仍持續漢譯，新譯出的佛典除了許多重譯經典（如《般若經》、《華嚴經》等）之外，主要有說一切有部論典、瑜伽行派（唯識學派）經論及密教經典與儀軌等的系統傳譯。然而，漢傳佛教的發展方向在此之前已然定調，中國化的程度與時俱增，代表性宗派的弘博思想體系趨於成熟。

歷經安史之亂的戰局摧殘及唐武宗會昌年間的滅佛法難之後，許多義學宗派（如天台、華嚴、唯識諸宗）的典籍在漢地散佚不傳，精深嚴密的佛學義理研究亦失落了支持性的文化環境與經濟資源。如此時勢之下，相較於體大思精的宗派教學形態的艱難處境，重視簡易教學與實修踐行的禪宗變得一枝獨秀，祖師輩出，淨土佛教同樣擴大其影響層面，在在加快佛教思想與實踐的本土化進程。時序進入宋代，漢傳佛教更加展現中國化、簡易化與實踐化的傾向。

吸收調和及護教

有確切歷史記載的佛典傳譯始於西元二世紀的東漢時代，最具代表性的兩系漢譯佛典是安世高的禪數學（聲聞禪法與論書），及支婁迦讖的般若學（《道行般若經》）與大乘禪經（《般舟三昧經》、《首楞嚴經》等）。安世高所譯的《安般守意經》教導初期佛教的「數息觀」（安那般那念），三國時期在吳地譯經與弘法的康僧會（？—二八〇）師事安世高弟子陳慧等人，深入此道而協助老師為這部經典做了註解，並撰〈安般守意經序〉。這篇序文展示數息法的要義，選為首篇導讀的佛教著述。康僧會是生於中國的外僑，祖籍印度，父親因經商移居交趾（今越南北部，西漢到唐朝郡名），在當地生下了他。他曾受業於韓林、皮業和陳慧諸師，學習漢譯佛典與禪觀，於吳主孫權時代來到建業（今南京），由於一生都在中國版圖內活動，將其視同漢傳佛教祖師。

佛教東傳中國，不少思想與文化觀念是漢地本來所無的，甚至在禮儀行事上違反固有的綱常名教，遭到了許多衛道人士的拒斥。如何調解兩種文化之間的隔閡與衝突，為佛教的思想觀念與禮儀制度提供合理的解釋，是吸收調和期的一大課題。東漢末年到三國時代的牟融撰寫《牟子理惑論》，引述道家與儒家的學說來澄清當時眾人對佛教的誤解。牟子對佛教法義具備良好理解，並能廣泛利用中國士人所熟悉的本土教義來為佛教辯護，進而闡述佛教的優位性，是很有智慧的對話互鑑進路。東晉名僧廬山慧遠（三三四—四一六）面對漢地權貴人士對佛教出家制度與不禮帝王做法的強烈非難，他作《沙門不敬王者論》來回應此事，說理明晰，不亢不卑。以上兩種著述選為護法護教與三教調和的代表文獻。

至於支羅迦讖所傳的般若學，其後仍續有《般若經》的重新翻譯，到了東晉時代，一些著名法師分從不同角度來理解般若經典的空性法義，甚至援引老莊玄學來釋讀其義，形成多家觀點，曇濟為此而著《六家七宗論》，可惜已經佚失。現今對於「六家七宗」見解的重點引述，可見於僧肇（三八四—四一四）《肇論・不真空論》及吉藏（五四九—六二三）《中觀論疏》等書。漢地佛教學人對般若學的較高理解，可能要等到鳩摩羅什來華弘法以後，尤其是其弟子僧肇被譽為「秦人解空第一」，因而有關中國般若學的詮釋，就選取僧肇的《肇論》作為導讀標的，內含〈宗本義〉的序論，及〈物不遷論〉、〈不真空論〉、〈般若無知論〉、〈涅槃無名論〉四篇論文。

隨著佛典譯出數量持續增多，須有佛經目錄以記錄譯人、翻譯年代及相關譯事。名僧道安（三一二／三一四—三八五）曾撰《綜理眾經目錄》一卷，已經佚失，主要內容被收錄於梁代僧祐（四四五—五一八）所撰集的《出三藏記集》。因此，有關佛經目錄的現存最早典籍，就是《出三藏記集》。其中不僅記載各部佛典的翻譯者、譯經時間等，也對漢譯經典的真偽進行嚴謹的考辨，為後世編纂經錄提供態度與體例上的參考準則。想了解梁代以前的佛典漢譯及其存佚情形，僧祐這部經錄是首選之作。

梁朝另有慧皎（四九七—五五四）撰寫的《高僧傳》，也是一本開風氣之先的著作，成為後世高僧傳記的範本。在慧皎此書之前，寶唱已著有《名僧傳》，慧皎認為名僧不一定是高僧，於是不取「名」字而改用「高」字，意在為具有高風景行的中國法師留下傳略，堪為後人師法。此書內分為譯經、義解、神異、習禪、明律、亡身、誦經、興福、經師、倡導等十篇，慧皎努力蒐集與考證資料，為東漢至梁代具有卓越德行與功績的僧人書寫其生平事略、學思歷程及佛教貢獻，是值得一讀的好書。

圓妙教觀天台學

漢傳佛教大乘「八宗」這個稱呼頗具爭議，是在近代參考日人著作而提出的，其中部分宗派具足構成一宗的重要條件（創立祖師、教理體系、僧團組織、法脈傳承等），有的宗派則為名義上的成分居多。儘管如此，就義理系統與修行法門的面向而言，「八宗」也不失為一種已為佛教界所熟知的方便歸類方式，可根據祖師著述的義理內容及其法脈傳承來進行宗派歸屬。

首先，介紹形成於隋代的天台學系重要著作。受後世追尊為天台二祖的南嶽慧思（五一五—五七七）著有《法華經安樂行義》、《諸法無諍三昧法門》、《隨自意三昧》等撰述。本書將導讀《法華經安樂行義》這部法華圓妙思想的先驅之作，說明撰作此論的時代背景，及慧思對《法華經》頓覺教理的詮解。

天台實際創宗祖師智顗（智者大師，五三八—五九七）著有《法華玄義》、《法華文句》、《摩訶止觀》的「天台三大部」，及其他許多經典註疏與禪法典籍。《法華玄義》是《法華經》義理宗旨的總體論述，是了解天台法華思想的根本論著。在止觀典籍方面，將導讀其《摩訶止觀》與《修息止觀坐禪法要》（簡稱《小止觀》）。《摩訶止觀》系統地闡釋天台圓頓止觀的實相真理觀境與具體觀行方法，是修學天台禪觀的必讀要籍。《小止觀》對天台止觀法門的各個面向做出提綱性說明，可說是初學天台禪法最適合的入門書，也廣為其他宗派所採用。

後人尊為天台九祖的荊溪湛然（七一一—七八二），是中唐時代的天台中興功臣，為法華三大部做了詳細疏解。另外，《金剛錍》是他的著名論作，主張「無情有性」的特殊思想，是天台圓教義理與佛性論述的一種開展。佛教學說一般認為有情才具備佛性，得以修行成佛，湛然則說無情同樣具有佛性，也能成佛。這種奇特觀點的理論基礎為何？是否違反佛教法義？對後世天台佛學與當代佛教思想會產生何種影響？這些都是有趣的問題。

天台的判教觀點相當精湛，智者大師在其著述中多所論及，後代學人統括為「五時八教」，相關著作有隋代章安灌頂（五六一—六三二）的《八教大義》、宋代高麗諦觀（九六一年來華）的《天台四教儀》及明末蕅益智旭（一五九九—一六五五）的《教觀綱宗》。蕅益大師批評《天台四教儀》在觀行方面的解說失之簡略，強調教與觀必須並重，而興起動機撰寫一本更為理想的綱要書。《教觀綱宗》頗能符合天台教學解行並重的根本精神，是了解天台判教學說的良好入門書；其中不乏智旭個人的思想發揮，所以特別選為導讀的文本。

三論唯識印度風

兩個相對具有印度佛教學風的中國宗派是三論宗與唯識宗；尤其是後者，玄奘大師嘗試忠實地傳述他在天竺所學的唯識佛學義理。三論宗的嘉祥吉藏所作經論註疏甚多，解釋精深細緻，若非專門研究者恐怕不易掌握與貫通。吉藏的著述當中有兩本關於三論佛學與大乘佛學的綱要書，頗具思想要義的提綱功用。其一是《三論玄義》，站在中觀佛學的立場，對外道（印度外教及中國儒、道二教）及其他佛教學派（毘曇、成實、地論、攝論、天台等）進行批判，通過破邪以顯明龍樹三論的義理宗旨。另一本是《大乘玄論》，以三論學派的中觀思想為中心，論證大乘佛教的重要法義。

關於唯識宗的著作，將導讀傳為玄奘大師所講述的《八識規矩頌》，及其弟子慈恩窺基（六三二—六八二）所撰的《成唯識論述記》。《八識規矩頌》是漢傳唯識學的入門要籍，僅用十二首頌文依序論說前五識、第六識、第七識與第八識的教義特質。這部唯識學綱要書在中國佛教史上有其重要的影響效應，從明末至今，已有超過十種的註釋書。雖然這部典籍的文字至為精簡，卻對八識法義能有極大概括，在研讀上可參考古今佛教學人的註解。

《成唯識論》是世親所造《唯識三十論頌》的註釋書，這本論書在玄奘漢譯當時揉合印度十家論師的觀點，而以護法大師的解釋作為圭臬，成為漢傳唯識學的權威論典。《成唯識論述記》是窺基在玄奘指導之下完成的註疏，在詳細疏解《成唯識論》的正文之前，以辨教時機、明論宗體、藏乘所攝、說教年主、判釋本文等五個項目，為全書提供通論性的導讀。窺基這本論疏是《成唯識論》的主要註釋書，惜在元代於漢地失傳，清末由楊仁山居士在日本取得回傳中國，國人得有機緣再度一窺這部法相唯識寶典的堂奧。

重重無盡華嚴學

賢首法藏（六四三—七一二）是華嚴宗的實際創立者，後世推尊為此宗第三祖，曾經參與實叉難陀的大本《華嚴經》譯場，他所倡導的華嚴佛學是繼法相唯識學之後，於唐代都城長安引領風潮的佛教義理體系。華嚴宗義富含中國佛教文化氣息，本書將導讀此宗三位祖師的四部著作。

首先，是受後世追尊為華嚴初祖的杜順（五五七—六四〇）所撰述的《華嚴法界觀門》，分為真空觀、理事無礙觀、周遍含容觀三門，融貫般若思想與華嚴思想為一體。其中，周遍含容觀開啟了事事無礙的法界圓融觀法。

二祖智儼（六〇二—六六八）有多種撰述，其中《華嚴一乘十玄門》顯示海印三昧重重無盡的深義，以十門論述萬事萬物的相即相入、無盡圓融意趣，此為華嚴義海的極致教理。法藏師事智儼，對十玄門法義大加闡揚，而其十門的名稱與次第與智儼所述稍有出入，但思想理趣並無二致。鑑於十玄門教理的深妙難明，為了幫助女皇武則天領略個中要旨，法藏特別撰寫《華嚴金師子章》，舉出具體的金獅子為喻，發揮善巧辯才，映現十玄無礙、六相圓融的法界緣起思想，對理解華嚴奧義提供莫大助益。本書導讀《華嚴金師子章》來探問華嚴無盡圓融的義理世界。

關於華嚴宗的判教思想，將引介法藏所撰的《華嚴一乘教義分齊章》（《華嚴五教章》）這部權威典籍。法藏將佛教的教義層級作「五教十宗」的分判，體系完整，與天台的教相判釋互別苗頭。五教是小、始、終、頓、圓五階教法，以《華嚴經》為最高的別教一乘，勝過《法華經》的同教一乘。十宗是在窺基所立八宗判教的基礎上，再加上相想俱絕宗與圓明具德宗，以對應到頓、圓二教。

華嚴宗的另一種判教論述由人稱華嚴五祖的圭峰宗密（七八〇—八四一）所提出，他在《原人論》中將世間與佛法的各類教義依淺深次第排列為人天教、小乘教、大乘法相教、大乘破相教，以及一乘顯性教。一方面在人天教中納入漢地的儒、道二教，另一方面則受《大乘起信論》影響，以如來藏學說作為判教的最高標準。宗密同時具有華嚴宗與禪宗的傳承，他的佛學思想已有從華嚴法界緣起思想轉向佛性如來藏學說的傾向。

禪宗淨土亦精深

禪宗是中國化最為徹底的佛教宗派，然而，這是指六祖惠能（六三八—七一三）所開出的南宗禪。禪宗有北宗與南宗之分，前者仍帶有濃厚的印度禪法風格。在北宗方面，本書將介紹傳為中土禪宗初祖菩提達摩（？—五三六）所述的〈二入四行論〉，提出「理入」與「行入」二種實踐進路，作為指導修學禪法的教理依據，及面對人生順逆情境之時安定心靈的思惟觀照方法。其次，唐代淨覺所集《楞伽師資記》成書於景龍二年（七〇八），是站在北宗立場所撰集的早期禪宗傳法史傳，是了解與研究初期禪宗史與北宗禪法的重要文獻。

南宗禪的權威著作非惠能所講述的《六祖壇經》莫屬，這是中國佛教著述中唯一冠上「經」名的典籍。南宗禪法發揚頓悟教法，以無念、無相、無住為宗，強調先求頓悟自性清淨的本心本性，引導一切佛法修行活動。惠能並未否定經教，他常引述經典文句，而做自由的解釋，貫通到般若無住的整體思想。南宗禪發展出許多燈錄體的著述，在《祖堂集》、《寶林傳》等書於近代重現世界之前，以道原所撰集的《景德傳燈錄》時代最早，成書於北宋景德元年（一〇〇四），是從南宗立場所編修的禪宗史籍，記述一千七百餘位禪師的生平事略與機緣法語，廣為佛教內外人士所參閱。

淨土宗的發展源遠流長，在思想上亦有其高度與深度。北魏曇鸞（四七六—五四二）撰寫《往生論註》，疏解世親依《無量壽經》所造的《往生論》（《無量壽經優婆提舍》）。曇鸞此書根據《十住毘婆沙論》提出易行與難行二道，主張五濁惡世無佛時最好仰仗佛力加持的他力思想。曇鸞對世親所論修學淨土的「五念門」——禮拜門、讚歎門、作願門、觀察門、迴向門——多所闡發。此外，提出「生而無生」空觀思惟，融通淨土教法與般若思想。日本淨土真宗推尊曇鸞為其開宗祖師。

唐代道綽（五六二—六四五）遙承曇鸞，他在汾州石壁谷玄中寺（於今山西交城）見到記載曇鸞事蹟的碑文，大為欽歎，開始專修與弘揚淨土法門。道綽的傳世著作有《安樂集》，援引四十多部經、律、論佛典為證，以十二門顯示淨土要義，勸人歸信淨土，發願往生，一心念佛。唐代善導（六一三—六八一）為道綽弟子，在蓮宗十三祖的排名當中為次於慧遠的中土第二祖。善導最重要的著作是《觀無量壽經疏》，透過定善與散善二門解釋《觀無量壽經》的十六觀行。再者，善導特別重視他力加持、持名念佛、帶業往生等淨土念佛觀點。

淨土佛教有「三經一論」，在南北朝、隋唐時代，《觀無量壽經》與《無量壽經》是較受青睞的淨土經典，特別是《觀無量壽經》所指導的禪觀念佛法門。宋代以後，《阿彌陀經》逐漸嶄露頭角，註疏數量與時俱增，在明代甚至受到蓮池大師雲棲袾宏（一五三五—一六一五）與蕅益智旭推尊為淨土經典的首選，提倡信願往生，推崇持名念佛。蓮池大師撰寫《阿彌陀經疏鈔》解明此經的說經因緣、判教歸屬、義理深廣、所被根器、修行品位、經教體性、宗趣旨歸、經典部數、傳持情形、經名意義等，然後詳細解釋經典文句，是淨土佛學的一項重要成就。

律宗密宗有其道

印度佛教有五個部派的戒律傳到中國，唐代道宣律師（五九六—六六七）弘揚法藏部的《四分律》學，被尊為律宗始祖，漢傳佛教後來所受具足戒均依《四分律》。道宣長年在終南山精修與弘法，人稱其所傳律宗為南山宗、南山律學。他的重要著述包括《四分律刪繁補闕行事鈔》、《四分律刪補隨機羯磨疏》、《四分律比丘含注戒本疏》、《四分律比丘尼鈔》、《四分律拾毗尼義鈔》的南山五大部；此外，所撰寫或編輯的《續高僧傳》、《廣弘明集》等，都是頗具分量的佛教文史典籍。由於出家律學典籍不適合在家居士研讀，本書選取《淨心誡觀法》這部精要撰述，是道宣誡示初學弟子持戒淨心，以戒行清淨為基礎修學定學與慧學，導向心靈的完全淨化。

印度密教的經典與儀軌在唐代大舉譯出，一度風行，並由日本來華僧人遠傳域外，形成台密與東密的傳統。中晚唐的戰亂局勢，及漢傳宗派的主導地位，使密宗趨向衰微。其中，準提密法在邊疆民族所建的遼王朝受到歡迎，由遼道宗時代（一〇五五至一一〇一在位）的道𣪍編撰《顯密圓通成佛心要集》，以華嚴學為顯教圓宗，以準提法門為密教圓宗，嘗試融通顯教與密教的教理，及倡導顯密合修。元朝蒙古人入主中國，又將準提行法回傳中原，明、清時代在佛門中帶起修持風氣，有多種準提行法的編制，幾乎都參照道𣪍的著作。《顯密圓通成佛心要集》是值得了解的漢傳密教典籍。

上篇

漢傳佛典的建基思想

止觀雙修安般念

——康僧會〈安般守意經序〉導讀

佛典漢譯迎黎明

佛經在中國的傳譯，有明確文獻記載者始於西元二世紀的東漢末年。當時翻譯的佛典主要有兩個系統，即安世高所傳的聲聞「禪數學」，及支婁迦讖所傳的大乘「般若學」。通常認為佛教初傳到一個地方，特別是在廣大民間傳播，可能只是教導一些偏信仰面的簡單教義或趣味故事，因為精深教理較適於具備高度與趣且富有閒暇的知識分子來修學。令人驚訝的是東漢時代的譯經，無論是安世高或支識所傳，都是相當深奧的佛典，荷蘭佛教學者許理和（E. Zürcher）在一篇論文中，從翻譯用語與風格推斷這些經典的助譯者可能是稍識文墨的文吏書役、底層官僚和商人等階級。來自印度與西域的譯經大師所傳播者是他們專精的佛典，而非配合民眾學佛的需求。❶

所謂的「禪數學」，包含聲聞佛教的禪法與阿毘達磨（阿毘曇、論書）兩種內容，兩者之間有密切關聯，禪法是禪定的修習方法，論書是禪觀的教理基礎。為什麼稱為「數」？原來論書是一種經過系統編輯的典籍，其中一種有助記憶的編排模式是按數字的增加來匯聚法義。例如，漢譯《增壹阿含經》的一法有念佛、念法、念僧等；三法諸如三自歸（皈依）、三痛（受）、三不善根等；四法包括四諦、四意斷（精進）等。《增壹阿含經．序品》偈頌說：「通過這樣的方便以了知一法，二個（法相者）排在二法，三個（法相者）排在三法，四、五、六、七、八、九、十、十一法，無不了知。從一法逐一增加到眾法，義理豐富，智慧廣博，不可窮盡。」❷

安世高深通經論，梁代僧祐所撰《出三藏記集．安世高傳》概括他的所學說：「廣博通曉經藏，尤其精於阿毘曇學，諷念禪經，完全通達其奧妙。」❸由他所漢譯的佛典，依《出三藏記集》卷二所集的安世高譯經共三十四部，計四十卷。《安般守意經》是安公所譯的一部講述「安那般那念」（入出息念、數息觀）的佛典，現存經本是經文中夾著註文的形式，這些註解可能出於陳慧、康僧會（？—二八〇）及道安之手。康僧會曾與陳慧一起註解《安般守意經》，他撰有〈安般守意經序〉（收於《大安般守意經》之初）說明一經要旨。

康僧會是生於中國的外國僑民，《出三藏記集．康僧會傳》說：「他的先祖是康居人，幾代居住在天竺。他的父親因為經商而遷移到交阯。十幾歲時，遭遇雙親亡故。他品行高卓，不久即出家，修行精進嚴格。」❹康僧會出生在交阯（今越南北部，當時屬中國版圖），先人世居印度，可能是他信仰佛教及通曉印度語言的主要原因。傳記中也提到他在十餘歲時父母已雙亡，這或許是他出家的觸動因緣。他的學識廣博，傳記說他：「為人高尚風雅，具有見識與度量，立志專一，愛好學問，精通佛教三藏，廣泛研讀各類典籍，天文圖讖多所涉獵，善於辯才，練達文章。」❺當時的交阯在中國版圖內，是中、印二大文化的交匯處，他同時通曉印度佛學與中國學術，又具有辯才並善於文章，這是他成為佛典翻譯家與註釋家的重要根柢。

康僧會在漢獻帝末年避戰亂南下，於赤烏十年（二四七）來到吳都建業。他建築茅蓬，安置佛像，實踐佛道，孫權非常讚賞他，為他起造建初寺。康僧會的譯經活動相當有限，《出三藏記集》卷二僅提到兩部，史家湯用彤以一句話評論其貢獻：「（康僧）會生於中國，深悉華文，其地位重要在撰述，而不在翻譯。」❻許理和總結其所傳的佛法說：「康僧會的佛法是強調禪法的安世高、安玄及嚴佛調等之北方學派的延續。」❼他曾向南陽韓林、潁川皮業與會稽陳慧請問《安般守意經》的意旨，又協助陳慧註解此經，並寫下〈安般守意經序〉。❽

安般禪法修止觀

「安那般那念」（ānāpāna-smṛti），意謂專注觀想入息與出息，是印度佛教非常基礎且重要的禪法。這種禪法以呼吸作為觀修對象，攝集心念而達到禪定，所以漢譯為「安般守意」。「守意」似借自道教「守一」的靜心術語。安那般那念的核心是「六行」（漢傳佛教又稱「六妙門」）：數、隨、止、觀、還、淨。依照康僧會的解釋內容，前三項為定學，後三項有轉向慧觀的意涵。《安般守意經》的經文與註解對六妙門的解說稍嫌煩瑣，不容易掌握重點，康僧會的〈安般守意經序〉揭示其要義，也包含他個人的特殊理解。

安那般那念從「數息」入手。人心妄想紛飛，一彈指間心已動念九百六十次，一日一夜起了十三億個念頭，必須修習禪定，以建立智慧觀修所依的心理安定狀態。序文說明：「進行禪修，專注於出入呼吸，從一數到十，十個數字連續不誤，將心安住其上。」如此了了分明地數著，使心念達到高度集中。這個階段的修習成果是：「小定三日，大定七日，寂靜而無其他念頭，如同死去一般，稱此為一禪。」《安般守意經》中並未明確將「數」與「一禪」相配，而有將「隨」與「二禪」相配之說：「由數息以相隨於第二禪，為什麼呢？因為不依靠思慮，為相隨於第二禪。數息狀態仍不專注集中，隨念於息才是專注集中。」[9]數息時尚須用到思慮（覺、觀／尋、伺），隨息階段已不依靠思慮，所以視隨息為進入二禪。依早期佛教經典，初禪仍有覺（粗的思慮）、觀（細的思慮）活動，二禪則捨離覺、觀。

由「數息」進入「隨息」的修習原理，康僧會在序文說：「已獲得數息的安定，將心轉向隨息，捨除八個心念，只存二個心念。心安定在隨息，是由數息而來。」此時不再從一數到十，只專注於入息和出息兩種意念。此階段的成果是：「染汙念頭止息，心逐漸清淨，稱此為二禪。」由於定力抑制了染汙心念的活動，心靈又比數息時清淨許多，而進入第二禪。

第三個階段是「止」，專注力已可完全集中鼻端：「又除去一個心念，專注在鼻端，稱此為『止』。」此時只剩鼻端一個觀照所緣對象，內心極為澄淨，各種染汙念頭不復現起：「獲得止的修行，三毒（貪、瞋、癡）、四趣（地獄、畜生、餓鬼、修羅）、五陰（指五蓋：貪欲、瞋恚、昏沉睡眠、掉舉惡作、疑）、六冥（與六度相反之慳貪、破戒、瞋恚、懈怠、散亂、愚癡）各種染汙心念止滅。內心非常澄明，超過明月寶珠。」到了這個階段，可進入第三禪。

康僧會認為禪修的一個重要目的，在於止滅染汙的心念，他運用聲訓方法（透過音同或音近的漢字做詞義訓解）解釋「禪」的意義說：「禪，棄；棄除十三億染汙心念的意思。」「禪」與「棄」發音相近，借用「棄」的詞義來解釋「禪」。十三億個念頭是人類一日一夜所起的念頭總數，凡人無時無刻不以眼、耳、鼻、舌、身、意六種感官接觸色、聲、香、味、細滑（觸）、邪念（法）六種對象，心思向外馳散，遮蔽了清明的觀照能力，好比明鏡陷於汙泥之中，所以必須修止：「如果自己身處安靜森林，內心思惟寂定，心思沒有邪欲，專心傾聽，大量經典文句能憶念不忘，這是以內心清淨為其因由。」修到「止」的階段，開發強大的憶念能力，得以專注聽聞經典，即刻明記不忘。

有了清明的觀照力，進一步由「止」的修習轉向「觀」的修習。第四個階段的「觀」先從自身不淨觀起：「觀照自己的身體，從頭到腳，反覆仔細觀察，身體充滿汙穢不淨，毛髮森然豎立，又見到膿涕等體液。」這是早期佛教「四念處」的「身念處」觀修方法，以這樣的透視性覺照力來觀察自身，見到肉身事實上充滿著種種不淨的器官與體液，藉此放下對色身的珍愛與執取。進而將此種觀想推類到一切現象：「於此完整照見天地人物，由盛而衰，存在的事物沒有不趨向衰亡的。信受佛教三寶，一切黑暗變得光明，稱此為四禪。」了知天地人物生滅無常，必然趨向衰亡，從而對佛、法、僧三寶生起清淨信心，慧觀力量增進，進入第四禪。原本定學是作為慧學的輔助，有定力不一定修慧，康僧會將定與慧的修習予以緊密結合。

經過「觀」的階段，其次是「還」的修學。「還」在漢語有罷歇、止息的意思，也就是經過不淨觀的修習以後，將內心轉到更深一層的五蘊觀照上，以消除執取，康僧會解釋：「收攝心念，棄除執取意念，五蘊都捨滅，稱此為還。」凡夫有情的五蘊稱為「五取蘊」，即由煩惱所引生的身心個體，對其產生我執與我所執。藉由對五蘊的如實觀照，以捨離執取心念。最後一個階段是「淨」，指心中貪染已完全止息，康僧會說：「染汙欲念寂靜，內心達到無想，稱此為淨。」這是數息禪法的完成階段，可再依此深層禪定體驗以深入智慧觀照。

精心詮解明佛說

六妙門修習的完成，是否已得阿羅漢的境地？《安般守意經》並無此意，傳為陳慧所撰的《陰持入經註》則說：「還、淨相應於第四禪。」[10]然而，康僧會已將第四禪與「觀」的過程相配，之後尚有「還」、「淨」兩個階段。在與《安般守意經》的法義有所關涉的《中阿含．念處經》，佛陀教導經由數息觀而進入四念處觀，可得二果、三果，甚至通到阿羅漢果。其中「法念處」如實觀察的內容是六根接觸六塵引生煩惱、五蓋、七覺支等。[11]六妙門的修持進程與此類似，或許就是在表達數息觀與四念處觀的修習內容與體驗，而證得果位必須發起智慧，康僧會的定慧相合解讀並非全然無據。

再舉唐代玄奘所譯《地藏十輪經．十輪品》的一段經文作為參照：「應當知道這裡『數』能產生二種功用：㈠能為依止，制伏尋伺思慮；㈡能攝取入出息相。『隨』能產生二種功用：㈠依止出離，捨除尋伺思慮；㈡更好地攝取入出息相。『止』能產生二種功用：㈠能現起入出息的止息；㈡能安住於高勝的三摩地。『觀』能產生二種功用：㈠能現起入出息的滅盡；㈡能安住於心與心法各別觀察。『轉』（還）能產生二種功用：㈠能方便地捨除五取蘊；㈡能方便地進入聖者境地。『淨』能產生二種功用：㈠能捨除煩惱；㈡能清淨知見。」[12]與康僧會的解說高度相合。「伏諸尋伺」相當初禪的「有尋有伺」；「捨諸尋伺」相當二禪的「無尋無伺」；「止」的作用是安住在定（三摩地）；「轉」就是「還」，作用之一在捨離對「五取蘊」的執取；「淨」的作用在捨離煩惱（結），使知見清淨。如此，六妙門絕非僅限於禪定的範圍，更融入慧觀的層次。

康僧會在序文中說：「修安般行得力者，其心即具神通，運用神通所觀見者，沒有任何幽隱處見不到，過去無數劫及未來的事情，人們種種經歷，現在一切國土，其中所有的世尊佛法教化、弟子讀誦修習，無遠不見，無聲不聞，於冥漠渺茫之中，能存亡自在，大到充滿八方，小到貫通毫釐，控制天地，安住壽命，顯現威神，破壞天兵，震動三千，移動國土，八種不可思議，非梵天所能測度，神通力無限，數息六行為其因由。」這是在表達三明六通大阿羅漢的修證境界，起始於阿那般那念。十方三世之事無所不見，無所不聞，是天眼通與天耳通；震動三千，移動國土是神足通；摧破天兵指降伏天魔軍眾；存亡自在意為解脫生死；說明安般行成就之後，觀力轉強，可進一步修習智慧法門而體證阿羅漢果。

康僧會選出六妙門作為《安般守意經》的核心思想，能跳脫《安般守意經》及《陰持入經註》的漢譯文句來進行解讀，既與《念處經》所示的印度佛教數息禪法多所暗合，又帶出止觀合修的深層意趣，同時含容其師陳慧的某些特殊見解。康僧會不僅消化了《安般守意經》的印度禪法，還拓展與深化了這種禪法的智慧修習內涵。

❶ 許理和著，顧滿林譯：〈關於初期漢譯佛經的新思考〉，《漢語史研究集刊》第四輯（二〇〇一年），成都：巴蜀書社，頁二八八—三一二。

❷ 《大正藏》冊二，頁五五〇中。

❸ 《大正藏》冊五十五，頁九十五上。

❹ 《大正藏》冊五十五，頁九十六中。

❺ 《大正藏》冊五十五，頁九十六中。

❻ 湯用彤著：《漢魏兩晉南北朝佛教史》，北京：中華書局，一九八三年，冊上，頁九十六。

❼ 許理和著，李四龍等譯：《佛教征服中國：中國早期佛教的傳播與同化》，南京：江蘇人民出版社，一九九八年，頁五十三。

❽ 這篇序文收於《大正藏》冊十五，頁一六三上—下。以下引用此文時，不再標示頁碼。

❾ 《大正藏》冊十五，頁一六五中。

❿《大正藏》冊三十三，頁二十上。

⓫《中阿含經》卷二十四，《大正藏》冊一，頁五八二下——五八四中。

⓬《大正藏》冊十三，頁七三〇中。

參考文獻

呂澂著：《中國佛學源流略講》，北京：中華書局，一九七九年，第一講「佛學的初傳」；及附錄的「安世高」。

湯用彤著：《漢魏兩晉南北朝佛教史》，北京：中華書局，一九八三年，第四章「漢代佛法之流布」；及第六章「佛教玄學之濫觴（三國）」。

鎌田茂雄著，關世謙譯：《中國佛教史》（第一卷），高雄：佛光文化，二〇一〇年二版，第一章「佛教在中國的傳播——初期佛教的傳入」；及第二章「三國時代的佛教」。

Erik Zürcher. *The Buddhist Conquest of China: The Spread and Adaptation of Buddhism in Early Medieval China.* Leiden: E. J. Brill, 1972.（許理和著，李四龍等譯：《佛教征服中國——中國早期佛教的傳播與同化》，南京：江蘇人民出版社，一九九八年。）

融會儒道詮佛理

——牟融《牟子理惑論》導讀

佛教傳來中國初期，有件事非常重要，就是如何讓異國色彩濃厚的佛法能為本具高度文化的漢地民眾所接受，使其得以在這片大地生根，進而發芽與茁壯。佛法東來第一個階段，漢地人士對它是相當陌生的，從而激發觀念的碰撞及衍生許多的疑惑，需要通曉佛理者居間從事引介與釋疑的工作。

從安世高、陳慧到康僧會等人解釋佛典所追求的目標是切當地詮解經典文句，不多考慮到與中國文化的調和。自漢文化視域出發的牟融（牟子，生卒年代不詳）則透過另一種方式來介紹佛法，在中國儒、道文化的脈絡之下，幫助漢地學人了解佛教，寫成《牟子理惑論》（以下簡稱《理惑論》）一書。「理惑」含有解惑釋疑的意義。此論收於梁代僧祐所集《弘明集》卷一的首篇。

《理惑論》序文說：時值後漢靈帝駕崩之後，天下動亂不安，唯獨交州可算安定，北方奇人異士都來到這裡，多半修習神仙辟穀長生之術。當時有許多學習這種神仙道術的人，牟子常用儒家五經來詰問他們，這些道家術士無法回應，當時有人將他比擬作孟子拒斥楊朱和墨翟。[1]這樣的記述隱約道出牟子身處的時代、地域與學術文化環境。如果此書所述成書於東漢末年到三國時代是可靠的，《理惑論》便是現存最早的漢傳佛教典籍。

牟子學識淵博，他介紹自己說：「牟子修學了儒家經傳與諸子學說，書籍無論大小，沒有不喜好者。雖然不喜歡兵法，仍然研讀。雖然閱讀神仙不死之書，貶斥而不相信，認為是荒誕無稽的。」[2]牟子本來應是位儒生，後來歸心佛教，兼融儒、道二家：「於是全心探求佛理，兼研五千字的《老子》。品嘗玄妙義理如醇酒，玩習五經如琴簧。」[3]他遊心於佛、道二教的玄妙境地及儒家的道德義理之中。博學多識讓他有幾次做官的機會，但對於不求名利的人來說，這並沒有什麼意義，他全部予以回絕。由具備如此學識背景與信受佛法者在佛教初傳這個階段從事引介，是非常合適的，留下印度佛教與中國儒、道二教對話交流的珍貴記錄。

多元文化孕哲人

交州在當時是一個特殊地域，偏安一隅讓當地的學術文化得以繼續發展；另一方面，這裡是中國文化與印度文化的交匯處，兩種文明的相激相盪，孕育出牟子這種兼容並蓄的才智之士。牟子說他為了躲避世亂，帶著母親從蒼梧（今廣西梧州）來到交趾（今越南北部），他對中國學術的吸收應是在漢地完成的，而交州是他接觸佛法之地。交州是海上絲綢之路的重要轉運站，可能比中國更早受容了佛法，牟子在這裡著書宣揚佛理，康僧會得以出家並從此地前往中國弘法，交州在海路所居位置猶如陸路西域的地位。

然而，牟子究竟是何人？他是否真是東漢時人？在歷史上留下一些問號。佛教史家湯用彤說：「《牟子》之真偽為東西學者所聚訟。茲細繹之，疑為偽書者，所持理由，多不確實。而其序文所載史事，不但與史書符合，且可補正史之闕。」[4]他指出本書記載有其可信度，而且就多處內容參照史籍來考辨，判斷是書寫於佛法方在中國萌芽的東漢時代。

佛教學者呂澂持有不同意見，他在《中國佛學源流略講》中指出此書：「凡論證《牟子》為真的資料，多半與道家有關。……否定它的人，其論證多半與佛家有關，因為他使用的佛家材料都有可疑。」❺他因此推測是後來的人把佛教材料加進去，時間約在《四十二章經》之後，陸澄集《法論》之前，約當晉、（劉）宋之間。日本學者福井康順〈牟子的研究〉一文經過詳細考證，認為牟子從東漢末年活到吳國中葉，《理惑論》寫於他的晚年，時間約在西元三世紀中期，這種說法較為持平。❻

若說有些資料是後人所加，這點或有可能，在典籍傳播的歷史過程中這是常見的現象；然而，如呂澂所說那樣，全部佛教資料都是後來增添的，實難令人同意。牟子是以佛教為主，同時為佛、道二家辯護，也服膺於儒家的學說，書中把儒、釋、道三家義理統整得很好，對答如流，如果是後來才加入佛教材料，如何穿插與結合得如此順暢？不論真實情況究竟如何，好好咀嚼《理惑論》的文句，會令人歎服這位中國佛教賢哲會通三教的睿智與努力。

牟子所處的時代，儒家是正統的思想，佛、道二教仍被許多人視為異端，牟子想為兩家爭取認同，然而，如果因此與人爭辯，便不合乎道的精神了。他又不想保持沉默，於是他藉由筆墨，引用聖賢的話語來證明與解惑。牟子採取的方法是善巧的，他的對論者熟悉中國文獻，對佛教名相與教義相對陌生，所以牟子以他們熟悉的觀念與話語來引導他們。

當對論者問說：「你說佛經如江海般廣闊，文章像錦繡般華美，為何不用佛經來回答我的問題，反而引用《詩》、《書》，聚合不同的學說來進行會通呢？」牟子回答說：「我是因為你熟悉它們的意思，所以引用它們的內容。如果引述佛經的文句，談論無為的要義，好比對盲者談論五色，對聾者演奏五音。……所以我用《詩》、《書》來理清你的疑惑。」❼這讓我們想到了廬山慧遠，他為中國知識分子講說佛法時，常借用儒家與道家的語彙，在與鳩摩羅什談論佛法大義時，就全用佛教的術語。

引經據典理服人

《理惑論》一共擬設了三十七個問題，牟子的回答常引經據典，以使對論者信服。例如，傾向神仙思想的對論者問：「道家說：堯、舜、周公、孔子及其七十二個弟子都不死而成仙。佛家卻說：每個人都會死，無可避免。怎麼解釋呢？」牟子答說：「這是夭妄之言，並非聖人所說。《老子》說：『天地尚且不能長久，何況是人！』……我閱覽六藝、傳記的記載，堯有駕崩，舜有蒼梧之陵，禹有會稽之陵，伯夷、叔齊有首陽山之墓，文王沒等到誅殺紂王而死，武王沒能等待成王長大而亡，有記載周公改葬的文章，仲尼曾夢見死後停柩於兩柱之間，伯魚較父親早死，子路有被剁成肉醬之說，孔子探視伯牛說他很難存活了，曾參死前叫弟子們觀看他的腳，還有顏淵不幸短命的記載，孔子將他比喻為苗而不秀，這些都書寫在經典上，是聖人們的言論。」❽一口氣徵引如此多筆儒家經傳上的聖哲死亡例證，相信對論者只得啞口無言。

牟子具有理性精神，不盲目信從荒誕無稽的傳說，尤其是追求長生的神仙道術。當對論問說：「修道術的人說能祛除疾病，不用針灸服藥便可痊癒，真有這種事情？為何佛家有病要用針服藥呢？」牟子答說：「《老子》說：『事物盛壯就趨向衰老，這叫作不合於道，不合於道會很快消亡。』只有真正證道者能夠不生而不壯，不壯也就不老，不老也就不病，不病也就不朽。所以老子以擁有形軀為大禍患。武王病重，周公為他向神明祈求壽命；仲尼生病，子路請孔子允許他向鬼神禱告。我看到聖人都會生病，沒見過不生病的。神農品嘗百草，有數十次幾乎喪命；黃帝禮拜岐伯，從他接受針灸治療。這三位聖人難道不如現今的道術人士嗎？省察這番話語，足以推翻那種說法了！」❾他並未因為神仙術士們講得天花亂墜，就認為佛陀、老子的境界不高了；相反的，由於深具理性思惟能力，他服膺儒學，更信受佛陀、老子那種精深而合理的學說。

信佛學法能解惑

牟子對佛、法、僧三寶的意義已有所消化與理解，由於他同時信受《老子》，許多地方的解說融通了佛、道二家思想。我們先看他如何解釋「佛」的涵義。他說：「佛是道德神妙境界的始祖。佛的意思是『覺』。從不可把捉的（禪定）狀態中發起（神通）變化，分散身體，或存在或消失，能小能大，能圓能方，能老能少，能隱沒能顯現，踏入火中不遭灼燒，踩上刀刃不受傷害，在汙穢中不被沾染，在禍患中安然無恙，想要前進就飛行，安坐時就放光，所以稱為『佛』。」⑩在大乘佛法中，有某種學說將佛的真身視為萬事萬物的根據，以及視佛的神通變化為無所不能，這裡將兩種觀念統合起來。老子的「道」接近前一種觀念，莊子的「神人」類似後一種觀念，總體來說，牟子似乎將佛家與道家的最高境地進行比配。此外，牟子也提到佛陀「八相成道」的故事及漢明帝夢佛的事蹟，出於對佛教的信仰，他對這些傳說事蹟深信不疑。

其次，我們考察牟子對「法」的理解。法可指佛所體悟的真理境界，也可以指稱佛陀依據體悟境界所說的教法。牟子以「道」來稱呼最高境界，對論者問：「為何稱為『道』？道的情狀像什麼？」他回答說：「道的意思是『導』，引導人們到達無為的境界。牽它不會向前，拉它不會向後，舉它不會向上，壓它不會向下，看它則沒有形狀，聽它則沒有聲音。四方極點最廣大，道綿延到外面；毫釐是細小的，道滲透到裡面。因此稱為『道』。」⓫這同樣是融會了道家的觀念，來表達佛家體悟境界的無所限定。

佛陀的教法保存在經藏與律典之中，牟子知悉此事，也對佛教的修行生活非常讚歎，他說：「佛陀圓寂後，經典與戒律繼續存在於世間，能依此而修行，也可以證得無為的境界，佛的功德流衍到後世。持守五戒的在家居士，一月中有六齋日，在齋戒之日，專心一意地悔過自新。出家沙門持守二百五十戒，每日持齋，戒律的內容不是在家居士能聽聞的。法師的言行威儀，與古代的儀節沒有差別。從早到晚，都在講道誦經，不與聞俗事。《老子》說：『大德者的表現，完全服從於道。』就是在說這樣的事。」⓬牟子說明最盛大的德行，就是終日不離於道，也就是依照經律所指示的正確方法來精進實踐。

儒家的七經不過三萬多字，《老子》一書不過五千字，佛經卷帙為何如此浩繁？牟子解釋說：「佛經講說過去無數劫的事情，及未來萬世的要旨，洞察到天地乾坤的廣大之外，剖析至寂寥奧妙的微細之內，無不記載，所以經典卷數以萬計，文字以億計，愈多就愈詳盡豐富，怎麼會不達旨要？只是這麼多的內容不是一個人所能盡讀的，就像到河邊飲水一樣，每個人自取所需。」⓭佛經對天地人事的真實道理無所不說，內容的豐富性與完整性遠超過儒、道兩家的典籍。

中印融通消隔礙

牟子相信研讀佛經使人得以通曉廣大精深的道理，當被問到：「你用經傳來理清佛說，議論宏富，文辭優美，有沒有可能不是佛典的真正內容，而是你的辯才？」牟子說：「並非我的辯才，而是見聞廣博所以不困惑。」對論者又問：「見聞廣博有方法嗎？」牟子答說：「要閱讀佛典。我過去未了解佛經時，比你還要困惑，雖然讀誦儒家五經，好像才在開花階段，還沒結成果實。等我見到佛經所說，閱覽《老子》要旨，安守恬淡的性情，觀照無為的作用，回頭來看世事，猶如登高山而望小丘。我自從聞道以來，如同撥開雲見白日，持火炬入暗室。」⓮多聞佛法，幫我們消除生命存在的困惑，打開真理知見的窗扉。

最後，討論一個佛典初傳階段的大問題，即夷夏之辨，看牟子如何善用智慧來化解這個漢地人士接受佛法的文化障礙。對論者問：「孔子說：『夷狄即使有君主，也不如中原諸國沒有君主的狀態。』孟子譏評陳相改學許行的學說，而說：『我聽過用華夏文化去改變蠻夷，沒聽過用蠻夷的方式來改變華夏的。』您自幼學習堯、舜、周、孔的思想，現在卻捨棄而改學夷狄的學說，不是已經迷惑了嗎？」牟子說：「你可說是見到禮制的外表，而昧於道德的實質。……孔子的話，意在矯正世間的亂象。孟子的話語，是擔憂人們偏學一套學說。過去孔子想到東方的九夷去居住，而說：『只要有君子去住，怎麼會鄙陋呢？』……禹出於西羌而成為聖哲，鼓叟生舜仍舊頑劣，由余生於狄國而使秦國稱霸，管蔡來自河洛而散播流言。傳書說：北辰星在天的中央，在人類居地的北方。由此可見漢地未必是天地的中央。依據佛經，上下四方的有情物類，都在佛身之中。所以我又尊崇而學習其道理，為什麼就必須捨棄堯、舜、周、孔之道呢？」⓯佛法與儒學可相輔相成，並不是說學佛就要棄捨儒家。還有，佛家義理顯然高於儒家，西方出了如此偉大的聖者，怎能說他們鄙陋？而且漢地恐怕不是天地的中心，不必據此自尊自大。

牟子的思想觀念非常開通，具備人文理性精神，思惟理路敏銳清晰，加上通讀東、西方典籍，學識見聞廣博，成就了他的智慧與辯才。佛法初傳階段有這麼一位賢哲來幫忙發言，以漢地人士較容易接受的方式來引介佛法，可說是佛教之福。然而，今日漢傳佛教區的廣大信眾已少有人知道牟子其人其書，沒能汲取他的三教會通智慧，殊為可惜！《理惑論》施設的三十七個問答，針對來自各方面的質疑，為當時學人理清學習佛教的困惑，也助益我們思惟佛法的意義與價值。

❶《大正藏》冊五十二，頁一中。
❷《大正藏》冊五十二，頁一中。
❸《大正藏》冊五十二，頁一中。
❹湯用彤著：《漢魏兩晉南北朝佛教史》，北京：中華書局，一九八三年，冊上，頁五十四。
❺呂澂著：《中國佛學源流略講》，北京：中華書局，一九七九年，頁二十六。
❻福井康順著：〈牟子的研究〉，收於張曼濤主編：《四十二章經與牟子理惑論考辨》，臺北：大乘

文化出版社，一九七八年，頁二二一——二九八。

❼《大正藏》冊五十二，頁五中——下。

❽《大正藏》冊五十二，頁六下——七上。

❾《大正藏》冊五十二，頁六中。

❿《大正藏》冊五十二，頁二上。

⓫《大正藏》冊五十二，頁二上。

⓬《大正藏》冊五十二，頁一下——二上。

⓭《大正藏》冊五十二，頁二中。

⓮《大正藏》冊五十二，頁五中。

⓯《大正藏》冊五十二，頁三下。

參考文獻

呂澂著：《中國佛學源流略講》，北京：中華書局，一九七九年，第一講「佛學的初傳」。

湯用彤著：《漢魏兩晉南北朝佛教史》，北京：中華書局，一九八三年，第四章「漢代佛法之流布」；及第六章「佛教玄學之濫觴（三國）」。
鎌田茂雄著，關世謙譯：《中國佛教史》（第一卷），高雄：佛光文化，二〇一〇年二版，第二章「三國時代的佛教」。

方外高蹈護正法

——慧遠《沙門不敬王者論》導讀

印度文化與中國文化之間存在極大的異質性，在印度普為接受的思想觀念與禮儀慣習，來到漢地可能發生劇烈碰撞，需要磨合的努力與時間。出家的行為在古印度社會受到尊崇與讚揚，信教的君王甚至向沙門禮拜，世俗王權不介入出世教團的管理。然而，出家對儒家社會道德禮法的衝擊是非同小可之事。中國社會強調孝養雙親，還有得之於父母的身體髮膚不可毀傷，剃髮出家遭質疑為大不孝。儒家文化崇敬天、地、君、親、師，不肯向君王禮拜是大不忠。因此，如何說服漢地人士接受出家修行的觀念，是佛教中國化進程之中的一件大事。《牟子理惑論》對出家是大孝的觀念已有所申辯，但對來自世俗禮教各方面的質難進行較全面論述，且深具影響力者，當推東晉高僧慧遠（三三四—四一六）所撰的《沙門不敬王者論》。

盧山慧遠早年學習儒家經典，並通曉老莊思想。二十一歲時，本想前去向名儒范宣學習經籍，因戰亂道路阻隔，轉而前往太行恆山（今河北阜平北部）聽聞高僧道安（三一二／三一四—三八五）講經，認同儒、道二家無法與佛教相比，敬服安公而出家。他前後師事道安二十五年，隨師輾轉避難到襄陽（今湖北襄樊）。後因前秦軍隊攻陷襄陽，欲將道安帶往長安，安公只得遣散徒眾，慧遠方才辭師南下，最後隱居廬山，從此足不出山。慧遠在廬山建立僧團，率領大眾精進修行，由於他的學養深厚，人格高尚，獲得王公貴族、文人雅士的高度敬重，對上層社會頗具感召力。

東晉成帝年間（三四〇）車騎將軍庾冰即曾代表成帝下詔沙門應禮敬王者，與尚書令何充展開激烈論辯，未能實行。東晉元興元年（四〇二），掌握朝廷實權的太尉桓玄下令清理佛教僧團，但命令僚屬說：「唯有廬山是有道者所居，不在搜查淘汰的範圍。」❶隨後他又提出沙門禮敬王者的問題，去書朝廷高官研議此事，他們多出情見，非依理而論。桓玄更寫信給慧遠，請求釋疑及徵詢意見；慧遠回信簡述反對敬拜的理由。❷元興二年（四〇三），桓玄發布沙門必須禮敬王者的命令；同年十二月又收回成命。

隔年，慧遠憂心沙門道服遭受塵俗所汙染，高尚求道心志屈從於世俗人事，特別撰寫《沙門不敬王者論》，細說自己的觀點。現存《沙門不敬王者論》（收於《弘明集》卷五）包括序文及〈在家〉、〈出家〉、〈求宗不順化〉、〈體極不兼應〉、〈形盡神不滅〉五篇，內容已較沙門禮敬王者的問題有所擴充。

在家出家道不同

桓玄有意篡奪王位，他要求沙門敬拜王者，多少帶有鞏固王權的意味。然而，他的論證依據已非單純站在維護綱常名教的立場，而是將君王的地位與道和天地相提並論，他說：「老子將王侯等同於道、天、地三大，推原他所重視者，在於他們都能資生萬物與暢通運化。」❸王侯德通天地，治理天下，使人民得以安身立命。沙門得以獲取資生物資而生存於世間，乃是沾潤到王侯的恩澤，哪裡能夠廢棄禮敬？當時盛行老莊學說，桓玄援引中國要籍《老子》的話語來強化自己的論點，如果直白地反對，或許得罪位高權重的桓玄，另一方面也等於推翻聖哲老子的思想，慧遠如何在替佛教說話的同時，避免可能發生的衝撞？

慧遠首先區分在家和出家兩類佛教徒，說明兩者在精神取向上的根本差異，強調出家修行具有拯救世人陷溺生死流轉的巨大貢獻，不可強求共同採用世俗禮法，否則會妨礙出家者的精神追求。如此，既不牴觸中國固有的修身利世思想，也保住出家法師不禮俗人的佛門規制。在家人應當禮拜世俗統治者，較無疑義，不論古代中國還是印度皆是如此。慧遠於〈在家〉篇述說在家奉法者是「順化之民」，即順從自然的化育，他們獲得來自天地與王者的恩澤，也就有義務服從地位等同天地的君王。在這點上，佛教有輔助治道之功，慧遠說：「喜好釋迦風教的人，就會先事奉雙親與禮敬君王。」❹

慧遠同意既然身處方內，就必須盡孝盡忠。然而，不同於桓玄依循中國思想傳統將禮義的根源歸之於道或天地，慧遠依據佛教義理提出因果業報才是道德的真正基礎。他說：「禮敬有其根本，由此形成禮教；而根本的主因，來自過去行為的作用。因此，藉由親情來教導愛，使人民知道有合於自然法則的恩德；藉由威嚴來教導敬，使人民知道有合於自然法則的尊貴。二者的由來，事實上出於業報冥應；報應的原因不在今世，應推尋它的源頭。因此，以罪報作為刑罰，使人恐懼而後慎行；以天堂作為賞賜，使人歡喜而後行動。這些都是就影子、回音那般的報應來闡明禮教，能順應世間常情，而不違背自然法則。」❺慧遠在論述中留有伏筆，他沒有直接反駁桓玄，而是會通禮教與自然之道，卻在文中暗含禮敬根源非出於道或天地的意義，自然法則的更深層原理是三世因果業報。業報思想是佛教對於維繫世間道德倫理的重大貢獻。

第二篇〈出家〉講述出家的精神與功德。慧遠先借用老莊玄學的觀念來表達出家精神：「出家的教義，通達生存禍患是因為有身體，而不透過保養身體以息除生存禍患；了知生命存在是由於稟受自然變化，而不順從自然變化來追求終極體悟。」❻《老子》十三章說：「吾所以有大患者，為吾有身。」「化」的觀念主要來自《莊子》，郭象《莊子注》解釋〈大宗師〉「相忘以生，無所終窮」句說：「忘卻其生存，則無所不忘，因而能隨從自然變化，完全沒有窮盡。」玄學家主張隨順自然的變化，對慧遠來說，變化意謂著生死流轉，不可隨從，必須出離生死世間方能體悟終極真理，所以他強調「求宗不順化」（追求終極體悟而不隨從變化）。出家者既然已是方外之客，不注重世間的物質利益，而且其修行理想的達成必須翻轉世間平常道理而行，也就是必須超脫世俗，所以沒有理由要求他們遵從俗世禮法。

雖說如此，出家的意義須要受到世人肯定，才具有說服力。慧遠說出家者能捨棄塵緣精進修行，當有真實體證之時，可在生死急流中拯濟沉溺的世人，拔除累劫以來積集的深重根性，使三乘的津梁得以遠通，使人天的道路能夠廣開。雖然沒有王侯之位，卻能符合帝王治世的準則，廣泛利益生民。桓玄於隔年廢除禮敬之議，除了當時許多信仰佛教的官員表達反對意見外，另一重要原因應出於他接受慧遠所說佛教的超克生死與輔助教化等重要貢獻。世間的名位和財富並無法解決生命的根本問題。

慧遠進一步申論，解消出家對世俗禮教的衝擊，他說：「在家庭方面，雖乖違天倫親情的重恩，卻不違背他的孝順；在國家方面，雖缺少奉侍主上的恭敬，卻不喪失他的敬意。」❼其中蘊含的意義是出家修行者肩負更重要的家國使命，除了宣揚因果業報道理的匡正道德秩序之功，更欲令父母及天下蒼生擺脫生死輪迴之苦，這是對父母的大孝及對君主的大忠。

不順世俗真修道

慧遠在第三篇說明「求宗不順化」的深義，這是對出家意在超越世俗的進一步論證。他先擬設一個對於佛教的問難如下：「推尋老子的意旨，天地以得到『一』（道）而為偉大，王侯以效法自然變化而為尊貴。得到『一』因而為萬物變化的根本，效法自然變化所以有暢通運化的功用。然而，明達本源必然在於體得終極之理，體得終極之理必然來自隨順自然變化。……與眾人的論點相異，道理就不可取，而你說不隨順變化，為什麼呢？」❽慧遠將道家的「變化」意義理解為世間的生滅現象，他說有情對於現象的變化，感知外物而心有所動，心動必然出自情識，所以轉生不絕，受苦無盡。

佛教的涅槃境地則是不動，一切變化都已止息，這才是真實的本源。因此，反求本源的人不以情識來煩勞生命，則生死可以止滅；不以生死來煩勞精神，則精神能夠寂靜。如果隨順變化，正好走入生死之途，而出家沙門不能隨順生滅變化，雖然沾潤王侯的惠澤，但不涉入世俗禮儀，是為了高遠目標的實現，非出於內心的不敬。

第四篇〈體極不兼應〉意在論證佛教方外教理的正當性。慧遠也是先擬設一個問難：「綜觀過去的歷史，在位治世的聖王從未改變其本源，本源無二，所以百代的禮儀相同。誠如所說的『唯天是最大的，唯有堯效法天道。』並非智慧有所不照，本自沒有其外可照；並非道理有所不盡，本自沒有道理可盡。現今的出家沙門們無法體會文字的言外之意，迷惑於教外的意旨，才會生起謬見。這種謬誤太嚴重了！」[9]這是來自中國本土思想的挑戰，對中國知識分子而言，天道是最高的，堯不僅是聖王，也是體道者，堯不言六合之外的事，表示世間之理已是終極。

慧遠巧妙地回應這種質疑，主張世間與出世間的道理可以相合，釋迦與堯、孔子的出發點雖有方內與方外之分，而最終目標是一致的。[10]不可因為自己沒聽聞過，便輕易否定佛教的精微義理。事實上，他仍將佛陀看得比歷代聖王為高，佛陀已經融通內外之道，只是因應世人的智慧分限，所以主要傳授出世教法；歷代君王則尚末體得極致之理，從而專門教導世間層面的義理。佛陀體道無所不盡，出世之道與世間之道殊途同歸，佛法偏向教導出世真理，較少講述世間道理，原因在於世人無法兼學。深通佛法者即能用終極真理來疏通世俗道理的局限性。

形軀雖盡神轉生

第五篇是〈形盡神不滅〉，在全書中篇幅最長，這是佛教學說與中國思想之間的重要論辯議題。讀者也許會感到奇怪，慧遠論說的總主題是「沙門不敬王者」，與形體雖盡而精神不滅有何關聯？人死後精神是否滅盡的討論在當時是熱門議題，慧遠於〈在家〉篇中提到因果業報的觀念，於〈求宗不順化〉篇中論述不隨順世間的生滅變化，〈形盡神不滅〉一方面是這些觀念的系統性理論深化，同時從佛教立場回應神滅與否的問題。「形盡神不滅」是證成因果業報觀點的重要思想基礎。

漢代桓譚、王充等自然主義思想家斷言形盡神滅，當人死後精神即會消滅；一個常用的比喻是蠟燭（或薪材）與火的關係，蠟燭燒盡則火炷滅掉，意謂形軀死亡後精神跟著滅盡。佛教的觀點是形軀雖死，但神識作為業力承載者仍繼續轉生。慧遠也借用薪材與火的譬喻而提出：「火在薪木間傳遞，猶如精神在形軀間傳遞。火傳到另一根薪木，猶如精神傳到另一個形軀。」⓫以這個比喻來說明佛教的輪迴觀念，前一個形軀並非後一個形軀，而貫串其間的神識是生死輪迴的主體。

佛教否定眾生具有一個永恆不變的精神主體（自我），雖然慧遠主張「形盡神不滅」，我們不應誤以為他違背佛陀的無我教說。他順著當時的論爭而採用「神」這個術語，並給予「精極而為靈者」（至精而有靈性）的定義，但從來沒說這個「神」是永恆不變的。他在〈求宗不順化〉篇中說明有情具有精神活動，處在自然變化中，接觸事物便會生起情感意欲，因為有情感意欲所以出生不會斷絕。「唯有涅槃是不變異的，安住在變化的終盡。」⓬已經滅盡情欲的涅槃始為真正不變的境地，不再感得三界生命流轉的繼續存在。神滅論有導向否定道德根基的危險，因為既然死後永不存在，善惡業行沒有相應的果報，何必過上道德的生活？慧遠強調「形盡神不滅」的重要意義，能為業報輪迴思想提供理論基礎，從而保全了道德實踐的合理依據，這是他身為佛門大師的強烈關懷。

慧遠通達中國固有思想，對佛教義理的體會更是精深，並以個人的全幅生命投入佛法的實踐。他最後選擇棲居廬山，不再進入城鎮勸化世人，不可誤以為他是只顧自利的山林隱修者，由於他的高貴德操與精誠修行，獲得多少世人的尊崇仰望？多少優秀才士入山向他請益？若不是他以身作則在方外勤修與護法，《沙門不敬王者論》如何具足說服力，能感得王公貴族對佛教的敬重，使僧團得以在混亂世局中維持佛教規制，保有安定的修學環境？《沙門不敬王者論》語重心長地闡述佛法對於人類解決生命終極課題的修道意義，其中不僅表現出慧遠對佛教住世的深切期待，也透顯著他全心為法的高尚人格，讀來令人感動！

---

❶〈桓玄輔政欲沙汰眾僧與僚屬教〉，收於《弘明集》卷十二，《大正藏》冊五十二，頁八十五上。

❷〈廬山慧遠法師答桓玄書沙門不應敬王者書〉，收於《弘明集》卷十二，《大正藏》冊五十二，頁八十三中——八十四中。

❸〈桓玄與八座書論道人敬事〉，收於《弘明集》卷十二，《大正藏》冊五十二，頁八十中。

❹《大正藏》冊五十二，頁三十上。

❺《大正藏》冊五十二，頁三十上。

❻《大正藏》冊五十二，頁三十中。

❼《大正藏》冊五十二，頁三十中。

❽《大正藏》冊五十二，頁三十中—下。

❾《大正藏》冊五十二，頁三十下—三十一上。

❿《大正藏》冊五十二，頁三十一上。

⓫《大正藏》冊五十二，頁三十二上。

⓬《大正藏》冊五十二，頁三十下。

參考文獻

方廣錩著：〈道安避難行狀考〉，《中華佛學學報》第十二期（一九九九年），頁一四五—一七四。

區結成著：《慧遠》，臺北：東大圖書公司，二〇〇〇年。

小林正美著：《六朝仏教思想の研究》，東京：創文社，一九九三年，第二章「廬山慧遠の仏教思想」。（小林正美著，王皓月譯：《六朝佛教思想研究》，濟南：齊魯書社，二〇一三年。）

華人解空第一書

——僧肇《肇論》導讀

《高僧傳．釋僧肇傳》記載：釋僧肇（三八四—四一四），京兆人（今陝西長安）。家境貧寒，以替人抄書為業，因而讀遍經史等古代典籍。喜愛深遠高妙的學問，常以老莊學說為心要。某次閱讀《老子》，感歎說：「精妙歸精妙，但使精神專一、泯除塵累的方法，仍未達到盡善。」後來看到舊譯《維摩經》，歡喜頂受，深入研讀，於是說：「今日才知道歸趣所在。」因此出家，精研大乘經典，兼通小乘三藏。僧肇才思敏捷，又善於談說議論，名聲遠播。❶

當鳩摩羅什（三四四—四一三）被呂光羈留在姑臧（今甘肅武威涼州）時，僧肇即遠赴該地，向羅什請問佛學。後秦王姚興派兵迎請羅什到長安，僧肇也追隨老師回來。羅什在長安逍遙園主持譯經，僧肇是得力助手之一。羅什曾到印度鑽研佛學，是龍樹中觀學派大家，來到漢地重譯《般若》、《法華》、《維摩》等重要大乘經典，譯文相較過去有長足進步。再者，系統地譯出《中論》、《百論》、《十二門論》、《大智度論》等中觀論典，中國人至此才真正了解般若性空的深義。僧肇是羅什弟子中對般若空義領會最為深刻者，有「秦人解空第一」的雅號。

僧肇在三十一歲即英年早逝，他寫了一些經序，並有幾篇佛學專論，流傳下來者主要有後人彙編的《肇論》四篇，並有〈宗本義〉一篇，相當於序論。今本《肇論》的順序是〈宗本義〉、〈物不遷論〉、〈不真空論〉、〈般若無知論〉、〈涅槃無名論〉，依義理層次而安排；後面附有〈劉遺民書問〉及〈答劉遺民書〉二篇問答書函。僧肇在這幾篇文稿中提出自己對般若空義的精闢見解，也對前人關於般若教法的不當理解有所評論。

般若初傳解義難

般若空義是佛教的獨特思想，極不易領會，常在前面加上「甚深」的形容詞。

在羅什抵達漢地以前，中國佛教界雖盛行般若學，但思想相當分歧，後人歸納為「六家七宗」的不同見解。為何當時的中國人如此難以理解般若空義？筆者認為可有幾個因素：㈠中國文化過去缺乏可堪比擬的思想概念。㈡舊譯經文翻譯得不夠理想而易生誤解。㈢在文義解讀上受到老莊玄學的偏誤引導。㈣明晰註釋般若經義的中觀論書尚未傳入。中國祖師此時對般若法義的理解可說仍處在摸索階段。

僧肇在〈不真空論〉先評論「心無」、「即色」、「本無」三家的般若義解。他化約心無宗的觀點說：「對於萬物抱持無心，而萬物未必是無。」此說是東晉成帝時代（三二五—三四二）渡江南來的支愍度所創，在江東非常流行，主張對萬物保持無心即可，萬物是有是空則未加論究。僧肇指出此宗的得失如下：「所得在於心神寧靜，所失在於事物的空無。」❷雖能得到心神的安定，但不了解萬物本來是空的道理。

其次，即色宗主張：「色法不是自己成為色法，所以雖為色法而並非色法。」這是東晉支道林（三一四—三六六）〈即色遊玄論〉提出的觀點，意思是說色法（物質現象）並非不待其因緣而可獨自生成，所以雖為色法而非實在的色法。僧肇評論說：「說到色法，色法本身即是色法，難道要依靠細色構成粗色之後才是色法嗎？這樣只說到色法不是自己成為色法，而不了解色法當下並非色法（的空性意義）。」❸這種主張只知道物質現象不是獨自成為色法，是必須依靠物質基本要素因緣和合而構成的假法，然而，不明白色法當體即空的道理，在心中存有假法始成就色法的觀念。

第三家是本無宗，這是道安同學竺法汰（三二〇—三八七）所論，僧肇概括其主張如下：「本無的主張，思想偏向於無，發言多歸結於無。因此，非有，有就是無；非無，無也是無。」僧肇評論說：「推尋佛典施設文句的本來意旨，只不過說非有是非真有，非無是非真無而已，何必說非有連這個假有也沒有，非無連空無自性的無都沒有？這只是偏好虛無的論點，哪能符合事物的實情？」❹也就是說，本無宗的論點抱持過度否定的見解，不合乎般若空義的中道意旨。

姑且不論僧肇是否忠實地引述前賢的主張，但他的評論透顯出對「緣起性空」與「當體即空」法義的正確、深度的領會。〈宗本義〉第一段說：「本無、實相、法性、性空、緣會，都具相通的涵義。為什麼呢？一切諸法是因緣和合（緣會）而生起。因緣和合而生，則未生時並不存在，因緣離散就消滅了。如果它是真實（不變）的存在，存在就不會消滅。依此而推，雖然現今在眼前存在，存在而自性本空。自性本空，所以稱為性空。因為性空，所以稱為法性。法性是本來如此的，所以稱為實相。實相本身即是空無（自性），不是排除讓它變成空無，所以稱為本無。」❺讀來讓人了解到「秦人解空第一」的稱號對他而言可謂實至名歸。

萬象流動無去來

歷經人生數十寒暑，仔細觀察或可了解到現象世界的一切事物無不處在遷流變異當中，從而生起無常的感慨。在《阿含經》中，佛陀經常提醒修行者做無常觀，以免留戀生命存在，障礙解脫的獲致。《般若經》的核心義理則在開掘現象世界表層流變之下的甚深實相，指引行者通過實相的體得而超脫煩惱。

《肇論》首篇〈物不遷論〉從現象世界的無常變異引入，嘗試論證事物在實相上的如如不動。僧肇認為必須求寂靜於流動之中，所以雖流動而常在寂靜；不捨流動而求寂靜，所以雖寂靜而不離流動。動靜並非對立與互斥，事物同時具有動靜兩面。一般人不了解這個道理，看到過往的事物不可復現，就說世間是動而非靜，只從流動一面觀看。或許為了引導未深入佛理者了知事物寂然不動的道理，僧肇運用了一種具有爭議性的論證方式。

他認為一般人所說的流動，是因過往事物不來到現在，所以說流動而非靜止。然而，他自己觀察到的靜止，也是基於過往事物不來到現在，所以說靜止而非流動。常人以為事物從現在流向過去，感受到變動不居。僧肇卻從過去事物不來今日，推得事物本無遷流，進而推論現在事物也不流向過去：「於過去尋求過往事物，在過去並非不存在；於現在尋求過往事物，在現在並不存在。於現在並不存在，了解到事物不來；在過去並非不存在，所以知道事物不去。反過來尋求現在事物，現在事物也不去。這意謂過往事物本在過去，不從現在去到過去；現在事物本在現在，不從過去來到現在。」❻結論是事物根本不來不去，想要依此證明其中所隱含的實相不動的道理。

僧肇這種論證進路表面上看似承認事物在三世的真實存在，如此即會偏離般若空義，在中國佛教史上曾引發論辯。然而，誠如明末蓮池、紫柏與憨山三位大師所言，僧肇從世俗常識觀點（事物遷流）出發，進一步推論而得到物不遷的結論，我們不能拘泥於這段文句的字面意義，必須從〈物不遷論〉全文甚至《肇論》全書的思想脈絡來掌握僧肇的真正意旨。❼

確實，〈物不遷論〉旨在說明如來施用二諦說法的意義，僧肇在文中說：「如來順著眾生的心念疑滯，用不同的語言來辨明疑惑。根據不二的真心，演說不同層次的教法；表面相違而根本上一致，唯有聖人的言教吧！所以闡明真實有不遷之說，引導世俗有流動之說。」❽這篇論文的著作目的，運用權便論證方法想將世人從世俗觀點引向最高真理。隨順世俗諦而說有過去、現在、未來的事物，幫助對論者接受動而不動的精深道理，而僧肇本人對於現象事物的無常義與空義是了無疑惑的，可證之於《肇論》其餘諸篇。

緣起不真自性空

在〈不真空論〉起始的一段，僧肇解明聖人體證空性的精神境界：「至虛（真空）無生的境界，是般若明鏡的妙觀所在，是一切現象存在的根本。如果不是智慧極為通達的人，精神如何能契會有無之間的道理？因此，了悟至理者將精神暢通到無窮，極限所不能障礙；耳目達於視聽的極致，聲色所不能勝過，這難道不是因為他與萬物的本來空寂相即，以致事物不能遮蔽他的心神嗎？」❾羅什所傳的是龍樹中觀學說，「不真空」就是非有非無的中道，緣起的事物屬假有，所以不真；欠缺實在的本質，所以性空。體證到「不真空」的中道，就是佛的智慧境界，能無所不知。

龍樹透過真、俗二諦來為眾生說法，真諦超越於言說，不可表達，所以僧肇說：「真諦獨立寂靜於名言表達之外，怎麼是文字所能辨明的呢？然而，不能閉口不說，暫且透過文字來擬議它。」❿所以對諸法實相所做的談論，都不是實相本身，只不過是一種趨近方式，以引導學法者去體會真理。真諦就是不落兩邊的中道，僧肇引《大智度論》說：「諸法不是有相，也不是無相。」又引《中論》說：「諸法不有不無。」然而，不有不無的意義，不是「否定一切萬物，斷絕視聽，處於虛無之境」，而是「相即於事物而暢達真理，事物不與它互相違逆。不真與空性相即，所以體性並無改易。體性並無改易，所以雖為空性而存在。事物不與它互相違逆，所以雖存在而為空性。雖存在而為空性，即所說的非實有；雖為空性而存在，即所說的非虛無」。⓫對緣起性空的中道實相闡釋得非常明晰。如此領會，可身處現象世界而不離諸法實相。

般若無知無不知

般若是觀照實相的智慧，〈不真空論〉也提到如來的了知能力是完全不受障礙、無所不知的，怎麼〈般若無知論〉反而主張般若是無知的？僧肇徵引《放光般若經》說：「般若無所有相，無生滅相。」又引《道行般若》說：「般若無所知，無所見。」然後施設問答如下：「這是在辨明智慧觀照的作用，卻說無相、無知，為什麼呢？確實有無相的智慧、不知的智慧，這是很明白的。為什麼？有所知，就有所不知；因為聖人之心無知，所以無所不知。不知的智慧，才稱為一切知（全知的智慧）。……因此，聖人心契空性，使其觀照境界成為真實，終日了知而未曾有所知。」⓬意思是說要能達到「無知」的圓滿精神境界，才能無所不知。有所知，那就落入相對，必然有所不知。

依據佛教法義，般若意指泯除能、所二分的覺照智慧，與所觀照的實相並非分為能觀與所觀二邊，聖人之心就是般若，就是實相。凡人以取相分別心來認識事物，有分別就有局限與障礙，只能片面了知事物。聖人以清淨圓滿的智慧直觀萬象，無分別反能體達諸法實相。僧肇說：「經上說：『真實的般若，清淨如虛空，無知、無見，無造作、無因緣。』如此則智慧本身就是無知的，哪裡要等到返照到自心，然後才是無知的？」⓭般若智慧是一種無知之知，無心去了知，卻像明鏡一樣，自然地映現一切。

僧肇又說：「如果有智慧了知性空而說是清淨的，對於煩惱與智慧就沒有明辨清楚。三毒（貪、瞋、癡）、四顛倒（常、樂、我、淨）的實相也都是清淨的，有何理由使般若獨尊呢？如果以所了知的境界（實相）來稱美般若，所了知的境界便不是般若了。如果所了知的境界是本來清淨的，那般若就未曾清淨了，也就沒有理由讚歎般若了！然而，經上說『般若清淨』，難道不是出於般若的體性真實清淨，是本無煩惱執取的智慧？本無煩惱執取的智慧，不可用知來稱呼它。」⓮般若實相的體性清淨，超越知與無知的分別，這是「無知」的真實意涵。以無知的般若始能契入無相無不相的真諦，這是真知。

涅槃離言不可說

般若智慧生起，體達清淨實相，當下就處於涅槃境地。「涅槃」是在指稱體得覺悟的精神狀態。有一天，僧肇見到秦王回覆姚嵩的信函中說：「眾生之所以長久流轉生死，都因執著五欲。若在心中止息欲求，即不再流轉生死。既然沒有生死，心神安住於玄妙寂然，與空性冥合，這稱為涅槃。既然稱為涅槃，又如何在其間容有名字？」⓯僧肇非常肯定這一番話語，於是作〈涅槃無名論〉，假託「無名」與

「有名」兩人的對論，以彰顯涅槃不落言詮的深義。

涅槃可分為有餘涅槃與無餘涅槃，這只不過是指引世人修行朝向精神理想的假名權說罷了。涅槃體性寂滅無邊，無法透過名相而認識；微妙無相，不可用分別心去了知，僧肇引《中論》說：「涅槃非有也非無，言語道路斷絕，心思依處止滅。」⑯口不能言，心無可思，說是涅槃就不再是真正的涅槃了。有名無法心服而說：不立涅槃之名，則小乘根機者無法欣慕無餘涅槃，修行無所寄託；菩薩行者無法仰望至聖功業（指佛的涅槃境界），絕棄六度萬行。無名回應說：心存名稱就執著在名稱上，涅槃既然超越於言說，怎可用名稱來指涉無名的悟境？⑰談論涅槃就喪失它的真實，說知道它反而顯示無知，說有說無都乖違涅槃的體性。修行到最後的向上一躍，就是離相無知而契入無名涅槃。

以上《肇論》四篇論文，〈物不遷論〉順應世俗觀點以指點萬物實相；〈不真空論〉直接論說緣起性空；〈般若無知論〉講述般若空慧的離相無分別；〈涅槃無名論〉詳明涅槃體性不落言詮，討論到般若空思想的各個重要層面，解義精當。

❶《大正藏》冊五十，頁三六五上。
❷《大正藏》冊四十五，頁一五二上。
❸《大正藏》冊四十五，頁一五二上。
❹《大正藏》冊四十五，頁一五二上。
❺《大正藏》冊四十五，頁一五〇下。
❻《大正藏》冊四十五，頁一五一中。
❼黃國清著：〈小乘實有論或大乘實相論？——分析明末三大師的物不遷論解釋立場〉，《中華佛學學報》第十二期（一九九九年），頁三九三——四〇九。
❽《大正藏》冊四十五，頁一五一中——下。
❾《大正藏》冊四十五，頁一五二上。
❿《大正藏》冊四十五，頁一五二上。
⓫《大正藏》冊四十五，頁一五二上——中。
⓬《大正藏》冊四十五，頁一五三上——中。

⓭《大正藏》冊四十五，頁一五三下。

⓮《大正藏》冊四十五，頁一五三下。

⓯《大正藏》冊四十五，頁一五七上—中。

⓰《大正藏》冊四十五，頁一五七下。

⓱《大正藏》冊四十五，頁一五八中。

參考文獻

李潤生著：《僧肇》，臺北：東大圖書公司，二〇〇一年。

廖明活著：《中國佛教思想述要》，臺北：臺灣商務印書館，二〇〇六年，第四章「中觀教學的形成和傳入——從僧肇的教學看早期中國中觀思想」。

佛經目錄展譯業

──僧祐《出三藏記集》導讀

古印度的宗教聖典主要依靠口耳相傳而流衍後世，而且印度文化不太關心歷史記載，隨著時代遷移，許多古代事蹟顯得撲朔迷離。反之，中國文化特別注重文字，詳實記載歷史活動，過往的人物事蹟通過史家文士的筆墨書寫，使後世學人既得以藉此探悉古事，並且能從歷史教訓中學習。漢傳佛教文化與印度佛教文化之間一個重大差異點，就是中國祖師們編纂了許多的佛教史籍。「佛經目錄」可說是漢譯佛典的歷史文獻載記。

從東漢末葉（西元二世紀）開始翻譯佛經以來，一直到南北朝齊梁時代（西元五世紀末到六世紀中），已歷經三百餘年，這段期間所積累的大量漢文佛教典籍及中國佛門大德的行誼事蹟，有待傑出佛教史家的記人記事書寫。梁代出現兩部重要的佛教史籍，一本為佛經目錄屬性，記載漢譯的經論及譯經家的傳略，即僧祐的《出三藏記集》；另一本為僧人傳記屬性，記述來華僧人與中國古德的高風景行，即慧皎的《高僧傳》。在這兩部文史典籍之前雖有相類的著作，但在篇幅、完整性和系統性方面，難以與二書比擬，所以《出三藏記集》與《高僧傳》的編修法式成為後世同類著述的範本。

譯經譯人待史家

藉由群書目錄對典籍加以著錄，可了解截至某個時代為止書籍的著述與存廢情形。中國圖書目錄的發展源遠流長，早在西漢成帝時代劉向就編寫了《別錄》，其子劉歆據以撰作中國第一部圖書分類目錄《七略》，此書又成為《後漢書．藝文志》的藍本。其後各家目錄前起後繼，歷代正史中也都專列「經籍志」或「藝文志」。漢文佛典目錄即是此種風氣影響下的產物，使後世得以藉其記載而知悉歷代譯經、譯人與譯事的相關信息。

當佛典傳譯累積到一定的數目，有佛教學人會想到為蒐集到的佛典彙編目錄，以方便自己與眾人使用。後代經錄編纂者除了自己蒐集資料，又可參考前賢所編目錄，並加以考訂與辨偽，使佛經目錄的記載內容更為充實與完善。經錄主要記載佛典的題名、卷帙、翻譯者、翻譯年代、異譯別行本、存佚等事項。佛經目錄種類可分多種，包括：校錄一寺藏經的寺藏錄；偏錄一地所流傳佛典的區域經錄；專錄一個朝代譯經的斷代錄；彙編歷代譯經與佛教著述的通錄；彙編大藏經所收佛典的入藏錄；連綴歷代譯經家傳略而成的圖紀；撮舉佛典大意的解題目錄，不一而定。❶《出三藏記集》屬於其中的通錄類型。

《出三藏記集》是現存最早的佛經目錄，以道安所編《綜理眾經目錄》（安錄）為藍本大幅增廣而成；在書中夾註亦常引用「舊錄」之說，及四次提到「古錄」，吸收了過去的經錄編纂成果。僧祐此書不僅記載歷代的漢譯佛典，還收錄許多佛典的序跋文及譯經師的傳記。總體而言，《出三藏記集》提供佛經漢譯的豐富文獻資料，具有極高的地位與價值，對後世經錄編修與佛經翻譯研究構成深遠影響。

精研戒律覽群書

據《高僧傳．釋僧祐傳》所載，僧祐祖籍彭城下邳（今江蘇邳縣），俗姓俞，南朝宋文帝元嘉二十二年（四四五）生於建業（今南京），梁武帝天監十七年（五一八）圓寂於建初寺，享年七十四歲。幼年時前往建初寺禮佛，感到非常歡喜，不肯回家。雙親因為憐愛他，只好允許他出家，禮僧範為師。十四歲時父母為他密定姻緣，僧祐知道後就躲避到定林寺，投入法達門下。法達持戒精嚴，僧祐深受其影響。

僧祐受具足戒以後，又師從律學名匠法穎，精勤鑽研，終成律學大師。南齊竟陵王數度禮請他講授律學，聽眾常有七、八百人。永明年間奉齊武帝之命前往吳地試核出家五眾，並宣講《十誦律》及受戒之法。梁武帝遇到僧事的疑難，通常會向他請教，還曾延請他到宮中為六宮妃嬪們授戒。僧祐將講授所得的信施捐出修繕定林、建初及其他諸寺，還有建立佛教經藏，蒐集與校訂佛經卷軸。❷

《出三藏記集》大致編纂於梁代天監九年到十三年（五一〇—五一四）之間，

僧祐能完成這部著述，有賴平日的廣泛閱讀與記錄整理。關於此點，《出三藏記集》卷十二〈法集總目錄序〉說：「我私下發起堅定誓願，有志於大乘，恭敬受持方等經典，遊心於四部《阿含經》。加上山房寂靜偏遠，泉水清新，松樹茂密，於講席與僧事的閒暇時日，廣泛探尋典籍，專心披讀，有時全天忘了用餐，有時整夜點燃蠟燭，用微小的力量、淺陋的識見與短暫的光陰競逐。儘管如同以管窺天，以蠡測海，然而放眼流覽而積存於心，頗有一些領悟。於是綴集所聽聞的教誡與法寶，稟承群經，旁採記傳，事情依同類聚合，內容以體例區分。……訂正經典翻譯資料，而編纂三藏的目錄。」❸僧祐在講授戒律與處理僧事的空檔，不忘廣泛搜羅與閱讀佛教文獻，累積了豐富的學識，最後用詳實考辨的態度寫成這部不朽名著。

道安經錄為典範

在僧祐撰寫《出三藏記集》之前，東晉名僧道安（三一二／三一四—三八五）編著《綜理眾經目錄》一卷，記載後漢至東晉約二百年期間的譯經資訊。道安的目錄亡佚於隋朝，但其成果已被吸收到《出三藏記集》當中。《出三藏記集》卷五〈新集安公注經及雜經志錄第四〉中，引述道安的一段話語，說明安公的著作旨趣：「中土的眾多佛典，譯出的時間不一，自東漢孝靈帝光和年間以來，到今日晉朝康寧二年（三七四），近二百年，遇到殘本就譯出殘本，遇到全本就譯出全本，又不是同一人所譯，難以全部加以整理，而著作目錄一卷。」❹道安致力於推動佛經翻譯事業及蒐集與研究已經譯出的經論，匯集大量譯經資料，為編纂佛經目錄創造了條件。

從《出三藏記集》卷二至卷五可看出，道安所編佛經目錄大致分類如下：經律論錄、失譯經錄（記錄譯者不詳的譯經）、涼土異經錄（記錄涼州的失譯佛經）、關中異經錄（記錄流傳關中的失譯佛經）、古異經錄（記錄西晉以前不知譯人譯時的抄經）、疑經錄（記錄偽托或真偽難辨的經典）。道安具有懷疑考證的精神，不因所見佛教文書徒具經典形式即相信為真經，對於資訊不明的經典也另加分類，幫助後人釐定各種譯經的可信或疑偽。

《出三藏記集》卷十五〈道安法師傳〉說：「自漢代到晉代，佛經傳來漸多，但傳譯經典者的姓名缺乏記載，後人往前探尋，無法推知年代。道安於是匯集經典題目，標示譯時譯人，品評新譯舊譯，撰寫成佛經目錄。眾經有記載的依據，實出於他的功績。」❺卷一的〈出三藏記集序〉也說：「過去道安法師以其卓越才智與深遠識見，撰寫佛經目錄，訂正所聞所見，進行明晰的分類。」❻道安的嚴謹核實精神以及所樹立的編目範式，影響到僧祐編著佛經目錄的態度與架構。然而，僧祐將道安目錄收載於《出三藏記集》當中，或許是促使前書後來失傳的重要因緣。既然後書中已包含前書的主要內容，且提供期間較長、更完整的譯經資訊，道安目錄在某種程度上就減少單獨流通的必要性。

載記詳實助法化

關於《出三藏記集》的著述緣起，僧祐在序文中說：「到了漢末安世高時，譯事活動轉為明朗；魏初康僧會時，註釋撰述逐漸通行。至道由人傳弘光大，於此獲得驗證。自晉室中興以來，三藏典籍傳來更多，外域的卓越法師密集接連來到，中土的才智之士光彩絢爛地出現。僧伽提婆、鳩摩羅什提起宏大的綱繩，道安、慧遠振動深奧的裘領，渭水濱有逍遙園譯場的集會，廬山上有般若臺精舍的創立。像法時代出現賢哲，於此時期最為興盛。推原經典出自西域，流傳到東方，攜過萬里長路，將胡文轉譯為漢文。各國語言不同，所以文字有同異；經典前後交疊而來，所以標題有新舊。然而，後來的學習者鮮少能夠研究考證，於是變成書寫者相繼，卻不知經典譯出年代；講說者眾多，而不知傳譯者為何人。佛典授受之道，已經衰微了。當時聖者們集結經典，尚且要用五事證明經文是佛說，何況千年後的翻譯，哪能隱沒其譯者與年代？」[7]對僧祐而言，將翻譯的人事與時間記載完備，事關佛典的久遠流傳，因為具有詳實可信的翻譯記錄，傳譯的佛典才容易取信於後人。

今本《出三藏記集》共計十五卷，可分成五部分：㈠「緣起」，說明經、律、論三藏成立的緣起，及梵漢文字同異與翻譯名相問題（卷一）。㈡「名錄」，列示譯出佛典的題名、卷數及相關資訊（卷二—五）。㈢「經序」，收錄佛門大德所撰寫的序文與後記（卷六—十一）。㈣「雜錄」，收錄十種中土編纂的佛教文集的序文與目錄等（卷十二）。㈤「列傳」，載錄佛典翻譯家的傳記（卷十三—十五）。

就以上的內容綱目來看，僧祐嘗試在這本著作中包含他所蒐羅的與佛典翻譯有關的豐富資料，幫助後世學人較為全面地認識佛典在中華大地上的翻譯與流傳概況，及判斷所見佛典的真實性。

譯經文獻廣蒐羅

第一項的「緣起」，內含五種資料：㈠「集三藏緣記」，援引《大智度論》，記述佛臨涅槃時，阿難問佛經起始要安置什麼文句，以及佛滅度後大迦葉主持三藏集結的過程。㈡「《十誦律》五百羅漢出三藏記」，引用〈十誦律序〉講說五百羅漢集結三藏的事蹟。㈢「《菩薩處胎經》出八藏記」，引述《菩薩處胎經》說明所集法藏的內容。迦葉告訴阿難要將菩薩藏、聲聞藏、戒律藏區分開來集結，阿難誦出的經典有胎化藏、中陰藏、摩訶衍方等藏、戒律藏、十住菩薩藏、雜藏、金剛藏、佛藏八部分，視此為釋迦牟尼佛所說的完整佛法。僧祐徵引此經所說為大乘佛法的集結提供依據。㈣「胡漢譯經文字音義同異記」，概述梵漢文字的差異、翻譯名相的訛誤、譯詞差異的原因，及翻譯傳義的得失。㈤「前後出經異記」，比較舊經與新經譯詞的不同，如舊經「眾祐」，新經譯作「世尊」。

第二項「名錄」，主要是在道安目錄的基礎上加以擴充，也有許多資料屬於僧祐新集。僧祐在卷二的前言中謙虛地說：「自道安才開始撰述譯經名錄，品評翻譯優劣，標列翻譯年代，佛典能獲得證驗，實有賴於此人。我冒昧以淺陋的學識，追隨與依附前人的規式，聚集我的管窺之見，接續而作新集目錄。並且廣泛訪求其他目錄，檢查校正異同，追尋未盡記錄，以使經錄體例完備。」❽僧祐依據道安的經錄，再廣泛蒐集文獻資料及參考其他目錄，盡最大努力做出完整展示。

「名錄」部分計有十五種資料：「新集撰出經律論錄」（依譯人歸類，列示譯經的題名、卷數、譯時、譯地、異名、存佚、真偽等）；「新集條解異出經錄」（列示同本異譯經典）；「新集表序四部律錄」（唐代已闕）；「新集安公古異經錄」（列示古譯經典遺文）；「新集安公失譯經錄」（列示譯者不明的經典）；「新集安公涼土異經錄」；「新集安公關中異經錄」；「新集律分為五部記錄」（文出《毘婆沙》，說明戒律分為五部，阿育王以婆麤富多〔犢子〕部僧人較多而取為標準）；「新集律分為十八部記」（概述十八部派的分化）；「新集律來漢地四部記錄」（漢譯《十誦律》、《四分律》、《婆麤富樓律》、《彌沙塞律》、《迦葉維律》的說明）；「新集續撰失譯雜經錄」；「新集抄經錄」；「新集安公疑經錄」；「新集疑經偽撰雜錄」；「新集安公注經及雜經志錄」（收錄道安的經註、文篇，及來源特殊的雜經）；「小乘迷學竺法度造異儀記」（說明竺法度執迷小乘，誹謗大乘之事）；「喻疑」（長安叡法師撰，曉喻專習小乘而非難大乘者）。

經序列傳存史料

從《出三藏記集》卷六到卷十一保存了一百一十篇漢譯佛典的序文與後記，這些是相當珍貴的佛經翻譯史料。通過這些序文與後記，有助了解某部經典的內容大要，考察翻譯者、譯經年代及譯經相關事項。卷十二收錄漢地十種佛教文集的序文與目錄，僧祐在此卷開頭的〈雜錄序〉說：「雖然不是佛經，但佐助佛道弘化，可說是聖典的輔翼，法門的警衛，足以光照顯耀前人的事業，開導勸進後代的學人。因此，附在三藏集的末後，以擴大其他事蹟的閱覽。」❾這十部著作包括：劉宋陸澄《法論》、齊代竟陵文宣王《法集》、齊代巴陵王《法集》，以及僧祐自己所撰的《法集》、《釋迦譜》、《世界記》、《薩婆多部師資記》、《法苑雜緣原始集》、《弘明集》、《十誦律義記》、《法集雜記銘》等。其中《釋迦譜》、《弘明集》現存，佚失的著述也幸賴僧祐載錄其序文與目錄，反映出東晉與南朝時代的佛教論著概況。

最後三卷記載安世高等三十二位佛典翻譯家的傳略，另有附傳十六人。前兩卷除了支謙與西行求法的朱士行之外，均為從域外來到東土的法師或居士；最後一卷全為有功於譯經的中國法師。這是現存最早的高僧傳記，這些傳記後來都被收入《高僧傳》的譯經、義解二篇之中。通過這些高僧大德的傳略，有助了解譯經家們的修持德操、經論研修與譯筆風格，在內心中深深感念他們使佛法能在中華大地生根與成長，讓後世學佛者有緣讀誦佛典的重大恩德。

披覽《出三藏記集》，對東漢到梁朝之間的佛典漢譯與流傳情形，及譯經大師們的精誠努力，當會獲得宏觀的認識。當然，《出三藏記集》的編纂仍無法達到盡善盡美，有學者就指出其中存在目錄不夠整齊、歸類有不恰當之處、脫漏及訛誤等問題。然而，瑕不掩瑜，這部著作的價值甚高，所保存的史料彌足珍貴；編排與文字上或有一些問題，但廣集資料與合理編目的精嚴態度足資後世效法。再者，僧祐用心考辨譯經史料的嚴謹精神也影響後來的經錄編纂者。對於想要深入研究漢譯佛典與譯經歷史者而言，這是一部值得仔細研讀的典籍。

❶ 陳士強著：《佛典精解》，臺北：建宏出版社，一九九五年，〈總敘〉，頁三。

❷ 《大正藏》冊五十，頁四〇二下—四〇三上。

❸ 《大正藏》冊五十五，頁八十七上。

❹ 《大正藏》冊五十五，頁四十上。

❺ 《大正藏》冊五十五，頁一〇八上。

❻ 《大正藏》冊五十五，頁一上—中。

❼《大正藏》冊五十五，頁一上。

❽《大正藏》冊五十五，頁五下。

❾《大正藏》冊五十五，頁八十二下。

參考文獻

梁・僧祐撰，蘇晉仁、蕭鍊子點校：《出三藏記集》，北京：中華書局，一九九五年。

陳士強著：《佛典精解》，臺北：建宏出版社，一九九五年，上卷「經錄部」第一門「現存最古的眾經目錄——梁僧祐《出三藏記集》十五卷」。

高風景行示後學

——慧皎《高僧傳》導讀

《高僧傳》通載東漢末年到南北朝梁代天監年間，各類德行超卓僧人的修行事蹟與功業，共計十四卷，作者是梁代的慧皎（四九七—五五四）。後世以《高僧傳》為範本所撰寫的高僧傳記，重要者包括唐代道宣的《續高僧傳》（收錄梁代到唐高宗時代的僧傳）、北宋贊寧的《宋高僧傳》（收錄唐高宗時代至北宋初年的僧傳）、明代如惺的《明高僧傳》（收錄北宋末年到明代萬曆年間的僧傳）等；還有明朝末年明河所撰《補續高僧傳》，補續的是《宋高僧傳》，所記僧人時代跨越晚唐到明代萬曆年間。

精嚴史家寫高僧

關於慧皎這位佛教史家的生平，所能獲得的可靠資料並不多。他出家前的階段完全空白，出家後的一些活動事蹟，《高僧傳》卷十四末後由僧果所記的跋文說：「這部僧傳是會稽嘉祥寺慧皎所撰。法師通達佛教內外的學問，善於講說經典與戒律。著有《涅槃經疏》十卷、《梵網經》等義疏，都為世間軌範。另外，著作這部《高僧傳》十三卷。梁朝末的承聖二年（五五三），躲避侯景之亂來到湓城（今江西九江），講經沒過多久，於甲戌年二月圓寂，享年五十八歲。江州僧正慧恭為他營辦後事，葬在廬山禪閣寺塋墓。龍光寺僧果一同避難在山中，親見當時的景況，聊且記錄下來。」❶

《續高僧傳》卷六〈釋慧皎傳〉對其生平與著作簡單記述如下：「學問通曉內外典籍，廣泛訓解經典與律典。住錫嘉祥寺，春夏弘法，秋冬著述。撰述《涅槃義疏》十卷，及《梵網經疏》，通行於世。又由於寶唱撰寫《名僧傳》有許多遺漏，於是就擴增其體例，著作《高僧傳》十四卷。」❷其後略引其《高僧傳》的序文以顯示他撰寫僧傳的初衷。如此一位重要的佛教僧傳作者的行誼事蹟幾近湮沒，慧皎所撰《高僧傳》能流傳至今，或可視為其高蹈風操的文字映現。

慧皎撰寫《高僧傳》之前，已存在一些僧傳著述，但他似乎不太滿意，在自己書末的長篇序文中如此評論：「眾家僧傳的記述載錄各有不同。沙門法濟偏於記敘高逸一類行跡。沙門法安只列志節這種德行。沙門僧寶僅述說遊方一類。沙門法進始整體地撰寫傳記論評，但言辭與事蹟缺漏，並且繁簡不一，或與事實不合；考察前賢行跡，未見到要點。宋臨川康王劉義慶《宣驗記》與《幽明錄》、太原王琰《冥祥記》、彭城劉悛《益部寺記》、沙門曇京《京師寺記》、太原王延秀《感應傳》、朱君台《徵應傳》、陶淵明《搜神錄》，都附帶提及一些法師，述說他們的風操德養，但全為附見，多有粗疏遺漏。齊竟陵文宣王《三寶記傳》，有人說是佛史，有人說是僧傳，既然三寶一起記述，文辭彼此關涉，混濫而難以搜檢，更顯雜亂。瑯琊王巾所撰《僧史》，見解似乎全面，而文章體例不足。沙門僧祐撰寫《出三藏記集》，只有三十幾位僧人，很多人未納入。中書郎郗景興《東山僧傳》、治中張孝秀《廬山僧傳》、中書陸霞明《沙門傳》，競相舉出一方的僧人，不整體記述現今各地及古代；致力保存一種美德，不及於其他德行。到了現在，也相繼有著述的人，然而，或是在讚美之時，宣揚過度；或是在敘事之中，空說虛辭，考求實情，全不確實；或是嫌繁嫌多，刪減事蹟，出眾的高尚行跡多被刪削。」❸據此，慧皎是想撰寫一部體例精當、涵蓋各類高行、記載內容詳實的僧傳吧！

寶唱僧傳為嚆矢

在介紹《高僧傳》之前，先概述幾部時間稍早的相關著作。梁代僧祐撰《出三藏記集》，其中卷十三至卷十五為東漢至南齊時代與譯經有關的法師或居士的傳記，計有正傳三十二人，附傳十六人。這些傳記以譯經師為主，兼及推動譯業（如道安、慧遠、道生等）與尋求梵經（如朱士行）的僧人。《出三藏記集》中的譯經家傳記，後來幾乎都被收入《高僧傳》。

僧祐弟子寶唱撰寫《名僧傳》三十卷（或連「序目」共三十一卷）及《比丘尼傳》四卷，記載中外法師們的高風與事蹟。《名僧傳》現今已經佚失，根據《續高僧傳．釋寶唱傳》卷一記載，此書自梁代天監九年（五一〇）開始撰集，完書於天監十三年。《名僧傳》在唐代尚存，《大唐內典錄》等經錄中仍有著錄。此書曾流傳到日本，藏於東大寺東南院，也已不存。日本僧人宗性在借讀東大寺所藏《名僧傳》時做了摘要，於文曆二年（一二三五）在笠置寺寫成《名僧傳抄》一卷，可據以窺知《名僧傳》的目錄與內容梗概。

《名僧傳抄》❹可分為三部分：首先是「《名僧傳》目錄」；其次抄錄僧人傳記三十六則，及「三乘漸解實相事」、「無神我事」、「禮法事」三條；最後是作為附錄的「《名僧傳》說處」，僅條列書中要事的綱目。其中「《名僧傳》目錄」頗具學術價值，可看到《名僧傳》卷一至卷三是域外來華的「外國法師」傳記；卷四「神通弘教外國法師」僅列竺佛圖澄一人；卷五至卷七是「高行」的「中國法師」；卷八至卷十是「隱道」的「中國法師」；卷十一至卷十七僅標示「中國法師」而無細類；卷十八至卷三十依序是「律師」、「外國禪師」、「中國禪師」、「神力」、「兼學苦節」（參學行腳）、「感通苦節」、「遺身苦節」（捨身苦行）、「求索苦節」（求法苦行）、「尋法出經苦節」、「造經像苦節」、「造塔寺苦節」、「導師」（講經說法）、「經師」（梵唄誦經）。又所摘錄僧人傳記的內容，可讓人一窺寶唱的書寫筆法。

寶唱又撰《比丘尼傳》四卷，記載東晉昇平年間（三五七—三六一）至梁天監年間（五〇二—五一九），六十五位比丘尼的傳記。寶唱在序文中說明自己的著作旨趣：「比丘尼的興起，發源於大愛道，登地證果者累世不絕，列載於法藏中者，猶如太陽高掛天空。……師法東傳中國以來，以淨撿為首，綿延數百年，大德尼師接續出世。……然而，隨著年代推移，高潔典範逐漸遠去，他們的傑出風範出現於千年中，志向與成就卻未撰集於史書。我常心懷感慨，已經多年了。於是開始廣泛採集碑文書冊的資料，或詢問見聞廣博者，或訪求於年高長者，依其一生事略為他們立傳。」[5]在梁朝這個時代就想到專為漢地女性出家者立傳，這是非常有意義的事情，令人聯想到南傳《小部經》（*Khuddakanikāya*）中，除了《長老偈》外，還集入《長老尼偈》。

高僧不必為名僧

《高僧傳》的著作，除了慧皎的志願之外，也似與《名僧傳》及其他僧傳的諸多缺失有關。慧皎並不滿意於《名僧傳》含混不清的體例，他擴充僧人德行的項目，以便進行更合理的分類。再者，他認為這些僧人傳記的記載內容不夠精當，常常無法表現僧人的高尚德操與卓越行跡。

還有很重要的一點，慧皎認為名聲大者修行不一定高邁，他重視的是真實的修行，所以將「名僧」改成「高僧」。《高僧傳》序文說：「自前代以來的著作，多題為『名僧』，但名稱本是實質的代表符號。若實在地修行而潛藏光芒，就修行高而無名聲；少有德行而迎合時世，就名氣大而無高行。有名氣而無高行，本來就不是所要記載的；修行高而無名聲，則放在現在這部著作，所以刪去『名』這個字，改用『高』字。」❻這是《高僧傳》書名的由來。

關於慧皎撰寫此書的過程，他在序文中說：「曾在閒暇時日閱覽眾多著作，就翻檢了各類載錄幾十家之多，以及南朝晉、宋、齊、梁的正史典籍、北朝秦、趙、燕、涼的偽朝史書、地理雜篇、單篇文章與片斷記錄，並廣泛諮詢耆老，多方訪問前輩，比較他們的有無，取捨他們的同異。所記載者始於漢明帝永平十年（六十七），終於梁天監十八年（五一九），共計四百五十三年，正傳二百五十七人，又傍出附傳二百餘人。」❼他在編撰此書以前，做了充分的文獻蒐集工作，對各種不同來源的資料進行對照與取捨，務求所寫的傳記盡可能反應實情，並避免有所遺漏，這是一種嚴謹負責的寫作態度。

十科高行成範式

《高僧傳》將僧人的高風德業分為十科：譯經（卷一至三，正傳三十五人，附見二十八人）、義解（卷四至八，正傳一百零一人，附見一百七十人）、神異（卷九至十，正傳二十人，附見十人）、習禪（卷十一，正傳二十一人，附見十一人）、明律（卷十一，正傳十三人，附見八人）、亡身（卷十二，正傳十一人，附見三人）、誦經（卷十二，正傳二十一人，附見十二人）、興福（卷十三，正傳十四人，附見二人）、經師（卷十三，正傳十一人）、唱導（卷十三，正傳十人）。其中，「神異」指示現神通感化他人；「亡身」是捨身救饑或燃身供養；「誦經」指獨處靜處諷誦經典的修行；「興福」為興造寺塔與佛像等福業；「經師」指精於梵唄唱誦者；「唱導」是以因緣、譬喻宣講佛理，開導群眾。從各科所載人數可看出慧皎的側重面，譯經與義解最受重視；此外，得以管窺當時法師們的各類修行活動。

《高僧傳》的分科方式相較《名僧傳》為合理，而且慧皎區分這十科似有前後次第的安排，他在序文中說：「佛法流傳到東土，依憑傳譯的功績。有人越過沙漠險難，有人橫渡大海巨浪，都願意為真理獻身，不顧身命弘法。震旦佛法開展教化，全有賴於此，這種德行值得尊崇，所以列在篇首。至於像慧解開通精神，則使佛道廣及萬億眾生；神通感應適機化導，則強橫凶暴者受到調伏；澄淨心念安於禪修，則功德盛大繁昌；弘揚稱頌戒律，則戒行能夠清淨；捨棄身命利人，則改正內心慳吝；唱誦佛經文句，則冥陽沾潤福澤；興造福德善業，則佛像可傳後世。這八科，都因實踐方法不同，所以教化沾潤有別。」❽這裡只列出八科，可能受《名僧傳》分類影響，從「歌誦法言」之中可再分出「誦經」（背誦經典）、「經師」（梵唄誦經）、「唱導」（講經說法）而成十類。

《高僧傳》的這種分類方式也成了後世編撰高僧傳記的範式，道宣《續高僧傳》的十科如下：譯經、義解、習禪、明律、護法、感通、遺身、讀誦、興福、雜科聲德。贊寧《宋高僧傳》的分科與《續高僧傳》相同。兩書除了新增「護法」一科外，「感通」相當於「神異」，「雜科聲德」是將「經師」和「唱導」合為一類。整體而言，道宣是在《高僧傳》分科的基礎上略做調整而已。

以論以贊抒己懷

在每一科的最後，慧皎會用「論曰」起頭來發表自己對各科的總體評論；其後用「贊曰」起頭的四言句式來述說贊詞。例如，我們摘出「譯經篇」的「論曰」的幾段文句如下：「傳譯的功績最上，本來就無從稱道它。……等到（漢明帝）夢中見到金人，派遣使者到西域，於是有攝摩騰、竺法蘭懷著佛法前來教化。……到了安清、支讖、康僧會、竺法護等，都在不同時代齊力相繼弘揚。然而，西域與中國文化不同，語言差異很大，倘若不是精通經義訓解，非常難以領會。繼而有支謙、聶承遠、竺佛念、釋寶雲、竺法蘭、無羅叉等，都通曉梵漢語言，所以翻譯能充分傳達意旨。……其後鳩摩羅什學問淵博，探研深義，洞察奧妙，遊歷中國，通曉漢語。加上他對支讖、法護所譯經文感到憾惜，文辭古奧質樸，未能盡善盡美，於是更依據梵本重新宣講與翻譯，從而形成今、古二種譯經文字雖有別異而意趣一致。當時有道生、道融、曇影、僧叡、慧嚴、慧觀、道恆、僧肇等都具極高領悟根性，文章辭藻優美，執筆承受意旨，由他們來擔任，所以長安所譯經文最為特出。」❾在短短的文章中，以精鍊的筆觸，概述佛經漢譯的重要意義，佛典漢譯品質提升的不同階段，及評論譯經各家的譯文特色。

至於贊詞，於此徵引「義解篇」的「贊曰」如下：「遺風眇漫，法浪邅迴，匪伊釋哲，孰振將頹？潛安比玉，遠叡聯瓌，鐇斧曲戾，彈沐斜埃，素絲既染，承變方來。」❿（佛陀遺教模糊難辨，佛法波浪困頓難進，倘若不是這些釋門賢哲，誰人來振興即將衰頹的聖教？法潛、道安等比肩的賢士，慧遠、僧叡等並列的奇才，砍削不正的曲枝，彈撥偏斜的塵埃，白絲既已遭受汙染，承接疲弊而變通振興，傳續於未來。）慧皎讚歎這些佛門將才在佛法衰微時代能夠深入經藏，振衰起蔽，延續佛法的慧命。

《高僧傳》所列高僧都經過精挑細選，他們的事蹟與行誼讀來令人生起景仰與效尤之心，這應是慧皎著作此書的用意所在。只可惜這些精鍊優美的古典漢語文辭對現代人而言，著實不容易理解，期待多培養一些漢文佛教人才，將其轉譯為現代中文，讓更多人得以飽覽祖師大德們的高山景行。

❶《大正藏》冊五十，頁四二三上。
❷《大正藏》冊五十，頁四七一中。
❸《大正藏》冊五十，頁四一八中—下。
❹收於《新纂卍續藏》冊七十七。
❺《大正藏》冊五十，頁九三四中。

❻《大正藏》冊五十，頁四一九上。

❼《大正藏》冊五十，頁四一八下。

❽《大正藏》冊五十，頁四一八下—四一九上。

❾《大正藏》冊五十，頁三四五中—下。

❿《大正藏》冊五十，頁三八三中。

參考文獻

梁．釋慧皎撰，湯用彤校註：《高僧傳》，北京：中華書局，一九九二年。

陳士強著：《佛典精解》，臺北：建宏出版社，一九九五年，上卷「傳記部」第二門「梁慧皎《高僧傳》十四卷」。

中篇

佛學世界的開門鎖鑰

法華頓覺發先聲

——慧思《法華經安樂行義》導讀

天台實際創宗祖師是隋代的智顗（五三八—五九七），在他之前並追尊北齊慧文為初祖，南嶽慧思（五一五—五七七）為二祖。慧文禪師是謎樣一般的人物，生卒年月不詳，活動於北朝魏、齊之間（五三五—五五七）。道宣所撰《續高僧傳》沒為他立傳，僅在〈釋慧思傳〉中提及：「當時禪師慧文聚集徒眾數百人，於眾法修行清淨嚴肅，僧俗二眾節操高潔。」❶相傳慧文研讀《大智度論》領悟到空、假、中三智於一念中體得的深妙意趣。

有關智顗與慧文、慧思三位大師之間的師承關係，《摩訶止觀》卷一說：「智者師事南嶽（慧思）。南嶽的德行無法思議，十年專門讀誦《法華經》，七年修學《方等經》，修習九十天的常坐禪觀，一時間圓滿證悟，大小法門分明地發起。南嶽師事慧文禪師，正值齊高帝時，慧文在河淮之地無人可比，法門並非世人所能知曉。……慧文禪師在佛法上的用功，完全依據《大智度論》。……天台（智顗）弘傳南嶽三種（圓教）止觀：㈠漸次；㈡不定；㈢圓頓。都是大乘法門，都以實相為觀照對象，都稱作止觀。」❷得知慧文主要依止中觀學派論典《大智度論》，到了慧思轉向《大品般若經》與《法華經》，並將三種止觀法門傳授給智顗，所以慧思在以《法華經》為根本所依的天台宗開創史上，著實立於關鍵的地位。

修習法華證三昧

關於智顗與慧思二位大師的體證高下，《國清百錄》卷四〈天台國清寺智者禪師碑文〉中記載智顗圓寂前，弟子智朗請問所證位次，他回答說：「我只是五品弟子位而已。」碑文並說：「五品弟子位就是法華三昧前方便的位次，彷彿與慧思過去的話語完全相合。」❸這件事在《隋天台智者大師別傳》卷一也有提到：「慧思讚歎說：『若不是你就無法證得，若不是我便無法識別。你所證入的禪定，是法華三昧的前方便；所發起的憶持力，是最初的旋陀羅尼。縱使通達文字的法師成千上萬，想要探求你的辯才也不可窮盡，你在說法人當中最為第一。』」❹慧思能夠驗證智顗的禪定境界，想必證悟更在其上。

《佛祖統紀》卷六記載慧思曾說：「我過去在坐夏期間一念頓證諸法現前，我已親身體證，你們對此境界不必懷疑。」智顗問說：「所體證的是十地嗎？」慧思說：「我一生希望證入銅輪位（圓教十住位），因帶領徒眾太早，犧牲自己利益他人，只住在鐵輪位（六根清淨位，圓教十信位）。」❺然而，依天台圓教的位次，五品弟子位是外凡位，六根清淨位是內凡位，內凡更勝於外凡。天台圓教的六根清淨位雖未達到開始體得中道實相的見道位，已能斷除三界的見思煩惱，發起廣大神通智力。

根據《法華經．法師功德品》，由讀、誦、解說、書寫此經的功德而證得六根清淨，雖未親身體悟諸法實相，但已能用父母所生肉身的眼、耳、鼻、舌、身、意六根，得以見、聞、嗅、嘗、覺、知廣大無邊境界，已具大神通能力。❻這與慧思修學成就相吻合。慧思撰有〈立誓願文〉❼，其中有段文句說：「我為眾生及為我自身尋求解脫的緣故，發菩提心，立大誓願，欲求取如來一切神通。如果自身未得覺證，如何度化他人？」此後他精進修學，果然證得大神通。

《續高僧傳．釋慧思傳》描寫他的修習過程如下：「收斂身心長時坐禪，將心念保持專注於前方。剛開始的二十一日，觀見一生已來的善惡業相，因而驚歎，更加勇猛精進。」中間又經歷種種禪境，最後：「想放鬆身體倚靠牆壁，背脊尚未碰到時，了了分明地悟到法華三昧，於一念中通達大乘法門；十六特勝、八背捨、五陰、十二入等，便由自己親身證得，非依他人而得曉悟。」❽慧思體得法華三昧，領悟圓教奧義，或許由他將此圓頓妙義傳授給智顗，再由智顗加以體系化。智顗在其著作中的一些關鍵處會援引慧思的說法來印證。

慧思佛教思想的經典依據主要是《大品般若經》與《法華經》。他留下的著述並不多，與《法華經》較直接相關者有《法華經安樂行義》（以下簡稱《安樂行義》）一卷，其中融合了《般若》、《法華》與佛性如來藏的思想。《安樂行義》首先提到六根清淨與圓頓教理，這與慧思的禪悟境界可相銜接。《法華經》有〈安樂行品〉，提到大乘菩薩行者於惡世弘通此經應具備的佛法修為與言行準則，如此實踐始能獲致平安順利。慧思特別重視此品，可能與他個人的弘法經歷有關，他在〈立誓願文〉提到身處末法之世，於修習禪業與弘講經典的過程中，遭遇眾多「障難事緣」，甚至遭人嫉害下毒而瀕臨死亡，藉由懺悔發願與念誦《般若經》而解除生命危機。

發明法華頓覺義

在《安樂行義》一開始，慧思說：「《法華經》是大乘頓時覺悟、無師而能自悟、快速成就佛道、一切世間難信的法門。凡是一切初學菩薩欲求取大乘，超過一切菩薩，快速成就佛道，必須實踐持戒、忍辱、精進，精勤修習禪定，專心勤學法華三昧。」[9]點出了《法華經》在大乘法門中的圓頓地位與修學功德，並且強調覺證法華三昧須以持戒、忍辱、精進、禪定為基礎，尤其是禪定工夫。

慧思之所以特別關注禪定，是三昧主要透過修習禪定而得；能得法華三昧，始能照見《法華經》的圓教理境。《安樂行義》說：「精勤修習禪定，如〈安樂行品〉開頭處所說。為什麼呢？一切眾生都具足法身藏，與佛等同無異，如佛陀的藏經中說：三十二相、八十種好，湛然清淨，眾生只因散亂心的煩惱障礙，六根的認識昏暗，法身不能顯現。好比明鏡蒙上塵垢，面像不能顯現。因此，修行人要勤修禪定，淨除煩惱障礙的塵垢，使法身顯現。所以《法華經》說：『法師的父母所生的凡人眼、耳、鼻、舌、身、意六根變成清淨無礙，也是像這樣。』」⑩據智顗的圓教修行階位解釋，《法華經．法師功德品》的六根清淨是六即位之中的「相似即」位，也就是雖未親證法身，而對圓滿具足的法身已依稀彷彿照見，鄰近真實體證的聖者，到下一位次的初住，即是分證法身的見道位了。

修習《法華經》而獲得六根清淨，在經典法力的加持之下，即能憑藉父母所生的肉眼見證佛陀天眼所見的內容，如《安樂行義》說：「有人求道受持《法華經》，讀誦、修行，觀察諸法自性空寂，了知十八界都無所有，證得甚深的禪定，具足四種高妙的安樂行，得到具六神通的父母所生的清淨平凡眼根。得到這種眼力時，清楚地了知一切諸佛的境界，亦知一切眾生的業緣及色心果報、出生死亡、貴賤好醜，在一念中完全了知。在天眼神通中，具足十力、十八不共法、三明、八解脫，一切神通都在天眼神通中一時具足，這難道不是眾生眼妙？眾生眼妙就是佛眼。」⓫當然，耳、鼻、舌、身、意等其餘五根可依此類推。慧思將甚深禪定、般若空義、佛性如來藏思想、六根清淨與四安樂行貫連起來，這是一體的實踐。凡夫不修禪定，缺乏智慧，眼根見到色塵時便生起貪愛心，如何能夠見到本來圓滿具足的法身如來寶藏？對於慧思而言，不具神通，不見真理，如何能自我安頓、廣度眾生？

佛眼所見的內容，就是法華圓教的奧義。慧思說《法華經》是「大摩訶衍」，「摩訶衍」意為「大乘」，在「摩訶衍」（大乘）之上再安個「大」字，更凸顯本經法義的至極崇高。《安樂行義》說：「鈍根菩薩修習對治行，次第證入佛道。登上初地，這時不稱為法雲地（十地）；須要一地一地個別修證，體證不是一時圓成，所以不稱為一朵花生成許多果實。法華菩薩則非如此，同一種心、同一種修學，眾多果實全部具備，一時圓滿具足，不是次第證入，如同蓮花由一朵花生成眾多果實（蓮子），一時具足。」⓬鈍根菩薩將煩惱視為斷除的對象，從事次第修證；法華菩薩則不須次第修行，也非將煩惱視為對象來斷除，若能體證《法華經》的真實義，便了悟到煩惱的實相即是菩提，能不斷而斷，究竟成就佛道，是一時圓證的法門。

無相有相安樂行

對於「安樂行」的詞義解釋，慧思說：「於一切法中心不動搖，所以說是『安』；於一切法中沒有受蘊，所以說是『樂』；自利利他，所以說是『行』。」⓭其中「受蘊」（受陰）可分為苦受、樂受、不苦不樂受，分別對應於苦苦、壞苦（快樂消逝之苦）、行苦（事物遷流而感受之苦）。無受蘊便無苦，無苦就是安樂。這種「安」與「樂」的達致須有禪定與智慧作為基礎。自己獲得安樂，也能幫助其他眾生得到安樂，這是安樂行的寬廣實踐意涵。

慧思又將安樂行分成「無相行」與「有相行」二種修習進路。無相安樂行的意義如下：「無相行，就是安樂行。對於一切諸法，心相寂滅畢竟不生，所以說是無相行。常在一切深妙禪定當中，行、住、坐、臥、飲食、語言，於一切活動中，心常保持在定的緣故。」⓮雖然僅提及禪定，事實上也包含智慧在裡面，這在《安樂行義》有詳盡的解說，舉一段文句為例：「如《隨自意三昧》中所說：菩薩自己對於十八界心無生滅，也教導眾生心無生滅，始從生死，終至菩提，一切法性畢竟不動，……無自無他，畢竟空寂，這稱為不動。自己覺悟，也使他人覺悟，所以說是『安』。自己斷除三種感覺（苦受、樂受、不苦不樂受）而不再生起，由於畢竟空寂沒有三種感覺，所以諸種感覺畢竟不生，這說是『樂』。於一切法中心沒有緣慮執著對象，也教導眾生於一切法中心無緣慮執著，修習禪定不息，並持誦《法華》，所以稱為『行』。」⓯

至於有相安樂行，是不須修習禪定，只透過《法華經》的持誦而發起巨大功德：「有相行，這是〈普賢勸發品〉中誦讀《法華經》的散心精進修行。依經文了知這些人並不修習禪定，不證入三昧，或坐、或站、或行走，一心專念《法華經》文字，精進而不睡臥，如同撲滅著了火的頭髮，這稱為文字有相行。這些行者不顧身命，如果修行成就，便見金剛色身的普賢菩薩乘坐六牙象王住立他的面前，用金剛杵指向行者眼睛，障道罪業即滅除，眼根清淨無礙，得以見到釋迦佛及過去七佛，又見到十方三世諸佛。行者至心懺悔，在諸佛面前五體投地禮拜，起身合掌，立刻得到三種陀羅尼門：㈠總持陀羅尼，肉眼、天眼菩薩的道慧；㈡百千萬億旋陀羅尼，具足菩薩的道種慧，法眼清淨；㈢法音方便陀羅尼，具足菩薩的一切種慧，佛眼清淨。這時便能具足一切三世佛法，或一生修行而能具足，或二生獲得，最遲的三生即可獲得。」[16]精進誦持《法華經》，雖未深入禪定，可獲得普賢菩薩及諸佛的聖力加持，體得一切智、道種智與一切種智。

定慧成就大安忍

對於《法華經》中四種安樂行的具體意義，慧思給出標題名稱以概括它們的內容：「四種安樂行：第一名為正慧離著安樂行；第二名為無輕讚毀安樂行，亦名轉諸聲聞令得佛智安樂行；第三名為無惱平等安樂行，亦名敬善知識安樂行；第四名為慈悲接引安樂行，亦名夢中具足成就神通智慧佛道涅槃安樂行。」[17]考察《法華經・安樂行品》，慧思所給的名稱可說是貼切的，傳遞他對四種安樂行涵義的理解。

回到《法華經》文脈來檢視〈安樂行品〉，第一種安樂行說明菩薩的「行處」與「親近處」。行處意指內心的正確活動領域，應當安住於忍辱，觀照諸法的如實相，不緣慮、不分別。親近處則是適當的接近對象，在身行方面，不應接近權貴、外道、屠夫、異性等妨礙修行的人士，應喜愛前往寂靜處坐禪，收攝自心；在心行方面，應親近處指觀想一切法空如實相。第二個安樂行表現在口業方面，自己讀誦《法華經》，不批評其他說法者及其他經典；不說聲聞的過失，也不讚歎他們；以大乘佛法引導眾生，使他們獲得一切種智。第三個安樂行表現在意業方面，不懷嫉妒諂誑心，不輕視、惱害其他修行者，於一切眾生起大悲想，對一切眾生平等說法；於一切諸佛起慈父想，於一切菩薩起大師想。最後一個安樂行是自己受持《法華經》，對於不修學大乘的人生起大慈心與大悲心，發願證得無上菩提，以神通力與智慧力引導眾生，讓他們安住於大乘法中。⑱

《安樂行義》又特別著重於忍辱（安忍）的闡發，這是菩薩於末世弘經非常重要的修為。慧思將安忍分成三種層次：眾生忍、法忍、大忍（又名法界海神通忍）。「眾生忍」有三種意義：㈠受他人辱罵捶打，應觀三輪體空，安忍而不加還報。㈡為度眾生，都不用打罵方式，恆常使用柔軟語；面對眾生的打罵也能心定不亂。㈢對於剛強眾生，為了調伏他們，有時不得不用粗言責罵，使其感到慚愧而生善心。⑲這種忍辱意義的提出，可能與慧思在修學與弘法過程之中，屢次遭受剛強眾生破壞、加害的經驗有關。

「法忍」是對法性真理的安忍，對空性實相能夠淨信與安住。法忍包含三種意義：㈠自己修學聖行，觀照一切諸法都為空寂，無生無滅，非斷非常，五蘊、十二處、十八界諸法皆空，於一切法安心不動。㈡菩薩具足法忍，並以此法教化眾生；觀照有情根機優劣而做方便引導，了知二乘、凡聖本來同一法身，皆能成佛，使三乘行者同住大乘。㈢在通達法性空寂的基礎上，以自在智慧觀察眾生，或示現持戒不犯細行，或示現破戒不具威儀等，方便度化；為了圓滿菩提誓願，示現六道身以調教有情。⑳法忍強調開發般若波羅蜜的空性智慧，由此發起教化有情的善巧方便。

「大忍」就是無生法忍位的修證境地（菩薩第八地及其上），當菩薩修習般若波羅蜜達到足夠深度，大智慧力可斷盡三界煩惱而不證入涅槃，超越三界，具足大神通，可見到十方一切諸佛，具足一切諸佛智慧，一念盡知十方諸佛的心，也了知一切眾生的心念，在一念中能全面觀察，希望同時度化一切眾生，心境非常廣大，所以稱為大忍。為了廣度有情，隨順他們的根機差別，於一念心中示現一切身形，同時演說佛法，一個聲音能化作無數聲音，使無量眾生同時成就菩提，稱為神通忍。[21]

《安樂行義》融合了般若思想、法華思想與如來藏學說，是天台圓教體系的先驅思想，是理解天台思想不可或缺的資源。慧思通過自身的禪定體驗與義理洞見，為吾人揭示了諸法實相的精深圓妙意涵。此外，慧思高度重視法華安樂行，反映出他身處佛法末世的時代感受，認為必須具備空性智慧與安忍修為，並成就神通智力，始有能力在人心澆薄的五濁世間廣度有情。

---

❶《大正藏》冊五十，頁五六二下。

❷《大正藏》冊四十六，頁一中—下。

❸《大正藏》冊四十六，頁八一八中。

❹《大正藏》冊五十，頁一九二上。

❺《大正藏》冊四十九，頁一八〇中。

❻《大正藏》冊九，頁四十七下—五十中。

❼收於《大正藏》冊四十六，頁七八六中—七九二中。

❽《大正藏》冊五十，頁五六三上。

❾《大正藏》冊四十六，頁六九七下。

❿《大正藏》冊四十六，頁六九八上。

⓫《大正藏》冊四十六，頁六九八下。

⓬《大正藏》冊四十六，頁六九八下。

⓭《大正藏》冊四十六，頁七〇〇上。

⓮《大正藏》冊四十六，頁七〇〇上。

⓯《大正藏》冊四十六，頁七〇〇下。

⓰《大正藏》冊四十六，頁七〇〇上—中。

❶❼《大正藏》冊四十六，頁七〇〇上。
❶❽《大正藏》冊九，頁三十七上—三十九下。
❶❾《大正藏》冊四十六，頁七〇一中。
❷⓿《大正藏》冊四十六，頁七〇二上。
❷❶《大正藏》冊四十六，頁七〇二上—中。

參考文獻

黃國清著：〈慧思《法華經安樂行義》對《法華經》的引用與詮釋〉，《普門學報》第三十八期（二〇〇七年三月），頁一〇三—一二三。

黃國清著：〈南岳慧思的懺悔思想〉，《揭諦學刊》第二十二期（二〇一二年），頁一二九—一六六。

佐藤成順著：《中国仏教思想史の研究》，東京：山喜房佛書林，一九八五年，第六章「『立誓願文』の末法思想」。

談圓論妙釋法華

——智顗《法華玄義》導讀

天台佛教以《法華經》為所宗經典，實際創宗祖師智顗（五三八—五九七）所講述的「法華三大部」——《法華玄義》、《法華文句》與《摩訶止觀》，著作旨趣均在論述《法華經》的教理與觀法。《法華玄義》導論《法華經》的全體大義；《法華文句》剖析全經結構及逐句疏解經文；《摩訶止觀》闡釋此經的圓頓觀行法門。想要深入天台圓教思想，「法華三大部」是必須精熟的三部要籍，其中含攝了天台教觀的所有重要義理觀點。

慧思智者一脈傳

在天台佛教發展史上，慧思禪師以其佛法領悟與禪定體驗，為法華圓教的精深理趣與慧觀行法提出先驅思想，而此宗圓妙義理體系的集其大成與詳密詮釋，主要歸功於其弟子智顗——智者大師。天台教觀學說可說奠基於慧思的禪觀思想創獲，而由智顗繼承其學，將圓教止觀義理加以體系化與豐富化。再者，慧思所注重的經典有從《般若經》轉向《法華經》的趨向，智顗則以《法華經》為根本聖典，融會其他經論而建構天台佛教的整體義學。在南北朝各家判教論點中，《法華經》因缺乏對佛智真理涵義的積極詮說，地位通常低於詳明佛性的《大般涅槃經》。《法華經》得以成為實至名歸的最高經典，由慧思的思想詮釋發其端，智顗完成此經殊妙義理的嚴密論證。

智顗出家後勤修方等懺法與《法華》諸經，在慧思禪師處獲得法華三昧前方便的修證印可。後來進入天台山隱修與建寺授業，人稱「天台大師」。他曾為晉王楊廣（後來的隋煬帝）授菩薩戒，受贈「智者」尊號。智者大師一生著述眾多，列於

《大正藏》與《卍續藏》者有三十五部（少部分著作可能出於後人偽託）。其中，屬於智顗親手撰寫者有六部：《修習止觀坐禪法要》、《法華三昧懺儀》、《法界次第初門》、《六妙法門》、《覺意三昧》、《維摩經疏》。由智顗講述，他人記錄者，除上述天台三大部外，尚有合稱「天台五小部」的《觀音玄義》、《觀音義疏》、《金光明經玄義》、《金光明經文句》、《觀無量壽經疏》（此本疑偽），都由智顗得力弟子章安灌頂（五六一—六三二）所記。其他重要著作尚有《釋禪波羅蜜次第法門》、《維摩經玄疏》、《四教義》等。

灌頂的記錄對智者大師思想的保存貢獻良多，多數重要著述都由他筆錄而留傳下來。灌頂七歲依止慧拯法師出家，二十三歲時師尊圓寂，即進入天台山追隨智者大師。陳後主禎明元年（隋開皇七年，五八七），智顗在金陵（今南京）光宅寺講解《法華經》，後經灌頂整理筆記而為《法華文句》。隋朝開皇十三年（五九三），智顗在荊州玉泉寺（於今湖北當陽）開講《法華玄義》；隔年在同寺講說《摩訶止觀》，皆由灌頂筆錄與編輯成書。

五重玄義為綱領

《法華玄義》是智顗開闡《法華經》全體大義的講記，詳盡地發揮此經的圓教義理。智者大師以釋名（解釋經典題名）、辨體（辨識真理體性）、明宗（闡明一經宗要）、論用（論說教法功用）、判教（判釋教義相貌）的「五重玄義」作為導論各部經典大義的通用架構，這是在《法華玄義》所開出的解經綱領。在《法華經》五重玄義的解說中，「釋名」的篇幅占了一半以上，視經名為全經法義的濃縮。相傳智者大師解「妙」字就用了九十天，成為一段佳話。

鳩摩羅什所譯《法華經》全名《妙法蓮華經》，「經」是通名，因此在「釋名」這項，「妙法」與「蓮華」是解說的重點。前者標舉此經的核心教理，後者是顯明法義的譬喻。「妙法」之中的「妙」又更加重要，凸顯《法華經》所說是真實微妙的圓滿教法。《法華經》何以是「妙法」？這可以將圓教對比別教來說，別教尚且是粗，何況教義層級更在其下的藏教與通教！《法華玄義》說：「佛法有粗有妙，如果是隔別次第地了悟空、假、中三諦，是粗法（指別教）；如果是一時圓融地了悟空、假、中三諦相即，是妙法（指圓教）。」❶圓教妙法的思想特色，是同時觀照任何一法即是空性、即是假有、即是中道，三諦真理頓時圓滿具足、融通無礙。

接下來透過「蓮華」來譬喻妙法。為什麼用蓮花作為譬喻？智顗指出因為蓮花有許多奇特之處。《法華玄義》說：「為了蓮子所以開花，花與果實都具足，可譬喻相即於實法而施行權法（即實而權）。又花落而後蓮子顯現，可譬喻相即於權法而顯示實法（即權而實）。又花落而後蓮子長成，蓮子長成後也落下，可譬喻非權法也非實法（非權非實）。如此種種意義上的便利，所以用蓮花來譬喻妙法。」❷「即實而權」意謂為了顯現《法華經》的實法，所以先說各經的權法。「即權而實」的意義同於「開權顯實」，實法蘊含於權法之中，開決權法以顯現其中的實法，則權法與實法可貫通一氣。「非權非實」是中道，其實就是實法的如理體證。通過言說的方便，我們說有權法和實法；然而，真正體證實法後，對實法與權法都無所執取，卻能自在地運用它們。

「釋名」之後是「辨體」，不同經典所蘊含的真理體性有所不同，此項在辨明

《法華經》是以諸佛所見的中道實相為其正體。諸佛智慧所見的實相是三諦圓融的中道實相，這是至極精深的問題，是整個天台圓教實相論所欲闡明的最高意義（第一義）真理內容。

「明宗」所明示的宗要是諸佛的「自行因果」，也就是諸佛自我修行的一乘菩薩因行，及由此真實修行所獲得的一乘佛果，這是《法華經》一乘法真正要教導的修證內涵。《法華玄義》解釋說：「開始修習這種實相行，稱為佛因；菩提道場所證得的果，稱為佛果。這只能以智慧親身了知，無法用語言充分解說。」❸這裡的實相當然指圓教的實相。如實了知《法華經》所示的實相真理，始能進入一乘菩薩因行，通往一乘佛菩提果。

其次是「論用」，解明《法華經》所說的佛智力能與功用。《法華玄義》說：「用，是力用。三種權實二智都是力用。於力用中再加以區分，（佛的）自行二智觀照實理而能周遍，稱為力；（佛的）二種化他二智鑑別根機而能周遍，稱為用。」❹二種化他二智包括「化他權實二智」（教化眾生的權智與真智）與「自行化他權實二智」（自己修行及教化眾生的權智與實智）。佛陀「權智」了知三乘的權便教化法門，佛陀的「實智」觀照一乘的真實修證境界。「化他」指單行教化他人的智慧施用；「自行化他」是既自行又化他的智慧施用。「自行二智」與兩種「化他二智」並非截然切割，「自行二智就是化他二智，化他二智就是自行二智，照理就是鑑機，鑑機就是照理。」❺是一種圓融無礙的關係。

最後是「判教」，這是彰顯《法華經》圓滿真實教理的重要解釋方法。在《法華玄義》，天台判教思想的「五時」（華嚴、阿含、方等、般若、法華等如來說法的五個程序；或稱「五味」）與「化法四教」（藏、通、別、圓四種教義層次）已經確立，尤其後者可謂全書中解明佛法淺深教理的主要架構。另外，智顗雖未明確提出「化儀四教」（頓、漸、祕密、不定四種教學儀法）的框架，但這四種教學方法的說明可在書中見到。關於天台「五時八教」的判教，另可參見本書導論明末蕅益智旭的《教觀綱宗》時所做的系統說明。

三諦圓融中道體

前述五重玄義的「辨體」中說：「善、惡、凡、聖、菩薩、佛等的一切都不出於法性之外，正是指實相作為正體。所以《法華經．如來壽量品》說：『不是像三界有情那樣觀看三界，既非如也非異。』」❻三界凡夫觀看三界是異（差別）；二乘人觀看三界是如（同一）；菩薩乘人觀看三界是亦如亦異；佛觀看三界是非如非異，而且雙照如與異。現在取佛所見內容為實相的正體。」❼佛陀觀看三界是「非如非異」，這是中道的表達，如實照見真理而不落於二邊；然而，這個圓教中道不是消極無作為的，所以又說「雙照如異」。

圓教的中道不同於別教的中道。別教只說中道是「非有非空」，這還不算圓滿的表達，如此的中道似乎超越空、有（假）之上，而與空、有（假）並未相即。《法華玄義》卷二說：「別教當中論說中道，只是異於空而已，中道沒有功用，不具備一切諸法。」相較於此，對於圓教中道則解說為：「圓融的三諦，不但中道具足一切佛法，真諦、俗諦也是如此；三諦圓融相即，一即是三，三即是一。」❽

中道具足佛法（佛的一切特質與功德），佛法又不離一切諸法，所以中道是非有非空而具足一切諸法。這裡的「佛法」在「法」之前加上一個限定詞「佛」，表明這一切諸法是佛陀智慧境界所觀見者。圓教的中道又是與真諦（空諦）和俗諦（假諦）相即相融的，不是孤懸的理體。一諦方便地分開來說成三諦，三諦統合起來還是一諦。事實上，實相連一諦都不可說，何況是二諦、三諦！以上這段引文點出「圓融三諦」及「中道具一切法」的重要思想概念。

「圓融三諦」是說空、假、中三諦圓滿地融和為一體，舉任何一諦都可以貫通於其他二諦，舉空則假、中皆是空；舉假則空、中皆是假；舉中則空、假均為中。可於一念中同時觀照三諦，非如別教先修習空觀，空觀成就再修習假觀，最後才修習中觀的次第體證。

《法華玄義》於解說「辨體」處徵引經論說：「金剛藏菩薩（在《華嚴經·十地品》）述說佛陀甚深微妙的智慧，文辭不同但意義相同。其文句說：『空、有是不二、不異、不盡的。』空不是斷滅的無，所以說『空有』。有就是空，空就是有，所以說『不二』。不是離開空、有之外，另有一個中道，所以說『不異』。普遍於一切處所，所以說『不盡』。這與龍樹的意旨相同，《中論》說：『由因緣所生的法，就是空，就是假，就是中（即空即假即中）。』因緣所生法就是空，這不是斷滅的無；就是假，是不二；就是中，是不異。因緣所生法，就是普遍於一切處所。」❾這段話語幫助說明「圓融三諦」與中道「具一切法」的深妙意義。

智顗又用一念具足「百法千如」的概念來解說「圓融三諦」與「具一切法」的意涵。這與天台「觀心」法門有關。智顗用「十法界」（地獄、畜生、餓鬼、修羅、人、天、聲聞、緣覺、菩薩、佛等十個法界）來涵蓋一切諸法。依《華嚴經》，心、佛、眾生三者是無差別的；還有，一法即是一切法，一切法即是一法。然而，佛法界太高深，我們無法企及；眾生法界（包含九法界）太寬廣，我們無從盡觀，所以從自己最切近的一念識心觀起。一念心也是一個法，就具足三千法，《法華玄義》說：「遊心於法界，是說觀照根（感官）與塵（對象）相接觸時，一念心生起，於十法界中必屬於一個法界；如果屬於一個法界，就具有百法界一千法，於一念中全都完備具足。」❿

吾人生起一念心就落入某一個法界，每一法界又具足其他九個法界，十法界互具就有百個法界。每個法界又具有《法華經．方便品》說明諸法實相的「十如是」（相、性、體、力、作、因、緣、果、報、本末究竟等十個面向），相乘就構成了一千個法。一念心起具足「百界千如」，也就是具足一切萬法。《摩訶止觀》又說每個法界具有三種世間（眾生世間、五蘊世間、國土世間），最後相乘起來就成為三千法，而成立「一念三千」的觀心妙義。就圓教的觀心法門而論，我們的一念心與佛和眾生相即，一念心非有非空而具足一切法。

法華深妙判教顯

《法華玄義》卷十說：「如果弘講其他經典，不明白教相，對意義並無損傷；如果弘講《法華經》，不明白教相，文義就有闕失。」⓫《法華經》是佛陀在先前所說各類經典的法義基礎上，進一步闡發其出世本懷及演說圓教意趣。此經並不像其他經典那樣講解某種真理教法的具體內容，而是在述說佛陀教化眾生成佛的重要意義，如果沒有祖師們的精深詮釋，實不易掌握此經的深妙旨趣。智顗詮釋《法華經》的圓教義，除了用《華嚴》等經典所說的圓妙思想灌注其中，還通過與藏、通、別三教或前四時教法的對照，來顯明此經圓教義理的勝妙，所以才說弘傳此經不能不明教相。

在五重玄義的「判教」中，智顗從三個方面來說明《法華經》的教相：根性融不融相、化道始終不始終相、師弟遠近不遠近相。根性的融與不融之相，主要是宣說《法華經》以前，眾生根機有三乘的差別，因此開示三乘種種教義，這是「不融」；在演說《法華經》之時，由於過去長期提升眾生根機使其成熟，所以《法華經》唯說一乘圓教，這是「融」。化道的始終與不始終之相，是說《法華》以前各教依眾生根機而說法利益他們，不說如來化導的起始、中間及終末各階段的意義何在；《法華經》則明言「佛陀施設教義，起初巧妙地為眾生種下頓、漸、顯露不定、祕密不定的種子；中間以頓、漸五味教法調伏長養，以使他們成熟；又以頓、漸五味使他們達到度脫。」最終，在《法華經》中將如來整體化導過程的始末和盤托出。最後一點是老師與弟子關係的遠近不遠近之相，佛陀與弟子之間過去久遠劫時早已結下因緣，等到演說《法華經》時才將這種過去久遠及此生近時的師徒關係明白說出。⑫

五時（五味）教判前四時的華嚴、阿含、方等、般若是隨順眾生根機而施設不同層級的教義，屬於權宜的教法，用意在增進聞法者的智慧潛能；《法華經》則「正直捨方便，但說無上道」（不用方便而直接闡述，純粹講說無上菩提教法），讓一座法眾皆能領悟圓教，並暢說如來出世本懷，是圓滿真實的教法，所以說是妙法。《法華經》的「正直無上之道」，其實不離開阿含、方等、般若三時的漸次提升，先幫助眾生的圓教慧根達到成熟，然後在法華時直接宣說圓教，使所有聽法者都能了悟終極真理而成佛。反觀《華嚴經》並未先提升眾生根機就直接講述圓教，結果只有大根機菩薩能夠理解，小根機的聲聞行者全然不解，這種教學模式無法引導他們了知一乘法而朝向佛果。在如此對比之下，彰顯《法華經》教法的殊勝意涵。

智者大師在《法華玄義》卷十用一整卷闡釋其判教思想，對南北朝以來諸家判教觀點有所批評，並系統地提出自己對佛教經論教法類型的教相判釋。因本文篇幅所限，後面導讀《教觀綱宗》時再細說這個問題。此處僅就圓教大意來介紹《法華玄義》詮釋《法華經》的思想取向，難以明晰地表達其精深教理，更無法詳實地呈現其豐富教法，有興趣的讀者最好直接閱讀原書。由於天台義理體系至為博大精深，在研讀此宗典籍時，如能獲得一位精通其道的善知識，或能收到事半功倍之效。

❶《大正藏》冊三十三，頁六八二上。
❷《大正藏》冊三十三，頁六八二中。
❸《大正藏》冊三十三，頁六八三上。
❹《大正藏》冊三十三，頁六八三上。
❺《大正藏》冊三十三，頁六八三上。
❻《大正藏》冊三十三，頁六八二中。
❼《大正藏》冊三十三，頁六八二中——下。
❽《大正藏》冊三十三，頁七〇四下——七〇五上。

❾《大正藏》冊三十三，頁六八二下。

❿《大正藏》冊三十三，頁六九六上。

⓫《大正藏》冊三十三，頁八〇〇上。

⓬《大正藏》冊三十三，頁六八三中—六八四上。

參考文獻

潘桂明著：《智顗評傳》，南京：江蘇古籍出版社，一九九六年。

吳汝鈞著：《中國佛學的現代詮釋》，臺北：文津出版社，一九九五年，第四章「天台宗的判教理論」；第五章「天台宗的真理觀：中道佛性」；及第六章「天台宗的實踐法：一心三觀」。

沈海燕著：《法華玄義精讀》，上海：上海古籍出版社，二〇一一年。

圓頓止觀集大成

——智顗《摩訶止觀》與《小止觀》導讀

在《摩訶止觀》卷一，標舉智顗（智者大師，五三八—五九七）傳授慧思禪師所開出的三種圓教止觀法門：㈠圓頓止觀，不經歷次第而觀修圓教中道實相，自始至終皆採行圓頓觀法，如同具有神通的人騰升天空。㈡漸次止觀，雖然最初所了解的教理是圓教，但在修證上通過由淺至深的漸進程序，像爬樓梯般一階一階上去，最終體證中道實相。㈢不定止觀，可謂前面兩種止觀的綜合，所理解的是圓教，但對於漸次與圓頓止觀所運用的觀行方法，可以前後更互或越過次第。❶三種止觀全屬於圓教觀法，因為它們同依圓教的教理，最後要體證的都是中道實相，之所以區分為三，是因應圓教修行者的根機差別。

本文導讀圓頓止觀最具代表性的典籍《摩訶止觀》，說明天台圓教的觀心法門。宋代遵式（九六四—一〇三二）所撰〈天台教隨函目錄〉說：止觀是定慧的別名，即是《法華經》的行門。《法華玄義》、《法華文句》主要在解釋圓教義理，附帶說到觀心方法；而《摩訶止觀》是智者大師論述自己心中所行的觀心法門。❷另外，智者大師所講述的《修習止觀坐禪法要》（簡稱《小止觀》），宋代元照（一〇四八—一一一六）所寫序文說：「此書是《摩訶止觀》的梗概，入道的樞機。」❸其組織結構與《摩訶止觀》有部分相合，是一本相當通行的天台止觀精簡入門書，本文也援引其相關內容來呈現止觀修學法要。

五略十廣明止觀

對應於圓頓、漸次、不定三種圓教止觀，智者大師有三部止觀著述：㈠《摩訶止觀》，詮解圓頓止觀，大師於隋開皇十四年（五九四）講於荊州玉泉寺（於今湖北當陽），由弟子灌頂筆錄，共十卷。㈡《釋禪波羅蜜次第法門》（又稱《次第禪門》），講述漸次止觀，是大師早年著作，講於瓦官寺（於今南京），大莊嚴寺法慎記錄，後經灌頂整治，全書十卷。㈢《六妙法門》一卷，講述不定止觀，智者住錫瓦官寺時期（五六八—五七五）為陳朝尚書令毛喜所說；一說講於天台隱棲時期（五七五—五八五）。智者大師又有《修習止觀坐禪法要》一卷，相傳為其俗兄陳鍼所說。學者考證此書應是從《次第禪門》過渡到《摩訶止觀》之間的撰述。

《摩訶止觀》全書開為「五略十廣」的架構。「十廣」包含十章：㈠大意（說明全書要義）；㈡釋名（解釋止觀名義）；㈢體相（止觀真理體性）；㈣攝法（止觀所攝諸法）；㈤偏圓（辨識教法偏圓）；㈥方便（止觀前行方便）；㈦正觀（止觀正修方法）；㈧果報（所獲勝妙果證）；㈨起教（得果發起教化）；㈩旨歸（自他同歸常寂）。智者大師只講到「正觀」十個境界（下詳）之中的第七「觀諸見境」即中止。後面的果報等三章雖未及解說，但正確地修學止觀法門及排除禪觀障礙，自能進入真實果證及由體證起教化他，最後自他皆安，同入常寂的最終歸趣。

第一「大意」章開成五個大項，即「五略」：㈠發大心（發起廣大菩提心、四弘誓願），可涵蓋上述的「大意」到「偏圓」五章。㈡修大行，涵蓋「方便」與「正修」二章，較為特殊的觀行方法是「四種三昧」、「十境」、「十乘觀法」

等。㈢感大果，相應於「果報」章。㈣裂大網，對應於「起教」章，教導種種經論，開人眼目，消解疑惑。㈤歸大處，對應於「旨歸」章，徹照法界無始無終、無通無塞，無礙自在。❹天台止觀的整體修證歷程，始於發大乘菩提心，歷經修大行、感大果，獲得自我覺證之後發起覺他教化以裂大網，最終同歸法界的究竟歸趣。《摩訶止觀》以「五略十廣」為綱目詳實解說圓教止觀的修證行法。

止觀過程十境現

《摩訶止觀》卷五「正修止觀」章以「十境」與「十乘觀法」作為解說圓教止觀實修行法的基本架構。「十境」包括陰界入境、煩惱境、病患境、業相境、魔事境、禪定境、諸見境、增上慢境、二乘境、菩薩境。十種境界是指在止觀正式修行過程之中，所選取的首要觀境（陰界入境）以觀照實相真理，及隨著禪觀深入可能現起的各種境界（其餘九境）。若定慧實力不足以應對，這些境界都可能對止觀修習構成障礙作用。

「陰界入」即五陰（蘊）、十八界、十二入，是包含行者身心個體在內的一切萬法的基本構成要素。「陰界入境」意指選取這些法（基本要素）作為止觀修習初始的禪觀對象。在觀照「陰界入境」時，由於禪觀方法必須先將所觀對象高度集中到一法，在專心禪修時，前五識的活動暫時止息，因而收攝聚焦於五陰中的「識」陰，觀照第六識妄心本身即是諸法實相，達於真實體悟。

在觀修「陰界入」時，隨著禪定的深入，可能觸動一些境界生起，形成禪觀修習的障礙，必須加以正確對治，以推進止觀修證。最先可能觸發的是三毒煩惱境界，必須思惟煩惱過患，及煩惱即菩提的真理，予以排除。其次觸發的是病患境界，即原本潛伏的身體疾患，可採用醫藥與觀想方法對治。接著觸動業障境界，運用事懺與理懺行法排除。隨著業障淨除，將修善法，而引發種種魔事干擾，應修習不執著，及觀察魔事本空，思惟魔界即是佛界等真理法義，予以破除。

遣除魔事之後，順利進入禪定，容易執著禪定境界的美妙禪味，應觀想禪定是為了幫助實相慧觀，達到止觀合修。內心寂定，種種錯誤知見境界猛然現起，包括佛法外外道知見、附佛法外道知見、學佛法成外道知見，應思惟其過失及依佛法正見進行對治。增上慢境是尚未達到真實體證而自認為已得體證；二乘境、菩薩境是對二乘與菩薩的修證境界有所執取，應當正確了知菩薩修證階位的內容以消除境界執取。最後這三種境界《摩訶止觀》並無解說。由於止觀行者的狀況不同，九種境界並不一定依序現起，但就一般情況而言，有其從淺層易發到微細難起的邏輯順序的合理性。

十乘觀法入實相

觀修「陰界入境」，嚴格來說是集中觀照自己的識心，藉此觀見與其相即的不可思議實相理境，必須知曉與運用十個相次法門，也就是「十乘觀法」或稱「十法成乘」，如同車乘載運行者通向圓教初住見道位的真實體證。「十乘觀法」包括：㈠觀不可思議境；㈡起慈悲心（真正發菩提心）；㈢巧安止觀（善巧安心止觀）；㈣破法遍；㈤識通塞；㈥修道品（調適道品）；㈦對治助開；㈧知次位；㈨能安忍；㈩無法愛。

「不可思議境」即圓教的實相真理境界，主要觀察內容是「十界互具」、「一念三千」、「圓融三諦」等諸法圓融無礙的實相理境。能夠觀修成就而通達第一法的不可思議妙境，即自動通達其後的九法，進入中道實相體證。若是第一法觀照不成，必須更憑藉其後九法來推進修證，以進入真實體悟。換言之，觀第一法無法成就，就要再借助第二法來增強；觀第二法仍不成，要再依靠第三法，如此類推。

「起慈悲心」是以「真正發菩提心」之力來策進不可思議境的觀修，實現真實體悟。「巧安止觀」是透過善巧修習止觀二法使心正確安住，助成先前的兩種觀法。「破法遍」是增強一心三觀（於一心中同時進行空觀、假觀、中道觀）的修習，破除見思惑、塵沙惑、無明惑等種種惑障，以推進止觀體驗。「識通塞」是辨明何種行相通於法性，及何種行相阻塞法性，採用正確行法，助成惑障破除。「修道品」意指調動三十七道品消除障蔽，增進辨識通塞行相的修證能力。「對治助開」意指對於特別嚴重的障蔽，採用相應的對治方法，開顯三三昧，助成理觀。「知次位」意指善知菩薩各階修行位次，避免生起增上慢而阻礙修證進展。「能安忍」意謂安忍修行過程的內外種種障礙與艱苦，辦成大事。「無法愛」是對修行所得的相似實相體悟不生愛著，方能進入見道位的如實體證。就在達成見道之前，會生起相似的體悟境界，執取於此稱為「法愛」，應當捨離。

「十境」與「十乘觀法」是「正修止觀」的核心修證方法，旨在就「陰界入境」照見其為「不可思議境」的中道實相，《摩訶止觀》卷五為此開出「一念三千」的觀心法門：「一念心即具足十個法界，一個法界又具足十個法界，成為百個法界。一個法界具足三十種世間（眾生、五陰、國土三種世間各有十種如是），百個法界即具足三千種世間，這三千法在一念心中。若是無心就罷了，只要生起微小一念心，就具足三千法。既不是說一心在前，而一切法在後；也不是說一切法在前，一心在後。……說在前也不可，說在後也不可。……如果說從一念心生起一切法，這就是縱向；如果說一念心同時包含一切法，這就是橫向。縱向也不可，橫向也不可。單只一念心就是一切法，一切法就是一念心，非縱非橫，非一非異，極為深玄奧妙，非心識所能知，非言語所能說，所以稱為不可思議境，意義即在於此。」[5]《法華玄義》已提出一念心即「百界千如」的法義，這裡只是再乘上每個法界所具備的眾生、五陰、國土三種世間，構成「一念三千」的實相觀境，兩書所說意旨是相通的。

「一念三千」的觀心法門，觀照一念心即一切法，一切法即一念心，其實是引入《華嚴經》「一即一切、一切即一」的法界圓融無礙真理；智者大師運用十法界互具的邏輯理路加以展開，及說明非縱非橫的「即」（就是）的概念，使讀者更能透過理智思辨來了解這種圓妙教理的來龍去脈，依照法義理解而進行觀心修習。

二十五法前方便

智者大師將止觀二法比作鳥的雙翼、車的兩輪，缺少其一就無法飛行、前進。止或觀的偏修，容易走上歧路，無法達致修行的究竟目標。《小止觀》說：「偏修禪定功德而不學智慧，這叫作愚昧；偏學智慧而不修禪定功德，這叫作狂妄。狂妄與愚昧的過失雖稍有不同，落於邪見輪轉這點是沒有差別的。如果不能均衡，那麼實踐就乖離圓滿周備，如何能快速登上終極果位？」❻《小止觀》的操作性強，重在實修法門的提示。內容看似淺近，若能如說而行，則獲益匪淺。

《小止觀》以十章作為全書綱目：㈠具緣；㈡訶欲；㈢棄蓋；㈣調和；㈤方便；㈥正修；㈦善發；㈧覺魔；㈨治病；㈩證果。其中前五項共二十五件事，是「正修」的前行方便，可說是《摩訶止觀》「方便」章的精要表述。

「具緣」（具五緣）意指修行止觀前須要圓滿五種外緣：㈠持戒清淨，對所受的戒律能清淨護持，若有所犯須誠心依法懺悔。㈡衣食具足，衣著符合規制，飲食如法獲得，知量知足。貪求飲食、衣服會使心思攪擾，但缺乏會使心不安穩，二者同樣會妨礙修道。㈢閒居靜處，能獲得專修止觀的時間，處於遠離煩囂的寂靜處所。㈣息諸緣務，息止世俗事務、人際往來，乃至經論的讀誦聽學等。㈤近善知識，獲得外護善知識（護持所需，防人擾亂）、同行善知識（共修一道，互相策勵）、教授善知識（教授內外方便及禪定法門）。

「訶欲」（訶五欲）指訶棄色、聲、香、味、觸五類外在欲求對象。「棄蓋」（棄五蓋）意謂摒除障礙禪修的五種心理活動，即：貪欲、瞋恚、睡眠（內心昏昧，諸根闇鈍）、掉悔（心思馳散，憂惱覆心）、疑（疑自能修、疑師能教，及於正法不能生信）。「調和」（調五事）是調食（飲食知量）、調睡眠（中夜休息，初夜、後夜精勤修行）、調身（端身正坐）、調息（氣息順暢綿細，輕安喜悅）、調心（初入定時心細安靜，住定時攝念用心，欲出定時漸次放開其心），達到修習止觀的最佳狀況。

第五項「方便」（行五法）包括：㈠欲，希望遠離世間一切顛倒妄想，期願習得一切禪定智慧法門；欲為精進的基礎。㈡精進，堅持禁戒，摒棄五蓋，日間及初夜、後夜都精勤不懈。㈢念，憶念世間虛妄，應予鄙棄；憶念禪定尊貴，能成就一切功德，廣度眾生。㈣巧慧，思惟抉擇世間快樂與禪定智慧之樂的得失輕重。㈤一心分明，明白洞見世間實可厭惡，定慧功德可尊可貴之後，應當一心決定修行止觀。

三觀三智證中道

具足前述二十種前方便後，開始進入真正修習止觀的階段。《小止觀》的「正修」章解說在行、住、坐、臥、做事、語言等一切活動當中如何修習「止」與

「觀」之道，這是智者大師依其長年止觀經驗所提供的指導。正修止觀入定後會有種種邪正的禪定相發起，應善於辨識，對於正法「善根」應予長養，邪法則應加祛除。修止觀時亦會遭受「魔事」干擾，必須善於覺知，以正確的止觀方法破除它們。在禪修的過程中，也會因此觸發身上潛伏的病患，應善知病發的相狀，運用相應的止觀方法療治。止觀法門精深弘富，適當地運用，可發起、長養善根，對治魔事及病痛。詳細內容及方法可參閱《小止觀》。

最後的「證果」章，論說正確修習止觀的成果。證果的歷程有次第證得與圓頓體證二種。修止觀時能了知一切萬法都由心生，因緣和合而無自性，所以是空，不執取一切諸法的名字相，這是體真止。此時上不見佛果可求，下不見眾生可度，稱為從假入空觀，得慧眼一切智。然而，若住著於此種體證，會墮於聲聞、辟支佛的境地，所以進修從空入假觀，觀心性雖然是空，但歷緣對境也能生出一切諸法；雖如幻化而非實有，卻也非虛無，於是廣修眾行，分別眾生根性與喜好的無量差別，成就辯才，廣說無量法門，得法眼道種智。憑藉上述兩種方便觀門進一步修行而得入中道第一義諦觀，雙照二諦，心心寂滅，成就佛眼一切種智，一念中具足一切佛法。❼在天台教學體系中，這是別教「次第三觀」的修證歷程。

至於圓教對中道第一義諦的觀照，並不經歷空、假、中三觀的次第修習，而是在一念心中同時圓融地觀照三諦，所謂「一心三觀」。《小止觀》引《華嚴經》說：「從初發心時即成就正覺，了達諸法真實體性，所有智慧法身親身體證，非依靠他人而了知。」又引《大般涅槃經》說：「發心位與畢竟位二者無差別。」❽天台圓教的菩薩階位論從初住（發心住）的位次開始即能體悟到與諸佛同等的智慧，所以說初發心即成正覺，而後隨著階位晉升而趨向圓滿。初住的體證雖未圓滿，但所體得的中道佛性內容與究竟位佛智所觀境界是平等無差別的。也就是說，圓教在初住位就照見即空即假即中的三諦圓融不可思議境界（中道正觀），究竟的佛位則是中道正觀的圓滿覺證。

《摩訶止觀》體大思精，對於了解天台圓頓止觀的觀心法門而言，是最重要典籍，值得細細品味，掌握圓教止觀的精深思想與觀行方法。只是此書論述內容非常專門，體系龐大與解說細密，要具足夠耐心去研讀與突破。《小止觀》僅有一卷，相當簡略，但對於修習止觀的正確態度與方法，禪修障礙的排除，以及次第三觀、圓融三觀的要義，都提供簡明精練的詮說，可作為天台止觀實修操作的良好入門書。

❶《大正藏》冊四十六，頁一下。
❷《新纂卍續藏》冊五十七，頁二十五上。
❸《大正藏》冊四十六，頁四六二上。
❹《大正藏》冊四十六，頁四上。
❺《大正藏》冊四十六，頁五十四上。
❻《大正藏》冊四十六，頁四六二中。
❼《大正藏》冊四十六，頁四七二中—下。
❽《大正藏》冊四十六，頁四七三上。

參考文獻

佐藤哲英著，釋依觀譯：《天台大師之研究》，臺北：中華佛教文獻編撰社，二〇〇五年。

李志夫編著：《摩訶止觀之研究》（上下冊），臺北：法鼓文化，二〇〇一年。

菅野博史著：《一念三千とは何か——『摩訶止観』（正修止観章）現代語訳》，東京：第三文明社，一九九二年。

隋・智顗著，李安校釋：《童蒙止觀校釋》，北京：中華書局，一九八八年。

無情有性演妙法

——湛然《金剛錍》導讀

荊溪湛然（七一一—七八二）世居晉陵荊溪（今江蘇宜興），世稱荊溪尊者、妙樂大師。湛然於十七歲時到浙東一帶參學訪道，遇到金華方嚴法師，方嚴向他傳授天台止觀，並以《摩訶止觀》等典籍相贈。二十歲投入天台八祖左溪玄朗（六七三—七五四）門下，玄朗知道他是個道器，將所學天台止觀教法盡數相傳，告訴他要以止觀法門將眾生從生死深淵之中拯濟出來。

天寶七年（七四八），湛然時年三十八歲，正式於荊溪淨樂寺出家。他是唐代中興天台宗門的大師，受後人尊為天台九祖。天台教學自智者大師的優秀弟子灌頂之後，即呈現衰頹，華嚴宗、唯識宗、禪宗相繼而起，天台宗的智威、慧威與玄朗都無法振興宗勢，直到湛然才使宗門重顯光輝。除了詳盡註釋「法華三大部」，湛然甚具特色的思想是「無情有性」說，發表於他所撰寫的《金剛錍》。

佛性遍在新開展

中國佛教的義學主流是佛性思想，強調一切眾生都有佛性，是大多數漢傳佛教祖師共同接受的觀點。當法顯等人於在東晉時代將《大般泥洹經》（《大般涅槃經》前分）譯出（四一七）之後，雖然經文明言一闡提不能成佛，但是竺道生（三五五—四三四）孤明先發，斷言一闡提亦能成佛。他的說法明顯違背經典所說，相傳他因此遭致眾人擯出僧團。後來大本《大般涅槃經》在北涼時代由曇無讖漢譯（四二一），在後分中果然說到眾生都有佛性，闡提亦能成佛，大家對道生無不歎服。

佛性是眾生本具的覺悟之性，主要針對有情而說，通常不會考慮到無情是否具備佛性的問題。有佛教學人將有情與無情區分，主張佛性專屬於眾生，與湛然活躍於同時代的華嚴宗祖師澄觀即在《華嚴經疏》卷三十說：「《（涅槃）經》說：佛性不含於瓦石中。《（大智度）論》說：在無情類中的稱為法性，在有情類中的稱為佛性。因為明白知曉無情不具有覺性。」❶《大般涅槃經》卷三十七確實說到：「非佛性的，是所謂一切的牆壁瓦石等無情之物。除開像這一類的無情之物，這稱為佛性。」❷然而，湛然在《金剛錍》已表示經他詳細檢視《大智度論》，並無法找到如澄觀所說這種區別佛性與法性的文句。

「金剛錍」是一種醫治眼病的器具，湛然用它來表示「撥開遮蔽四眼的無明膜障，使能見到一切處所都是毘盧遮那佛性的意旨。」❸四眼指肉眼、天眼、慧眼、法眼，都見理有所不盡，唯有佛眼始能見理透徹。具有究竟智慧者能見到萬事萬物都是毘盧遮那佛性的顯現，無情也應具有佛性。

湛然的《金剛錍》似乎針對澄觀的議論而發，假託夢中與一位野客對論「無情有性」的主張，而上述澄觀的一段話語就被拿來作為野客所提出的問難，湛然在書中加以駁斥。湛然提出的「無情有性」說乍看之下議論甚為奇怪，卻是佛性說在極致推理之下自然會達致的結論。佛性有多重意義，簡言之，可指涉眾生所具的成佛因性，也可以指如來果性一切功德。湛然說：「眾生具有這個如來果性的話，果性的佛身佛土何不霑潤到瓦石等呢？」❹如果我們承認佛性就是如來果性，佛身佛土遍在一切萬法，那麼，有情與無情都在佛性意義的籠罩之下。

《金剛錍》中可見到站在這種立場的論述，湛然指出在有情中為佛性，無情中為法性，只是一種教化小乘行者的方便說法：「如果區分大乘與小乘，則（真如）隨緣不變的說法出自大乘教，木石無心的說法生於小乘教。你想用小道來抗衡大道，難道不像用臂擋車的螳螂？與坐井觀天的青蛙有何差別？所以你應該知道：萬法是真如，因為不變的緣故；真如是萬法，因為隨緣的緣故。你相信無情沒有佛性的話，難道不等於萬法沒有真如嗎？因此，萬法這個名稱難道會排除微塵，真如的體性會專屬於彼或我嗎？……如果同意隨緣不變，又說無情有性或無性，難道不是自己的話語互相矛盾？」❺如此，透過真如（佛性）的遍在性與不可分性，論證無情理應具有佛性。

湛然並且徵引經論的說法，更加強化自己的論據，他說：「在諸經論中，法界、實際、實相、真性等，是同於法性在無情中？還是同於真如而分作兩派？如果同於真如，經教中未見到無情法界與無情實際的說法。如果在無情中的只稱為法性而非佛性的話，為何《華嚴經．須彌山頂品》偈頌讚歎說：『了知一切法，自性無所有，若能如是解，則見盧舍那。』難道不是說諸法本來具有毘盧遮那佛之性嗎？又說：『法性本空寂，無取亦無見，性空即是佛，不可得思量。』又精進慧菩薩說：『法性本清淨，如空無有相，此亦無所修，能見大牟尼。』難道是對於無佛性者又說它們無所修而能觀見大牟尼嗎？又真實慧菩薩說：『一切法無相，是則真佛體。』既然真佛體性在一切法中，請你思惟此事，應能免除迷於法教，及迷於佛性的權實之說。」[6]法身佛毘盧遮那體性遍於一切，如何會不及於無情呢？法性與佛性只是名稱上的不同而已，並非體性有別。

在佛性遍於一切處的義理基礎上，無情也必然具有佛性。《金剛錍》中尚有許多詳細論證內容，因篇幅所限，不再引出。以上的推理內容屬於相對容易理解的脈絡，但湛然的論述並非只停留在這個層次上。天台宗將佛教義理層級分成藏、通、別、圓四教，依據別教義理層次的理事融通觀點已可得出如上的佛性遍在、無情有性的結論，何況圓教更勝於別教，闡明法界一一諸法圓融無礙的教理，一塵一念都具足三千諸法，當然會有更為弘大精深的義理詮釋。

圓教性具再詮釋

想要了知依天台圓教法義對無情有性議題所做的思想詮釋，可能須先理解一念三千與三因佛性的概念。智者大師於《摩訶止觀》卷五說：「一念心即具足十個法界，一個法界又具足十個法界，成為百個法界。一個法界具足三十種世間，百個法界即具足三千種世間，這三千法在一念心中。」❼十法界包含四聖六凡：佛、菩薩、緣覺、聲聞、天、人、修羅、畜生、餓鬼、地獄。眾生的一個心念中即已具有十法界的內容，十法界的每一法界又都具有十個法界，相乘起來就是百個法界。這種「十界互具」說超出常情的理解範圍，所以說為不可思議。

每一法界又有三種世間：眾生世間、國土世間和五陰（蘊）世間。眾生世間是正報的有情身心個體；國土世間是依報的生存環境；五蘊世間指構成有情與諸法的物質面與心理面基本要素。每一種世間又有《法華經．方便品》所說的「十如是」——如是相、如是性、如是體、如是力、如是作、如是因、如是緣、如是果、如是報、如是本末究竟等。最後，一個念頭就具足三千法了。「三千」非指一個具體的數目，而是一切萬法的總括，吾人的一念心即是一切萬法。這個觀念確實難以理解，但禪定者的深徹觀照、現代科學的理論推演與實驗偶得，都傳達出某些類似的宇宙人生原理。

《金剛錍》也通過一念三千說來論證無情有性：「（天台）一家所立的不可思議境界，在一念心中理體具足三千法，所以說：一念心中具有因果、凡聖、大小、依正、自他，因此，（心）所緣起變現之處無不是理具三千的體現。而此（變現的）三千法（事造三千）的體性都是中道實理，不應當是有是無，而自然地呈現出有與無。為什麼呢？因為都是實相。實相法爾如是地具足一切諸法，諸法法爾如是地自性本來無生，所以雖有三千法，但有而非有，共通而不混雜，相離而不分開，雖然一一都是遍在，卻都無所在。」❽意思是說實相理體具足一切諸法，以實相為依據而森然呈現的一一現象諸法，也都相即於實相而具足一切，一一諸法雖有其個性差別而即是整全無分的實相。

圓教妙理很難透過一般的語言和邏輯來表達，所以常借用詭辭（paradox）論法以激發讀者的悟性。現象萬法是理具三千的中道佛性的體現，每一個現象事物相即於整全的實相，由此而同樣具足三千法（事造三千），只是隨緣而顯現（有），隨緣而隱沒（無）。中道佛性遍在一切，因而與其相即的各個現象事物也都是遍在的，此即華嚴法界事事相即相入、重重無盡的奧妙理趣。儘管如此，在現象層面，具足一切諸法的萬事萬物森然羅列，各具特殊個性，並非混同而無差別。

「三因佛性」是正因佛性、了因佛性與緣因佛性，出自《大般涅槃經》，天台對其教理做出進一步的開展。《法華玄義》卷十說：「法性實相即是正因佛性；般若觀照即是了因佛性；五度功德助發般若，即是緣因佛性。」❾三因佛性是成佛的依據，正因指實相的真實體性，了因是觀照實相的般若智慧，緣因是助發般若的萬行功德。雖說正因佛性是本來具足的，但必須仰仗了因佛性與緣因佛性使其豁顯出來。三種佛性是一體貫通的，湛然在《止觀輔行傳弘決》卷五將其與空、假、中三諦連繫起來：「三千即空性，是了因；三千即假性，是緣因；三千即中性，是正因。」❿再配合圓教「即空即假即中」的義理，三因佛性是圓融相即的，正因具足緣、了二因，緣、了兩因也同樣具足其他二因。

天台藏、通、別、圓化法四教中，前三教是權教，圓教是實教。權教之中，即使到了別教層次的義理，也只說正因佛性的遍在，未論及緣、了二因佛性的遍在。《金剛錍》說：「野客問：為何權教不說緣、了二因佛性的遍在呢？我回答說：眾生自無始以來計執自我與我所，順應他們的計執而開示，不應說遍在。《涅槃經》中帶權教說實教，所以只以遍在的虛空來譬喻正因，未譬說緣因與了因。如果教義一向是權教，則三因都有所局限，就像別教初修未證佛性以前，聽聞正因佛性也是局限性的。……又如來一代說法之中已多有開顯圓頓理，如《華嚴經》說依報、正報不二；普賢菩薩普眼觀照心、境無非是佛；心、佛、眾生三者無差別。《大集經》說染淨諸法一切融通。《維摩經》說不可思議境界毛孔含納大千。《思益經》網明菩薩說一切無非法界。《般若經》中諸法混融無二。《法華經》說諸法實相本末都是如。《涅槃經》只是為了防止像法及末法眾生的錯誤計執，於是區分正、緣、了三因，別指不同面向，如果執取實法而迷於權法，尚且失落真實，何況執取權法而迷於實法，那就權法與實法都迷了！我驗明你尚且不明小乘業由心生的道理，所以不知大乘心外無境之理。」⓫想要了解無情有性說的微妙旨趣，還得通達天台化法四教的整體思想內涵；對於實法與權法及其融通關係都能清楚理解，始能掌握到三因佛性互具及遍在的深妙道理。

正、緣、了三因佛性都具足三千法。進而推知，一切事物，不論有情還是無情，都是三因具足。那麼，無情同樣具有緣因與了因二種佛性，是否表示它們能夠藉此修行成佛？理論上是可證成的，但在經驗上實令人費解。湛然援引圓教義理說：「圓教行者自始至終了知實相真理不二的道理，心外沒有境界，何者是有情、無情？法華會中一切萬法不相隔別，草木與地、水、火、風四種微塵何以殊異？舉足行路都趣向珍寶所在；彈指合掌全是成佛之因。」⓬強調有情與無情是無法割裂的，依佛性思想，外境皆為心性的顯現，有情的成佛修行與無情的修行是互為連動的。這點值得深加參究。

於古於今啟悟多

無情有性說是依據佛性思想與天台圓教義理所做出的精深闡釋，在修行上的意義，是向學佛行者開示每一個眾生都具足三因佛性，同具有成佛潛能，只是後天因其心智愚迷，不明圓實教理以致自我設限，不去開顯三因佛性。如此，眾生與眾生、有情與無情在表面上就變成個別獨立與隔礙不通了。了知圓教實相的中道佛性，開發後天始覺的三因佛性，照見本來具足的三因佛性，我們會領悟到每一個人即是一切萬法，一切萬法就是每一個人。閱讀《金剛錍》，幫助修行者了解圓教理趣，據以對整個地球社區生起真理觀照。

人類一向無情地宰制環境，因為總將外在環境視為與我們身心關係疏遠的客體，造成生態環境的劫難。無情有性說的啟悟效果有助消除這種狹隘心靈的虛妄區隔，告訴我們每個人與其他一切有情和無情都是同體共生的，覺知此點即會生發出自他平等、物我交融的心境。在佛法最深刻的意義上，有情與環境的整體淨化就等同於我們自身的淨化，個人的淨化也為全體淨化投入一分力量。「心靈環保」才是有情與環境淨化的堅實基礎，無情有性說可為其提供深層理論依據。

或許有人會問：《金剛錍》這套學說不外是理論推衍，複雜難懂，也不知真假，如何具有佛法實踐上的意涵？天台圓教義理有其經典依據，慧思大師且在禪修境界中有其親身體悟，只是因為內容太過精微，對於修學體驗不深的學佛大眾而言，容易淪為信者恆信、不信者恆不信的信念取捨。然而，如果暫且拋開真假的諍論，細細思惟其義理，嘗試去領悟其意旨，或許會有靈光乍現的一刻。承載祖師智慧的佛學論述，是指引佛教行者邁向深廣體悟的階梯。

❶《大正藏》冊三十五，頁七二六中—下。
❷《大正藏》冊十二，頁五八一上。
❸《大正藏》冊四十六，頁七八一上。
❹《大正藏》冊四十六，頁七八二上。
❺《大正藏》冊四十六，頁七八二下。
❻《大正藏》冊四十六，頁七八三上—中。
❼《大正藏》冊四十六，頁五十四上。
❽《大正藏》冊四十六，頁七八五中—下。
❾《大正藏》冊三十三，頁八〇二上。

⑩《大正藏》冊四十六，頁二九六上。

⑪《大正藏》冊四十六，頁七八二中。

⑫《大正藏》冊四十六，頁七八五中。

參考文獻

賴永海著：《湛然》，臺北：東大圖書公司，一九九三年。

楊惠南著：〈建立天台宗的深層生態學：以湛然《金剛錍》的「無情有性」為中心〉，《正觀》第八十三期（二〇一七年），頁五—四十二。

釋恆清著：《佛性思想》，臺北：東大圖書公司，一九九七年，第六章「《金剛錍》的無情有性說與深層生態學」。

天台教觀指迷津

——智旭《教觀綱宗》導讀

天台智者大師曾說研讀其他經典可不明教相，但閱讀《法華經》一定要了解教相判釋，判教學說可謂切入天台思想的重要路徑。現存為天台判教提出綱要性說明的最早著述，是傳為智者大師直傳弟子灌頂（五六一—六三二）所撰的《天台八教大意》。然而，根據其文末按語，湛然弟子明曠（生卒年不詳）較可能是此書作者。這部著作的內容包括化儀四教（頓、漸、祕密、不定）與化法四教（藏、通、別、圓），在說明頓、漸二教時亦旁及五時教判；於化法四教各教中並配置作為觀行方法的十乘觀法。

《八教大意》之後影響力最大者是宋代高麗僧人諦觀（九六一年來華，開寶年間〔九六八—九七六〕圓寂）所撰《天台四教儀》，以五時八教為綱目，於化法四教中僅於圓教列有十乘觀法。明末蕅益智旭（一五九九—一六五五）因此在《閱藏知津》卷四十二指出此書論述天台宗八教的大意，詳於詮說名相，略於前三教的十乘觀法，批評這本書對於教法與觀行並非均衡並重。另外，此書的組織架構較缺系統性。

蕅益大師曾經為了註解《梵網經》，不知要以何宗義理為依據，而在佛前做了賢首（華嚴）、天台、慈恩（唯識）、自立宗四鬮，幾度都抽出天台，於是天台義理便成為他理解與詮釋佛教經論的首要參考資源。這應是他想為天台學說撰寫綱要書的一大動機，幫助學佛者得以跨入天台教理門檻。再者，前賢的相關著述或者觀點過於僵化，或是教義與觀行不能均衡結合，也是促使他針對同一主題再次著書立說的緣由。比起前述兩部著作，蕅益大師所撰《教觀綱宗》❶的架構更加嚴整、內容較為充實、觀點有所通變，並且注重教觀的統一。為了解釋此書的重要名相法義，蕅益大師又撰寫《教觀綱宗釋義》❷，兩書應結合起來研讀。

五時教判別亦通

五時教判是智者大師繼承南北朝頓漸教判而做的開展，將佛陀一代時教區分為五個階段，以彰顯《法華經》的殊妙意趣。五時教本來意味著佛陀在每一特定時期所說的主流教法，不代表在某個階段遇到不同根機者就不說其他層次的教法，智顗與灌頂在著述中都表明這種教學的靈活性。然而，後人忽略了蘊含於五時教判的這種變通適應性，於是有「阿含十二方等八，二十二年般若談，法華涅槃共八年，華嚴最初三七日」的僵固說法，以為如來在某個階段專說一種層級的教法，此為「別五時」的觀念。蕅益大師為了矯正這樣的扭曲，依《法華玄義》強調「通五時」的意義，置於「別五時」之前說明，較完整地闡釋五時教判。

「別五時」歸納如來一生五個教化階段的主流教法，依次為華嚴時、阿含時、方等時、般若時、法華涅槃時。華嚴時直接宣講圓頓法義，層次太高，僅有大菩薩能夠聽懂，現場的聲聞弟子如聾如啞。如此，雖然凸顯《華嚴經》的尊貴崇高，卻失落應機施教的方便意義。這是「頓頓」之教，頓時講說圓頓教法。

由於聲聞弟子對圓教全然不解，如來從基礎教起，教授《阿含經》的聲聞法義，使弟子們得以去除三界的貪、瞋、癡，證得阿羅漢果，是根機的第一度提升。其次，弟子們住在聲聞果證不願向前，於是講說《方等經》的法義，彈破偏淺的小乘教，讚揚深廣的大乘教，折服他們的慢心，使其欣慕大乘，是根機的第二度提升。第四時宣講《般若經》，以大乘智慧法義示導弟子，令他們悟性成熟，得以接受圓教法義。以上是「漸教」三時的施教目的。

到了法華涅槃時，由於弟子們聽聞圓教的根機臻於成熟，便直說《法華經》的圓教法義，使他們都能進入一乘成佛之道，並予以授記（預示未來成佛）。《華嚴經》與《法華經》都直接講述圓頓教法，但《法華經》經過先前三教漸次提升行者的根機，最後使法華會上的全體聽法者都具備了知圓教真理的智慧能力，在方便運用這方面較《華嚴經》為殊勝。《法華經》的頓說圓教稱為「漸頓」，連結先前三階漸教而直說圓教。對於法華會上未能進入實相者，在《大般涅槃經》中快速重演藏、通、別、圓的次第教授，使他們得以悟入圓教實相。

儘管有別五時的說法歷程，然而，並非每個教化階段都只存在一類根機的受教者。佛陀具足大智慧與大慈悲，必然會隨順聽法者的根機差別而應機說法，不會限定於某部類的經典。舉例來說，《般若經》只說大乘法義，如果佛陀在般若時遇到聲聞根機者，便會私下為他們講說《阿含經》。此外，考察經典的內容，會發現「阿含十二方等八，二十二年般若談，法華涅槃共八年，華嚴最初三七日」的說法有許多不合理處，如《華嚴經》非局於最初的二十一日，善財童子五十三參就不知需時多久；又如來從初轉法輪到圓寂前都有講說聲聞法，如《佛遺教經》即講於臨涅槃時；《涅槃經》所述也非一日一夜之事，例子不勝枚舉。這是蕅益大師強調「通五時」的重要意義所在。

那麼，是否表示別五時就不具多大意義了？也非如此。別五時呈現的是主流教法的類別，以整體教化歷程的視角來說明淺深各階教法的旨趣。如果沒有先前華嚴時的標立終極圓滿教理，以及阿含、方等、般若三時教法的智慧潛能提升功用，《法華經》圓教的教學便失去意義，因為會不對機——聞法大眾根機未熟。其次，由別五時提供教法歸類的一種框架，通五時的多樣教法始具分類準則，此即蕅益大師所說的「以別定通，攝通入別」。如果缺乏一個教義歸類系統，談論佛陀的多元教導將會混亂不明。

化儀四教如藥方

天台判教學說將教學方法和教義內容區分開來，前者是「化儀四教」，喻如藥方；後者為「化法四教」，喻如藥味。這種區分甚具意義，避免將不同範疇的觀念混同。例如，華嚴宗判分小、始、終、頓、圓五教，有學者便指出頓教應是方法，其餘四教則是教義，放在一個系統中不太合理。

蕅益大師在化儀四教的頓、漸、祕密、不定四項下各含攝二個概念，在架構嚴整之餘，也尋求內容的完備。「頓教」之中區分「頓教部」和「頓教相」。頓教部指經典的部類，專指五時中的《華嚴經》，主要內容是不歷階次地講說最高的圓頓教法。蕅益大師並且運用「以別攝通」的觀念，認為《梵網經》、《圓覺經》等直說界外大法的經典都應繫屬於此部。頓教相泛指非漸次的施教方式，在各層級的教法當中都可能存在。例如，《阿含經》中佛陀說：「善來！比丘！」某人即鬚髮自落，證得阿羅漢，並非通過次第教導，此即聲聞佛法中的頓教相。

「漸教」也區分「漸教部」和「漸教相」。漸教部即五時中的《阿含》（漸初）、《方等》（漸中）、《般若》（漸後）這三種經典部類，按部就班地將眾生根機帶到成熟階段，以便接受《法華經》的圓教大法。漸教相泛指使受教者漸次獲得法益的化導方式，即如《華嚴經》亦包含斷惑證位的五十二個菩薩階位。

《法華經》雖直說圓教，但以漸教部的三時教法為先期準備階段，不同於《華嚴經》自始即頓時演說圓教，因此是「非頓非漸」或「雙照頓漸」。也就是說，雖然《法華經》內容純屬於圓頓真實的教法，但先前漸教的權宜教法是其不可缺少的基礎，於此最後階段開決權法以顯示實法，開決近跡（此生新近的應化身教化行跡）以顯示遠本（過去久遠劫前已成佛的教化因緣），令聽法者都能領解圓教。就化導方式的教相而言，《法華經》當中亦可同時找到頓教相與漸教相。

「祕密」分出「祕密教」與「祕密咒」。在五時的前四時中，於同一說法會上，為某些人說頓教，為某些人說漸教，聽眾彼此互不相知，各自獲得法益，是祕密教。祕密咒即一般所知的咒語，其中蘊含特殊的力量。「不定」分為「不定教」

與「不定益」。前四時中，於同一會上，為某些人說頓教，為某些人說漸教，聽眾彼此互相知悉而心照不宣，是不定教。又於前四時中，有人聽講漸教而得到頓教利益，或聽聞頓教而獲得漸教利益，是不定益。《法華經》讓所有人同樣聽圓滿教法，都獲得同等的法益，是「顯露」而非祕密，是「決定」（確定）而非不定。

化法四教如藥味

化法四教依教義內容的淺深偏圓而析分為藏、通、別、圓四種層級。「藏教」得名於小乘的經（阿含）、律（毘尼）、論（阿毘曇）三藏。通教得名的理由有二：㈠「通」義，鈍根向前通於藏教，利根向後通於別、圓二教。㈡「同」義，通教三乘同依無言說道路而體法入空。「別教」得名於其教、理、智、斷、行、位、因、果與先前的藏、通二教及後面的圓教皆為別異。

「圓教」主要以其教理圓妙、圓融、圓足、圓頓而得名。圓妙意謂「三諦圓融，不可思議」，舉空諦而言，假諦、中諦無不是空諦；舉假諦、中諦亦是如此，三諦是貫通融攝的。圓融意謂「三一相即」，一諦即三諦，三諦即一諦。圓足意為「圓見事理，一念具足」，一念中即具足三千諸法，含容共通理體與差別事相。圓頓是說三諦法體並非漸次修成，必須先了知三諦圓融相即而後修行觀法。所見既是圓理，則所修亦是圓法（圓伏、圓信、圓斷、圓行、圓位、圓自在莊嚴、圓建立眾生）。

就四諦的意義而言，藏教以生滅無常觀詮說四諦，苦意指凡夫的身心個體有生、異、滅的變遷；集意謂貪、瞋、癡、等分煩惱的心念流動；道是說以戒、定、慧對治貪、瞋、癡等；滅是指滅除三界的生命存在而還歸真諦的無。通教詮說無生四諦，苦無實在的逼迫折磨相；集無實在的和合招集相；道是沒有能治與所治的不二相；滅是不生不滅的無生相。別教詮說無量四諦，苦有無量，十法界眾生受苦不同；集有無量，三界見思惑與無明惑煩惱眾多；道有無量，為對治煩惱，法門如恆河沙；滅有無量，波羅蜜（到彼岸；事業成辨）無數。圓教詮說無作四諦，見得圓教理，一切諸法即是中道實相，五陰、十二入的身心個體就是真如，無苦可捨；煩惱就是菩提，無集可斷；邊見、邪見無非中道，無道可修；生死即是涅槃，無滅可證。

就十二因緣而論，藏教詮說可思議的生滅十二因緣；通教詮說可思議的不生不滅十二因緣；別教詮說不可思議的生滅十二因緣；圓教詮說不可思議的不生不滅十二因緣。思議指可以思惟和談論者，不可思議則反之。十二因緣說明生死流轉的循環，思議與不可思議依三界的內、外而分，界內的「分段生死」因業力招感而有一期壽命，是可思議的；界外的「變異生死」以根本無明為生死因，由聖者意念所成，無一定的壽命期限，超出凡夫、小乘的思議範圍。藏教從生滅無常觀看待界內十二因緣，有流轉與還滅。通教則用無生空觀，視界內十二因緣皆如幻化。別教以生滅視角闡明界外十二因緣的流轉與還滅，根本無明為因，由涅槃法愛或神通法愛而生取著為緣，招感變異生死；滅盡根本無明則生死永無。圓教以不生不滅視角闡明界外十二因緣，無明、愛、取三個煩惱支就是菩提；行、有二個業支就是解脫；識、名色、六入、觸、受、生、老死七個苦支就是法身。

就六度而言，藏教詮說「事六度」，事修實踐力強，但理觀薄弱，重視功德。通教詮說「理六度」，能觀三輪體空。別教詮說「不思議六度十度」，從般若度中又開出方便、願、力、智四種權智，不可思議意謂這是界外大菩薩境界，不是二乘所知，一一度中都能包含一切法、生出一切法、成就一切法，像恆河沙那樣廣大無量。圓教詮說「稱性六度十度」，一一諸度全是法界，具足一切。

四教所用以覺證真理的觀法也各自不同。藏教修習「析空觀」，了悟人空法有——自我是空而視五陰等法（構成諸法的基本要素）為實有。本來析空觀主要指《成實論》的經量部觀點，以不斷析分的方式而了知法空之理，蕅益大師在藏教中將其引入，以搭配有部阿毘曇的人空法不空義理。通教修習「體空觀」，不經分析即知諸法當體即空，較析空觀智慧更勝一籌。然而，藏、通二教所見的是偏空真理，僅能破除三界內的見思煩惱，證得解脫生死的涅槃，未能進一步破除界外的塵沙、無明二類惑障。別教修習「次第三觀」，先修空觀破見思惑，次修假觀破塵沙惑，最後修中道觀破無明惑。圓教修習「一心三觀」，一開始即領悟即空即假即中的妙義，於一念中同時修習空、假、中三觀而破除三種惑障，非次第修習三觀。別教到達修中觀破無明的層次，所覺證的中道實相與圓教無別，由於二教都能體得中道佛性，皆導向一乘真實佛果。

圓教六即明次位

智者大師在《摩訶止觀》卷一論說圓教的修行位次時提到「六即菩提」的義理，亦即：理即、名字即、觀行即、相似即、分證即、究竟即。識別六即位次在修行上具有重要意義：「這六即菩提是始於凡夫位而終於聖位。始於凡夫位，為了去除疑惑怯弱；終於聖位，為了去除憍慢自大。」❸行者了知凡夫也具聖因，所以不再懷疑膽怯，知道自己有成佛潛能；而了知聖位的高深，就不致以凡夫之身混濫聖者而生起增上慢。

六即位的意義並非圓教才有，智者大師所述《維摩經玄疏》卷二稱為「六乘」，應用到藏、通、別、圓四教。❹《四念處》除圓教的六即外，卷一說三藏教亦可有六即，卷二提到通教的六即，卷三論及別教六即。蕅益大師在《教觀綱宗》的圓教部分說：「真正就此（圓）教而言，才談論六即。〔自註：前三教雖然就各教論說六即，但都未達究竟佛果，因為藏、通二教的佛果僅同於此（圓）教的相似即佛位；別教的妙覺佛位僅同於於此（圓）教的分證即佛位。又就各教而言，只有六個位次的意義，並無相即的意義，因為不知心、佛、眾生三者無差別。」」❺所以圓教始具有六即菩提的真實意義，其餘各教只有六位義而無圓融相即義。

先就圓教來說明六即菩提的意義：㈠「理即佛」：是理體上的相即，一切眾生本來就與圓滿具足的如來藏法身相即，只是不知而已。㈡「名字即」，這是學習圓教的開始，聽聞一念即是法界而具足一切，心、佛、眾生三無差別等圓教法義，而尚未依教從事觀修。㈢觀行即：開始運用禪觀法門以求領悟圓教真理，尚未達到相似的體悟，所以稱為「外凡位」。其修行法門是《法華經．分別功德品》提及的聽聞此經而隨喜、讀誦、講說、兼行六度、正行六度五種，也稱「五品弟子位」。這個位次的修行功德已能圓伏（自然而伏、不伏而伏）五住煩惱（三界的見惑、思惑與無明）。㈣相似即：已對實相真理獲得相似的體悟，所以稱為「內凡位」，尚未入真實體悟的聖位。依圓教五十二階位而論，此時位於「十信位」，初信位圓斷（自然而斷、不斷而斷）見惑；二信位至七信位圓斷思惑；八信位至十信位圓斷界內和界外的塵沙惑。㈤分證即：部分地體證到圓教中道理，開始進入聖位，包括十住、十行、十迴向、十地、等覺四十一個階位，每位圓斷一品根本無明。㈥究竟即：斷盡根本無明，體證妙覺位的究極佛果。

圓教對於煩惱的圓伏、圓斷，是因行者修習一心三觀，能同時對治見思、塵沙、無明三種層次的惑障；而修行的努力在於體悟圓教實相，發起智慧力，使煩惱自然消除，所謂不斷而斷，非直接將煩惱視為斷除對象。在五品外凡位，理解真理的智慧力已能將各類煩惱伏住；在十信內凡位，對真理領悟加深，智慧力量更大，較易消除的見惑、思惑與塵沙惑依次自然斷盡；初住位以上，開始斷除根本無明，隨著體證加深一分，就自然多斷捨一分無明惑。煩惱與菩提並非截然二分，迷於真理時就是煩惱，體悟真理時即是菩提。

《教觀綱宗》對藏、通、別三教亦個別解說其六即位的內容。藏教的理即教理是生滅觀的「偏真」之理，一切諸行生滅無常，由證得涅槃滅去生滅無常的現象而會入真諦。通教的教理內涵是諸法不生不滅的法空思想，其理即菩提是無生之理。別教理即的教理內容是「但中」之理，也就是超出空、有二邊而不與萬法相即的中道。各教依其真理觀展開六即位次的修證。藏教修學我空觀與析空觀，依循聲聞教的修行階位，斷除見惑與思惑，解脫三界分段生死，證得個己解脫的偏真涅槃。通教修習體空觀，依其自教的菩薩階位，也是斷除三界的見惑與思惑，體悟無生空理的真諦涅槃。別教對於煩惱不是圓伏、圓斷，而是修習次第三觀，先修空觀斷見思惑，次修假觀斷塵沙惑，最後修中觀斷無明惑。這三教六即位的詳細解說，請參看蕅益大師原書。

十法成乘入見道

十乘觀法是載運修行者到達見道位的十個相序法門，登上見道位，就必定能證入究竟位。《法華玄義》講述圓教與藏教的「十觀」（入實觀）；《四念處》說到四教皆有「十觀」；《教觀綱宗》更對四教各說其「十法成乘」；《教觀綱宗釋義》有圓教「十乘觀法」的解說。因篇幅所限，下文說明十乘觀法以藏教與圓教作為代表，讀者可參閱聖嚴法師所著《天台心鑰——教觀綱宗貫註》的詳解。

藏教十乘觀法如下：㈠觀正因緣境，諸法因緣和合而成，破邪因緣（主張有生出萬物的本源）及無因緣（主張萬物自然而生）。㈡真正發（出離）心，不求名利，唯求涅槃。㈢遵修止觀，即五停心、四念處。㈣遍破見愛煩惱（破除三界的見思煩惱）。㈤善識通塞，四諦中的道滅、十二因緣的還滅、六度為通；苦集、流轉、六蔽（六度之反面）是塞。㈥調適三十七道品，入空、無相、無作三解脫門。㈦修對治事禪（貪欲起，修不淨觀、八背捨；於所緣不自在，修八勝處；於所緣不廣大周遍，修十一切處；福德過小，修四無量心；欲出色界，修四空定）。㈧善知位次，避免以凡濫聖。㈨安忍內外一切障緣。㈩不愛著相似法（相似即的領悟境界）。

圓教的十乘觀法如下：㈠觀不思議境，即觀修圓教三諦圓融、一念三千的實相境。㈡真正發菩提心，觀察心、佛、眾生等無差別，依四弘誓願而發起無作大菩提心。㈢善巧安心止觀，善用止觀使心安住於三千妙法之理體，寂而常照，照而常寂。㈣以一心三觀遍破見思、塵沙、無明諸層惑障。㈤善識通塞，合於究竟真理為暢通，不合究竟真理為阻塞，於此善加了知，塞則使通，續向前行。㈥調適道品，依無作教理運用三十七道品，以期快速與究竟真理相應。㈦對治助開，藉助藏、通、別等教的事相法門，以開啟圓教理觀。㈧知次位，了知自己的修證位次，避免生起增上慢心。(九)能安忍，安忍內外榮辱，策進五品弟子位（外凡），以進入六根清淨位（內凡）。(十)無法愛，不愛著中道實相的相似體悟，策進六根清淨位，以進入初住見道位。

藕益大師在圓教的十法成乘處指出，最利根的人在第一法觀真理境時即具足十法，進入見道位；中根的人在第二法到第六法之間的任一階段都可能具足十法而入見道；鈍根的人則須完成整個十乘觀法才得以進入。這個標準應可適用於其他三教。

《教觀綱宗》解說天台五時八教的判教架構，闡述藏、通、別、圓四教的義理內容及觀行法門，是天台佛學的入門綱要書，是教觀均衡相合的修行寶典，使研修者理解各層教法的要義，釐清各教修證位次的差別。仔細閱讀這本著作，有助於了解天台佛學大意，打開學習教理的迷團，消除修行道上的慢心。

❶ 收於《大正藏》冊四十六，頁九三六下——九四二中。

❷ 收於《新纂卍續藏》冊五十七，頁五〇一中—五〇八中。

❸《大正藏》冊四十六，頁十中。

❹《大正藏》冊三十八，頁五三〇上—五三一下。

❺《大正藏》冊四十六，頁九四一中。

參考文獻

靜修法師著：《教觀綱宗科釋》，臺北：佛陀教育基金會，二〇〇八年。

聖嚴法師著：《天台心鑰——教觀綱宗貫註》，臺北：法鼓文化，二〇二三年。

破邪顯正明三論

——吉藏《三論玄義》導讀

中國的三論學派始於鳩摩羅什（三四四—四一三）於長安漢譯印度中觀學派大師龍樹與其弟子提婆所著《中論》、《百論》、《十二門論》三部核心論典，為「三論」得名緣由；加上《大智度論》合稱「四論」。羅什及其弟子等人在關中傳習三論典籍，歷史上稱為「關河學派」。其後，北方有以曇鸞為代表的四論研究學派；南方是高麗僧朗以攝山（今南京棲霞山）為中心所形成的攝山三論學派。僧朗傳止觀僧詮，僧詮傳興皇法朗，世稱「攝山三師」。法朗對於三論學在江南的傳播與盛行，有著重大功績。

攝山三論學由法朗弟子嘉祥吉藏（五四九—六二三）繼承光大，集三論學說大成而有新的開展，成為隋代興起的漢傳佛教兩大宗派之一，另一者為天台宗。吉藏的著作極為弘富，關於三論者有《中觀論疏》、《百論疏》、《十二門論疏》，以及作為三論綱要書的《三論玄義》。吉藏註解了許多佛教經論，並撰有《大乘玄論》一書，從三論宗的空觀中道學說立場論證大乘佛法。《三論玄義》與《大乘玄論》這兩部著述可視為理解吉藏思想的精要入門書，本文先導讀前書。

破邪顯正為宗要

如何為吉藏在中國佛教思想史上進行定位，是有趣之事。一般將吉藏視為漢傳三論宗的實際創立者，然而，三論宗是否具備宗派條件頗多爭議，況且三論學派傳承在他圓寂之後即迅速趨於沒落。因此，視其為三論學說的集大成者，可能較為貼切。吉藏繼承三論宗匠法朗的思想，但非完全謹守師說，他在前賢所傳義學的基礎上，融攝當時流通於漢地的大乘經論教理，並吸收及批判諸家學說，對三論思想進行創造性的詮釋。

《三論玄義》是三論學說的綱要書，共有上、下二卷。卷上「通序大歸」，總體論述三論的旨要；又分「破邪」和「顯正」兩部分，前者破斥外道、毘曇、成實、大乘的偏淺學說，後者顯示三論的正確真理。卷下「別釋眾品」，意思是分別解釋各類與三論相關的問題，包括經書與論書的相互資助、各部論書的共通宗旨與特殊宗旨、三論所破對象差別、《中論》題名意義等諸多主題。

吉藏首先說到三論的重要著述目的，就是為了破邪與顯正。在印度，佛陀出世當時有九十六種外道，身處三界火宅卻誤以為清淨解脫；佛陀圓寂後佛教分裂為五百部，充滿偏差知見卻誤為涅槃境界。聖者因此著作論書，向下破除邪見以拯濟沉淪眾生，向上顯示正理以弘揚大乘真義。❶這是三論學說的兩大思想重點。

為何必須破邪？因為想要窮究佛法的最高真實，掃除種種異端邪論實有其必要，以免障礙對真理的了知；達到戲論止息，利於進入中道實相。為什麼須要顯明正理？雖然破除了各種異論，眾人依然可能陷於疑惑，質難龍樹所說法義非為終極真理，因此還要通過正面闡釋來顯明實相正理。

內外小大併破斥

《三論玄義》所破斥的第一個對象是外道，涵蓋印度與中國的各家見解。印度九十六種外道總括起來有四種宗旨：㈠計執邪因邪果，以自在天等為萬物的始源。㈡計執無因有果，主張萬物不需因緣，自然而生。㈢計執有因無果，即斷見之流，主張一期生命之後沒有來世。㈣計執無因無果，主張沒有善惡業行及其果報。佛教破斥上述主張，是因為這些人士對因果觀念缺乏正確認識，他們所提出的邪說否定了道德的基礎，會為人類社會帶來災難，使人類現生捨棄善行，死後淪落惡道。❷

中國外道是儒、道二家，吉藏主要就六點來比較他們與佛教的優劣：㈠外教只知一期生命，佛教則知三世輪轉。㈡外教五根的認識未能自在無礙，佛教具有六神通。㈢外教所說的太虛未與萬有相即，佛教就假名的萬物當體而說諸法實相。㈣外教無法處於無為境界而遊歷萬有之間，佛教說明不動於真如實際而建立一切諸法。㈤外教尚有得失的分別，佛教則可超離言說而泯除二元對立。㈥外教的能觀智與所觀境未能泯除，佛教則能夠境智泯合為一。❸透過如此對比，吉藏顯示外教見解與佛法正見實有天淵之別。

毘曇主要指聲聞佛教說一切有部的「人空法有」教理主張。吉藏指出此學派雖然肯認「人空」（無我）——即有情不具有永恆不變的自我——的正見，卻仍執取「法」（一切存在的基本構成要素）是永恆實有，違背佛陀的空義教說，因為《阿含經》中已有法空的教說。❹

屬於經量部的《成實論》雖然辨明「人法二空」，但與大乘空義有淺深的差別：㈠小乘是析法明空（透過不斷分解的方式才知諸法是空），大乘明本性空寂（不須分解即了悟萬法當體即空）。㈡小乘所明者是三界內的人空與法空，大乘明三界內外的人法皆空。㈢小乘只說空而不說不空，大乘既說空也辨明不空。大乘說空意在空去一切生死，說不空在顯示大涅槃境地。㈣小乘的空是「但空」，只安住於空，大乘的空是「不可得空」，空也是不可得。❺所以成實學派只能算是小乘中的利根人，優於毘曇學派而已。

大乘教義中也雜有不圓滿的成分，吉藏主要針對前賢所提出的五時教判進行批判。代表性人物是劉宋沙門慧觀，他作〈大般涅槃經序〉，將佛法判為頓、漸二教，頓教是《華嚴經》之類；漸教又開為五時：(一)三乘別教，分別為聲聞人說四諦，為求辟支佛人說十二因緣，為大乘人闡明六度，因行不同，得果亦不同。(二)《般若經》同時教化前述三種根機者，稱為三乘通教。(三)《維摩經》、《思益經》讚揚菩薩，抑挫聲聞，稱為抑揚教。(四)《法華經》會三乘歸於一究竟乘，稱為同歸教。(五)《涅槃經》講明佛性常住，稱為常住教。吉藏認為慧觀以後諸師雖有所改易，並不離頓漸五時的基本架構。❻

吉藏引三經三論證明佛教的教義只有聲聞藏與菩薩藏二門的區分，並無五時教的明文典據。當被問到同屬大乘的《華嚴》、《般若》、《法華》、《涅槃》有什麼差異時，他回答：「只須認明以下四句差別，眾經即可一目了然：一、只教菩薩，不化聲聞，是《華嚴經》。二、只化聲聞，不教菩薩，是小乘三藏教。三、明顯教導菩薩，暗中也化導二乘，這是《大品般若經》以後，《法華經》以前的大乘教。四、明顯教化聲聞，也明顯教化菩薩，是《法華經》。」❼也就是說，大乘諸經的差別不在義理層面，而在教化對象與方法上。據此，五時教將大乘教法區分為不同層次，是不合理的。

吉藏另外說到佛教義理不離真、俗二諦，正確的大乘義理同時體得二諦，小乘及偏執的大乘則於二諦有所迷失。毘曇學人雖知人空，但執取法的定性實有，不知諸法的假有性質，既迷於世諦，也迷於真諦。學大乘的方廣道人計執邪空，連假有都否定，所以迷失世諦；由於對空的真實意義做錯誤理解，也喪失真諦。又開善寺智藏主張真、俗是一體，龍光寺僧綽主張真、俗是異體，雖然知道二諦，卻不明白二者非一體非異體，同樣無法體得二諦。❽

人正法正顯正義

破邪之後是顯正，吉藏從「人正」與「法正」二方面進行闡釋。吉藏宗主龍樹中觀學說，說明「人正」意在為龍樹爭取正宗地位。他首先徵引《楞伽經》，大慧菩薩問到世尊圓寂後佛法由誰來傳持，佛陀說：「於我滅度之後，南天竺大國中有一位德行甚高的比丘，名為龍樹菩薩，住於十地之初的歡喜地，為人演說大乘法，能破除有、無二見，後來往生西方安樂（極樂）世界。」《摩訶摩耶經》中也說：

「（佛滅後）七百年間，有一位比丘名叫龍樹，能善巧說法，點燃正法的火炬，滅除邪見的旗幟。」❾以經典中佛陀親自預言將來會有龍樹菩薩出世破邪顯正，證明龍樹學說的正統性。

「法正」意在顯示中觀學說為佛法正宗。當有人問到：「如果內外、大小的學說都遭到訶斥，中觀論書的宗旨要依據什麼呢？」吉藏說：「如果心存內外、大小的分別，就墮入偏邪，失去正理；失去正理，正觀就不能生起；如果正觀不生起，斷、常二見就不能滅除；如果斷、常二見不滅，苦輪就恆常轉動。內外均泯除，大小都滅盡，才稱為正理。領悟這樣的正理，則發起正觀；正觀如果生起，戲論始能滅除；滅論滅除，苦輪就被破壞。三論的根本宗旨，意義就是如此。」對方仍不明瞭，又追問：「如果內外都滅除，大小都摒去，這是斷見，哪裡叫作正宗？」吉藏說：「既然內外都泯除，那麼斷常就滅盡，二邊都捨去了，難道不是正宗嗎？」❿中觀思想不是停留於純理論的分析，闡明正理的意義，是要引導行者依此進行如理觀照，在超越言說戲論的悟境層次，始能與中道實理互相契合。

吉藏又將「正」的意義開為「體正」（體性之正）與「用正」（作用之正），

他說：「《華嚴經》說：『文殊！佛法恆常如此，法王只有一法，一切達到無所畏的佛陀由同一條道路出脫生死。』但是為了讓眾生出脫生死安處涅槃，對於無名相的法勉強用名相講說，使依教修學的人藉此得以開悟，所以開出二種正：一、體正；二、用正。非真非俗稱為『體正』；真諦與俗諦稱為『用正』。之所以如此，因為諸法實相無法用語言、思慮來表達、擬測，從未有真諦、俗諦之分，所以稱它為『體』；棄絕一切的偏邪，稱它為『正』，所以說『體正』。所謂的『用正』，因體性超離語言文字，事物無由了知，雖然它並非有與無，勉強說成真諦與俗諦，所以稱為『用』。這樣的真諦與俗諦也不是偏邪的，而稱它為『正』，所以名為『用正』。」⓫

超越一切分別的諸法實相是體性之正，但體性之正必須方便地仰賴語言文字來表達，學佛者才會獲得實踐上的教法依憑，因此而施設出真諦和俗諦，吉藏將二諦都視為「教門」（教法層面）即是此種意義，學習中道真理才有所憑藉。吉藏說：「因緣和合的假有稱為俗諦，然而假有不可說其為定有，假有不可說其為定無，這樣的假有遠離二邊，所以稱之為正。俗諦的有既是如此，真諦的無也是如此。假無不可說是定無，假無不可說是定有，遠離二邊，所以稱之為正。」⓬中觀學說的二諦必須合在一起來看，真諦明性空，俗諦明假有，假施設的真諦之無與俗諦之有並不互相矛盾，是表達緣起即空的真理涵義的兩個視角。由此亦真亦俗的雙照而契入非真非俗的實相，是觀照與體證的進程。

三部論書具通別

《三論玄義》下卷是「別釋眾品」，討論的議題眾多，下文的說明擇取論明三論（或四論）的共通處與差別處的問題為主。首先，在「眾論旨歸門」中拈出大、小乘經典同以「無得正觀」為宗旨⓭，論書也是如此，只是在作用上有所差別。無得正觀即是中道空的正確觀照。

「《中論》以二諦為宗」段指出《中論》以闡明真、俗二諦為其宗旨，二諦是佛法根本，如來的自行與化他都依憑二諦。有人問到《中論》為何不以「中道」為其宗旨？吉藏說二諦就是中道，中道必須透過二諦來解明。⓮

「明《百論》宗」段說明《百論》透過破除邪說來闡明二諦，與《中論》的區隔在於《中論》以「二諦」為宗旨，《百論》以「二智」為宗旨，因《百論》破斥外道，特別需要實智與權智的施用。兩部論書分別闡明二諦與二智正可相輔相成。⓯「明《十二門論》宗」段說明這部論書破除佛教內部的迷執以闡明二諦，與其他二論的區隔是《十二門論》以「境智」為宗旨，側重於解說實相境與般若智。宜以境智為宗。大乘的深義是空性實相境界，由實相境發生般若智，由般若智具足六度萬行，這是境與智的意義。⓰

三部論書的共通宗旨是「二諦」，同時存在闡釋方向與化導功用的別異。三部論書所針對的眾生根機也不同，吉藏說：「一、有一類根機的人聽聞《百論》開頭的捨去罪福及結尾的破除空有，於此言教之下能夠領悟無生的道理。二、有外道聽聞提婆所破斥的內容，言論和道理都被折服，仍未能領悟，後來出家稟受佛經，始能得悟，這是中根人。三、有外道聽到提婆的言論無法領悟而披尋經典，反而更生迷惑，被《中論》所破才能了悟，這是下根人。四、有外道首先聽聞提婆的言論，一直到探尋《中論》仍未能獲得領解，後來透過《十二門論》觀佛法大略，然後才領悟。」⑰如此，三部論書的教學具有次第性，利根人經《百論》的破斥後即得悟道；中根人須進一步閱讀佛典，而閱讀佛典仍不能領悟，是下根人，須要尋求《中論》的指點；最鈍根者須研讀《十二門論》以掌握佛法根本旨趣。

三論的核心是《中論》，吉藏在最後致力於這部論書題名的解釋。「中」是所論說的中道實理；「論」是能論說的教門；所以「中論」二字雙論真理與教門，意義是完備的。「中論」更完整地說是「中觀論」，包含真理、觀照、教說三個層面，意義更為圓滿。從佛菩薩的視角來看，「中」是三世諸佛菩薩所行的中道；「觀」是由中道所發起的正觀；由內有正觀，自佛口中宣說者是「教」，從菩薩口中宣說者是「論」。龍樹菩薩的「中論」完整地呈現佛陀的最高真理教說。

就受教者達到領悟的修學次第而言，藉由菩薩的論釋而理解中道，由中道而發起正觀；對比於佛陀的施教，藉由經教而了知實理，由實理發起正觀，「中」、「觀」、「論」三字可說不多不少。「中」與「觀」是菩薩的自行功德；「論」是菩薩的化他功德。就「中」對「觀」而言，前者是所觀境，後者是能觀智；以「觀」對「論」來說，前者是修行，後者是說法。就三種般若而言，「中」是實相般若；「觀」是觀照般若；「論」是文字般若。⓲還有其他多種意義的解說，就不再贅述。

《三論玄義》是吉藏關於中觀學派三部論典的綱要書，透過批判其他學派的論點（破邪）及顯明自宗的正義（顯正）兩種進路來闡明中觀思想。此書內容包括中觀學派與吉藏個人的思想，涵蓋義理與實踐二個層面，對於我們理解中觀學派論典與吉藏三論註釋而言，堪為一部精要的導讀著述。

❶《大正藏》冊四十五，頁一上。
❷《大正藏》冊四十五，頁一中—下。
❸《大正藏》冊四十五，頁二上。
❹《大正藏》冊四十五，頁二中—三中。
❺《大正藏》冊四十五，頁四上—中。
❻《大正藏》冊四十五，頁五中。

❼《大正藏》冊四十五，頁五下。

❽《大正藏》冊四十五，頁六上。

❾《大正藏》冊四十五，頁六中。

❿《大正藏》冊四十五，頁六下。

⓫《大正藏》冊四十五，頁七中。

⓬《大正藏》冊四十五，頁七中。

⓭《大正藏》冊四十五，頁十下。

⓮《大正藏》冊四十五，頁十一下。

⓯《大正藏》冊四十五，頁十一下。

⓰《大正藏》冊四十五，頁十二上。

⓱《大正藏》冊四十五，頁十三中。

⓲《大正藏》冊四十五，頁十三下。

參考文獻

董群著：《中國三論宗通史》，南京：鳳凰出版社，二〇〇八年。
楊惠南著：《吉藏》，臺北：東大圖書公司，一九八九年。
廖明活著：《嘉祥吉藏學說》，臺北：台灣學生書局，一九八五年。

中觀佛法顯大乘

——吉藏《大乘玄論》導讀

南北朝時代，翻譯成漢文的佛教經論已累積甚多，中國祖師在消化佛典義理的過程中，對某些重要議題展開熱烈的討論。吉藏（五四九—六二三）所撰《大乘玄論》共計五卷，選出二諦義、八不義、佛性義、一乘義、涅槃義、二智義、教跡義等幾個主題，既批判前人的說法，也提出自家的觀點。二諦義與八不義是中觀學說的重要內容，當然是三論傳承關心的課題，關於這兩義，吉藏的主要批評對象是《成實論》諸師。

在南北朝時期的許多判教論述中，《大般涅槃經》通常被判作地位最高的經典，佛性義與涅槃義是不可忽視的研討議題。到了吉藏時代，經過天台學系慧思與智顗的努力，已將《法華經》抬高到經王地位，一乘義與（權實）二智義是其中的主要義理。教跡義則旨在討論判教的問題，及四論（《中論》、《百論》、《十二門論》、《大智度論》）的宗旨等。下文將環繞二諦義、佛性義、一乘義這三個思想主題來導讀《大乘玄論》一書。

於諦教諦導凡聖

吉藏在論述二諦意義的一開始，就說：「如來恆常依據二諦說法，一是世諦，二是第一義諦。所以二諦只是教門，不關涉到所觀的境界或所證的真理。然而，修學者有善巧有拙劣，於是有得或失的差別。因此，如果俱有善巧方便的智慧來修學二諦，就成無所得；如果缺乏善巧方便的智慧，便成有所得。」❶接著，他批判開善寺智藏、莊嚴寺僧旻、光宅寺法雲三位《成實論》師，他們的問題就是將二諦的內容視為智境或真理。二諦意即二種層面的真理，吉藏主張二諦都是如來用來闡明真理的教法，以引導修學者體悟言亡慮絕的中道實相。就體用關係而言，中道理是體，二諦教是用。二諦教法是如來依據中道體性而說，具有表顯中道的功用。

既然這樣的二諦屬於如來關於世俗真理與實相真理的言說教法，非為所體證的真理境界，何以稱為「諦」（真實、真理）呢？吉藏提出五點說明：㈠如來依據真實而說，因此所說內容也是真實。㈡是如來的真實言說。㈢所說的有無之教確實能表達菩提覺證。㈣所說教法確實是能利益眾生的因緣。㈤所說內容真實不顛倒。[2]「諦」有真實之義，如來的二諦言教具有上述五種真實意義，所以可成立為諦。

吉藏將二諦分成「於諦」與「教諦」兩個層次。「於諦」是分別站在凡夫與聖者的立場所見到的真理意義，吉藏說：「諸法自性是空，世間凡夫顛倒而認為是有，於世人為真實，而稱為諦；賢聖們（指二乘）確實了知顛倒有是性空，於聖者為真實，而稱為諦。這就是二種『於諦』；諸佛依此而說法，於是稱為『教諦』。」[3]凡夫將世間假有事物執為真實，屬於世諦，即世間層次的真理；聖者如實了知諸法自性空，屬於第一義諦，即最高意義的真理。然而，就「於諦」這個層次而言，凡夫與聖者都有所偏失，前者見有不見空，後者見空而不相即於有。如來與大菩薩所說空有合觀的正確二諦教法是「教諦」。

依於凡夫與二乘聖者的兩種真理視域，佛陀宣說世諦與第一義諦的二種「教諦」，是空、有圓融相即而說，使凡夫得以轉凡成聖，又使聖者能體證中道之理。吉藏說：「凡夫執著於有，二乘止住於空，現在顯明如來以因緣關係來看待有無的假有與假無。假有所以不是實有；假無所以不是真無。」[4]又說：「（如來）說有欲顯示不有，說無欲顯示不無，透過有與無以顯明不有不無，所以稱為『了義』（完整說明的意義）。其他人只是以有為世諦，以空為真諦。」[5]如此，有與無（空）相即，且不將有與無視為實有，既不落於有也不落於無，顯示非有非無的不二中道。

四重二諦顯中道

以上所述的二諦意義只是吉藏二諦觀的第一重、第二重而已，完整而論，有「四重二諦」之說。吉藏運用這四重的間架說明真理的層層升進，最終達於中道之理的體得。第一重即凡夫與偏空聖者的觀點：「以有為世諦，以空為真諦。」凡聖各偏於一面。第二重提升到非有非空的真諦：「有或空都是世諦，非有非空才是真諦。」然而，這裡的非有非空還不算究竟，仍是相對的。怎麼說呢？有與空是二，非有非空是不二，二與不二依然相對。第三重是對二與不二的進一步超升：「二與不二皆是世諦，非二非不二稱為真諦。」❻二與不二已是用語言能夠表達的相對關係的極點，吉藏說前三重二諦都是教門。

佛陀運用言教以幫助佛教修行者悟入離言的真理，所以第四重的升進，是從以言說表達的真理超升到言亡慮絕的真理智境：「（上述）這三種二諦都是教門，講說這三門，為了令行者領悟到三門亦非實有，完全無依無得，這才稱為理。」❼前三重的教門一層一層地滌蕩執著，掃除到無可再掃，終可破執入理。以言說表達的中道教理仍落在相對的範疇，仍然有所依與有所得，真正的不二中道必須止息言說戲論，而達致離言絕待的真實理境。

吉藏這四重二諦都有其破斥對象。吉藏說：「針對毘曇宗的事、理二諦，顯明第一重的空、有二諦。」毘曇宗人以刀杖逼迫等事相的苦為世諦，苦、無常的道理為第一義諦。吉藏說這這二種都是世諦，諸法性空才是第一義諦。「第二，針對《成實論》師的空、有二諦，說明你們的空、有二諦是我們的世諦，非有非空才是真諦。」《成實論》師雖然論及「析法空」，必須將一個事物不斷地分解破析，最後才知它是非實在的；再者，如此的空、有二諦仍是相對隔別的，故為他們提出不落空、有的非有非空始為真諦。「第三，針對大乘論師以依他、分別二者為俗諦，依他無生、分別無相的不二真實性為真諦，現在顯明二與不二都是我們的俗諦，非二非不二才是真諦。」這應主要針對《攝大乘論》師而說，他們以依他起性與遍計所執性為俗諦，以依他起性實無生與遍計所執性實無相的不二圓成實性為真諦。「第四，大乘論師又說三性是俗諦，三無性的非安立諦是真諦，因此現在顯明你們所說的依他和分別之二與真實不二的安立諦（語言施設的真諦），以及非二非不二的三無性非安立諦都是我們的俗諦，言亡慮絕才是真諦。」這應是在批判《攝大乘論》師的另一種說法。依他起性、遍計所執性與圓成實性是安立諦，前二者是二，後一者是不二。與三性對應的生無性、相無性與勝義無性是非安立諦，是非二非不二。❽無論如何，只要用語言表達就不是最終真理，言亡慮絕始為究竟的體證。

正因佛性即中道

正因佛性是成佛的真正原因，至於其內容為何，古代祖師提出多種不同見解。吉藏在《大乘玄論》卷下闡明自家的佛性論時，先批判前人的十一種關於正因佛性的觀點。吉藏將這十一家正因佛性說收束為三重：第一重是「有無破」，將成佛之理視為有或無，即墮入兩邊，便不是理。第二重是「三時破」，將成佛之理視為在過去、現在、未來之中，都成問題。過去之理已然過去，不再是理；未來之理未到，也不成理；過去與未來之間並沒有現在。第三重是「即離破」，成佛之理是即空還是離空？如果是即空（與空相即），那就已經是空了，不再有理；如果說是離空（與空相離），怎麼會有離空的理呢？又如果離空、有之理，那就成為空、有二見了。❾第三重破斥意謂單以正因佛性為即空或離空都會落入理論上的困境。

吉藏所主張的正因佛性與他的中道實相緊密契合，如此則可避開前述的諍論。《大乘玄論》說：「問：破他可以如此，現在，什麼是正因佛性呢？答：對於他們的說法必須一概翻轉過來。他們都說有，現在都說是無。他們以眾生為正因佛性，現在以非眾生為正因。他們以六法（五陰及假人）為正因，現在以非六法為正因。乃至以真諦為正因，現在以非真諦為正因；如果以俗諦為正因，現在以非俗諦為正因。因此說非真非俗的中道是正因佛性。」⑩最後一句是吉藏不斷破斥諸家見解以後真正要顯明的真實意趣，不落於兩邊的非真非俗中道始為無諍的正因佛性，這是站在中觀學派立場的觀點。

正因佛性即是中道實相，本為不可說，為了破除眾生的錯誤知見，如來透過善巧方便來闡說。就佛性的本有（先天即有）或始有（後天修得）問題而言，吉藏說：「佛性非本有非始有，只是為了眾生而說本有與始有罷了！……究極而論，佛性之理實非本有或始有，然而，如來運用方便，為了破除眾生的無常病，所以說一切眾生的佛性本來即有，以這個因緣得以成就佛道。……不但非是本有與始有，也不是非本有非始有，為了破除本有與始有，假名而說非本有非始有。若能體悟本有始有非是本有始有，達到是與非的平等，始可稱為『正因佛性』。」⑪說佛性本有或始有，只是度化偏著無常的有情的善巧方便，其後還要借言說遣除言說，講說非本有非始有，非非本有非非始有，……直到掃除一切概念執取，悟入無所得中道，才算是照見正因佛性。

正法中道一乘體

一乘義是《法華經》的中心思想，但諸家的詮釋差異甚大。關於一乘的體性，吉藏說是以「正法中道」為體，即此經的宗旨。雖然吉藏於此項目中未具體說明正法中道的內容為何，但應該就是他自家的中道義理。如此，一乘義又與其中道學說統合為一體。吉藏是以「無所得中道」來詮釋《法華經》的諸法實相。

研討《法華經》義理的一個重要議題是一乘與三乘的關係，關於此點，《大乘玄論》卷下說：「問：有人說遣除三乘而一乘存留，這個道理正確嗎？答：這是有所得的意義。《大品般若經》說：非三非一，所以稱為大乘。這部經典不可說示，言詞相是寂滅的。這是透過超越四句分別，遣除各類錯誤見解，而勉強講說以顯明乘的意義，三與一為二，非三非一為不二，二與不二為粗，非二非不二為妙；再者，二與不二、非二非不二是粗，言亡慮絕是妙。」⑫這種以破而顯的思惟理路想必讀者已經相當熟悉，同於前述論證中道真理的遮進揭顯過程。

接下來，吉藏從十個視角具體詳實地論說一乘與三乘的關係。第一，開三顯一，開決昔日的三乘是方便，顯明現今的一乘是真實。第二，會三歸一，會合三乘歸於一佛乘。第三，廢三立一，廢除昔日的三乘教，建立現今的一乘教。第四，破三明一，破除執取三乘為異的心，以顯明一乘之道。第五，覆三明一，如來面對不同根機的眾生，當有三乘、一乘的教說，過去以三乘隱覆一乘，現今以一乘隱覆三乘。第六，三前明一，未到鹿野苑宣說三乘以前，已於寂滅道場演說《華嚴經》的一乘真實教。第七，三中明一，到鹿野苑以後講說三乘，佛乘第一，緣覺乘第二，聲聞乘第三，此佛乘屬於三乘之一。第八，三後辨一，三乘之後的《法華經》教門會三乘同歸一乘道。第九，絕三明一，是超越相對的一，外絕言說，內絕思慮，不再論說一與三。第十，無三辨一，如香積國土，沒有二乘的名稱，只有清淨大菩薩眾。[13]

中國法華思想史上有個重要的論爭，此經究竟是會三乘歸一乘，還是會二乘歸一乘？也就是說，三乘中的佛乘與一佛乘是同是異的問題。不同的註釋家存有差別的主張。當代學者的研究指出梁代法雲與隋代智顗為會三歸一論者，隋朝的吉藏與唐朝的窺基是會二歸一論者。然而，吉藏也有融通二種觀點之處，《大乘玄論》說：「問：是會三歸一，還是會二歸一？答：這是相同的意義。《大智度論》說：於一佛乘開為三分，好比有人將一斗米分成三堆，也可以將三堆聚合成一堆，也可以說將二堆會聚到一堆中。會三與會二仍是同一意義，並不互相違背。如果究極而論，以中道為宗旨。」⓮從這個譬喻來看，不僅三乘中的佛乘與一佛乘是同質的，連聲聞、緣覺二乘也是同質，若是異質如何能夠會歸於一？只是佛乘可直接與一佛乘銜接。

二乘、佛乘與一佛乘的差別應在教說的圓滿程度方面。佛乘與一佛乘之間的關係，吉藏有段話說得更分明：「問：基於什麼意義說一乘是三乘中的佛乘？又基於什麼意義說一乘不是三乘中的佛乘？答：如果說三乘，則包含出世乘全部，所以相對二乘的方便，顯明佛乘是真實，因此經文說：『唯有這一乘是真實，另外二乘就不是真實。』所以說一乘是三乘中之一。於佛乘中又開為真實與應化二個層次，過去為二乘人說佛的方便身，所以佛乘是方便身；於是就以現今的教說顯明佛身是真實，所以真實乘異於方便佛。……就過去、現今二種教說顯明佛有權便與真實的不同，因此一乘不是三乘中之一。」[15]三乘中的佛乘是權化乘，一佛乘是真實乘，這是二者的差別所在。就三乘而言，說二乘非真實，一乘是真實，二乘與一乘都在三乘之中。若說佛乘是應化佛身的示現，一佛乘為真實佛身的示現，則一佛乘不在三乘之中。如此，折衷會三與會二兩種觀點。

《大乘玄論》共有五卷，討論的主題甚多，論說的內容非常詳密，以上僅能就吉藏的二諦論的中心思想，以及當時熱烈討論的有關《涅槃經》佛性說與《法華經》一乘義的重要議題，概略介紹他的思想要義，未解說的部分遠多於此，有興趣的讀者可自行披閱。

❶《大正藏》冊四十五，頁十五上。
❷《大正藏》冊四十五，頁十五中。
❸《大正藏》冊四十五，頁十五中。

❹《大正藏》冊四十五，頁十六上。

❺《大正藏》冊四十五，頁十五下。

❻《大正藏》冊四十五，頁十五下。

❼《大正藏》冊四十五，頁十五下。

❽《大正藏》冊四十五，頁十五下。

❾《大正藏》冊四十五，頁三十六下—三十七上。

❿《大正藏》冊四十五，頁三十七上。

⓫《大正藏》冊四十五，頁三十九下。

⓬《大正藏》冊四十五，頁四十三上。

⓭《大正藏》冊四十五，頁四十三上—中。

⓮《大正藏》冊四十五，頁四十三下。

⓯《大正藏》冊四十五，頁四十三中—下。

參考文獻

董群著：《中國三論宗通史》，南京：鳳凰出版社，二〇〇八年。
廖明活著：《中國佛教思想述要》，臺北：臺灣商務印書館，二〇〇六年，第六章「吉藏的三論教學」。

八識學說萃精義

——玄奘《八識規矩頌》導讀

印度瑜伽行派（唯識學派）傳由彌勒菩薩（一說彌勒論師）講授早期唯識佛教經論，在西元五世紀時，無著與世親兩大論師撰述許多重要唯識論典，建構了這個大乘學派的弘深義理體系。在世親之後，先後有十大論師疏通與解釋唯識佛學的教理與疑義。其中，護法論師（五三〇—五六一）活躍於西元六世紀中葉，他見解超群，具足辯才，曾擔任著名的那爛陀寺住持，惜英年早逝。師從護法的戒賢論師（五二九—六四五）盡得師尊所傳，長期主持那爛陀寺，弘傳瑜伽唯識之學，聲名遠播。

玄奘大師（六〇二—六六四）有感於漢地諸家所講唯識法義觀點不一，想尋求總合三乘義學的《瑜伽師地論》以消釋疑惑，於是在唐太宗貞觀三年（六二九）毅然從長安出發，備嘗艱辛抵達印度，遊學各地，在那爛陀寺師承戒賢論師。學成之後，於貞觀十九年回到中國，致力於唯識經論的完整漢譯，傳承護法一系的唯識義學。玄奘回國後投注全幅心力於印度佛典的漢譯與講解，他本人在天竺所寫的幾篇佛學論稿已經散佚，除了《大唐西域記》這部遊記，並未留下什麼佛學著述。其佛法觀點主要通過弟子們聽講經論解說而記錄下來，成為「記」或「述記」一類的註釋書，其中玄奘與弟子們的解釋內容已無法區分。

《八識規矩頌》是萃集唯識學八識要義的精心之作，代表漢傳法相唯識學的一種重要成就。佛教傳統將此書作者歸為玄奘，並無異議，而在民國初年開始出現雜音，認為其中文義恐有可疑，應非出於奘公手筆。然而，懷疑方的論據也不算充分，未能獲得普遍支持。《八識規矩頌》「文略而義深」，在中國唯識學發展史上具有重要影響效力，現今仍為公認的主要入門書之一。有別於《唯識三十論頌》依照第八識、第七識、前六識的由本到末的解說次第，《八識規矩頌》用十二首偈頌順著前五識、第六識、第七識、第八識的次序，由顯到隱地進行解說，後書在心識內涵方面能對前書有所補充。

五識依緣觀塵境

前五識指眼、耳、鼻、舌、身五種心識，它們各自依於眼、耳、鼻、舌、身五根（感官），各別認識色、聲、香、味、觸（觸感）五種塵境（認識對象），在因緣具足的條件下現起認識活動。它們所依的感官是「淨色根」，非指眼球、耳朵等肉眼可見部分（扶根塵），而是與此相連的微細難見的那部分生理組織。八個心識的生起都以第八識中所含藏的自身種子為「因」（主要原因），眼識還需要其他幾個「緣」（輔助原因）：光明、空間、眼根、色境、注意力、根本依（第八識）、染淨依（第七識）、分別依（第六識）。連同眼識種子，一共九個因緣。耳識需要八個因緣，扣除光明；鼻識、舌識、身識需七個因緣，再除去空間距離，因為要接觸到對境。

前五識所認識的對象都是「性境」，如眼識所認識的色境是由色法種子因緣和合，在眼識中所顯現的實質對境；非如缺乏種子而由心識單獨現起的虛妄對象。第六意識就可能產生「獨影境」這樣的虛妄對境。另外，前五識的認識活動屬於「現量」，是對於對象的直接覺知；而非「比量」（推理）的間接認知，及「非量」的錯謬認知。至於前五識的認識活動可包含善、惡、非善非惡三種性質，是因為與第六識連動而受其善惡性質的影響。五識發生認識時，必有第六意識與其同時生起，認識同一對象。

三界九地是欲界總為一地，色界四個禪天分為四地，無色界四個無色定天也分為四地。在三界九地中，五識在欲界的「五趣雜居地」（第一地）都能發起認識活動。眼、耳、身三個心識在色界的初禪天「離生喜樂地」（第二地）仍能起作用；由於色界已離欲望，鼻、舌二識的認識活動與欲望相關，就無法生起。在其後的七地，禪定力深，五識的認識活動完全止息。

關於前五識的相應心所（與心識相應而起的心理活動），五個「遍行」心所（觸、作意、受、想、思五種普遍生起的心理活動），五個「別境」心所（欲、勝解、念、定、慧五種隨特定對象而起的心理活動），及十一個「善」心所（信、慚、愧、無貪、無瞋、無癡、精進、輕安、不放逸、行捨、不害等善性心理活動），都可相伴生起。至於可能相應的煩惱心所，包含二個「中隨煩惱」（慚、愧二個遍於不善心的心理活動），八個「大隨煩惱」（不信、懈怠、放逸、昏沉、掉舉、失念、不正知、散亂等遍於染汙心的心理活動），以及六個「根本煩惱」之中的貪、瞋、癡三個煩惱。總共可與三十四個心所相應。不與根本煩惱中的慢、疑、邪見相應，因五識缺乏分別作用，不伴隨校量、猶豫、推求等心理活動；不與十個「小隨煩惱」相應，因小隨煩惱限於特定情境，只相應於第六意識的不善心；不與四個「不定」心所（善惡不定）相應，因追悔、睡眠及尋、伺二種思慮活動唯與第六意識相應。前五識會相應於善心所與煩惱心所，主要是因為與同時俱起的第六意識相連動，但無力推動善惡業行。

前五識要到佛果的究竟位始與第八識一同「轉依」，即徹底轉染成淨、轉識成智，轉化為清淨的「成所作智」，展現出佛陀成就度眾事業的「後得智」。體得人、法二空的無分別智慧稱為「根本智」；由根本智所發起的照顯諸法智慧稱為「後得智」，可發揮廣大的度眾方便智用。前五識在轉識成智後，能示現三種佛應化身：㈠大化身，為大乘四加行菩薩（鄰近初地見道位的菩薩位次）所示現的千丈盧舍那佛身。㈡小化身，為資糧位菩薩、二乘與凡夫所示現的丈六紫金身。㈢隨類應化身，與三乘、六道的有情類相感應而示現的各種形象。佛陀成所作智施用三種化身以廣度有情，止息他們的生死苦輪。

意識強盛集業力

第六識以「意根」（第七識）作為所依而生起，因而稱為「意識」，以法塵（一切心理內容）為其認識對象。有情輪轉於三界九地，都有意識活動，此識的存在容易覺察。就善惡屬性而言，意識可以是善性、不善性與非善非惡性。意識的認識能力包含現量、比量、非量三種。意識的認識對象分為性境、獨影境與帶質境。「性境」是依於種子因緣和合而在心識中顯現的實質對境。「獨影境」是指缺乏種子因緣，在意識中獨自現起的自我與諸法等虛妄對境。「帶質境」是指第六識與前五識俱起活動時，雖有認識對象依種子在意識中顯現，但意識無法覺知對境的自相而起虛妄分別，可說介於性境與獨影境之間。

第六意識可與所有的五十一個心所相應，隨著認識對象的情況，而與善心所或煩惱心所相應，形成善性與不善性。除了上述前五識可相應的三十四個心所，意識因分別力量強盛，又與根本煩惱的慢（依我執而起的傲慢心理）、疑（對真理、三寶等的懷疑心理）、邪見（我見、邊見、邪見、見取見、戒禁取見等錯誤知見）相應；以及與十種限於特定認識情境的「小隨眠惱」（忿、恨、覆、惱、嫉、慳、誑、諂、害、憍等心理）相應。另外，四種不定心所的悔、眠、尋（較粗的思慮）、伺（細的思慮）也都與第六意識相應。

第六意識的認識活動非常旺盛，在善、惡、非善非惡的三性及樂受、苦受、不苦不樂受的三種感覺之間，不斷地轉變。另外，它所相應的欲界、色界、無色界的三界存在層次也不斷地轉換變異。意識的認識活動可依欲念或修習禪定而對應到三界不同層次。意識生起認識時，總會有根本煩惱、隨煩惱與善等類的心所與其相伴而起，發動身業和語業的力量最為強大，造成各種業力，招引三界存在的果報。因此，佛教行者應當好好覺察與照顧第六意識。

第六意識以第七識為意根，與第七識的我執作用息息相關，因此與第七識同時達到「轉依」。在發起勝義菩提心進入菩薩初地的歡喜地，能破除知見性（後天所習得）的分別我執與分別法執，而慣習性（與生俱來的）的俱生我執與俱生法執仍繼續起作用。由俱生我執而起貪、瞋、癡煩惱障；由俱生法執而起障礙了知諸法的所知障。修完第七地的遠行地以後，開始進入第八地的不動地，證得無生法忍，斷盡煩惱障，徹底破除我執，第六意識由此獲得轉依，轉化為純淨無漏的「妙觀察智」，徹底照見三千大千世界。

七識恆行起我執

第七識稱為「末那識」，「末那」意為思量，強調第七識恆常將第八識思量為「自我」（永恆不變的精神主體）。第七識以第八識作為認識對象，有其種子因緣和合在第七識中顯現，卻錯誤地將它執取為自我，屬於三境中的「帶質境」，且是三量中的「非量」。第七識出於執取自我的錯誤認識作用，而與根本煩惱之中的我癡、我見、我慢、我愛四個煩惱相應，說為「有覆」，受煩惱所遮蔽。關於善惡屬性，第七識的認識作用力並未強到發動善惡行動，所以是非惡非惡的「無記」。

第七識這種我執認識作用，從有情出生到死亡之間是剎那相續而不斷絕的，造成所有的眾生日夜處於昏迷不覺當中。若第七識照見無我而轉為清淨，第六識也同時轉為清淨，連及前五識的離染；如果第七識持續生起我執認識，第六識即成染汙，連帶使前五識變得染汙，所以前六識以第七識為「染淨依」。

第七識的相應心所，與五種「遍行」心所必然相應；亦可與五種「別境」中的慧心所相應，對第八識起思擇作用。在煩惱心所方面，與前述六個「根本煩惱」中的癡、慢、見、貪（愛）相應；另外，與遍於染汙心的八個「大隨煩惱」相應。總共關聯到十八個心所。

第七末那識與第六意識相互依存，第七識產生深層我執作用，第六識依止此識才會發起其染汙性質的分別心識活動；而第六識的虛妄分別又使第七識的我執認識得到支持。登上初地歡喜地，可破除分別我執；進入第八地的不動地，斷除俱生我執，第七識獲得轉依，轉化為「平等性智」，同時第六識也轉化成妙觀察智，於此境地發起無功用行的菩薩修證活動。佛陀依「平等性智」現起他受用身，教化十地菩薩。

八識淵浩作主公

第八識是根本心識，有多個不同名稱，通常稱為「阿賴耶識」，意譯為「藏識」，其中一義是「一切種子識」，像倉庫一樣，含藏一切諸法種子。此識又稱「異熟識」，所藏染汙種子影響有情在六道的轉生；又稱「阿陀那識」（執持識），執持根身（身體）維持存活狀態，及執持種子使不散失。第八識至為淵深浩瀚，二乘行者無法了知，主張只有六識，否定這個根本心識，而與唯識論師興起很多評論。

「阿賴耶識」有能藏、所藏、執藏三種意義，「能藏」是主動含藏一切萬法種子；「所藏」意指被動受容前七識活動後所熏習的種子；「執藏」意味著第七識將其執取為內在自我。第八識在起認識活動時，於其心識自身中顯現出因緣和合的「見分」（認識主體）與「相分」（認識客體），是心識中的主體在認識客體。其認識對象是三境中的「性境」。相應心所唯有五個「遍行」，不與煩惱相應，所以為「無覆」；唯是非善非惡性，而為「無記」。

此識相分中包含已經現行的「根身」與「器界」（生存環境），及尚未起現行的「種子」，阿賴耶識顯現一切諸法並認識萬事萬物。阿賴耶識含藏與執持諸法種子，使不散失，因此有情在三界九地轉生，即由其中具主導力的業力種子所牽引。前七識都以第八識中所藏自身種子為因，因緣和合而現起心識的認識活動，如同大海與波浪的關係，阿賴耶識猶如大海水，七識的認識境界就像猛風，吹起七識的波浪。當有情的一期生命結束時，前七識被收攝為種子，阿賴耶識最後離開；在轉生時，阿賴耶識最早進入母胎，與父母的精卵結合，成為生死輪迴的主體。然而，阿賴耶識是緣起性空的，不斷變異，非為世人所想像的如靈魂那樣的精神實體。

菩薩行者修行到第八地不動地，因徹底破除我執，斷盡煩惱障，捨離前述阿賴耶識的「執藏」作用。到了「金剛道」（證得佛果之前的最後禪定心）後，進一步斷盡所知障，獲得徹底的轉依，成就圓滿佛果，第八識轉化為「大圓鏡智」，或稱「無垢識」。第八識能顯現一切萬法，清淨的大圓鏡智則映現與照顯十方微塵國土中的一切法。這裡補充說明「無垢識」的一個特殊觀念，南朝陳代的真諦（四九九—五六九）傳譯唯識古學，特別建立第九識「菴摩羅識」，意譯為「無垢識」或

「清淨識」，帶有清淨真心思想。玄奘所傳唯識學是不講第九識的，「無垢識」只能是阿賴耶識轉依以後的清淨「大圓鏡智」。

《八識規矩頌》以十二首偈頌精當地概括唯識學的「八識」法義，是相當難得的入門書，有助了解深奧的心識運作原理，從而領悟佛法真理。只是唯識學義理體系極其精深弘富，名相繁多難解，《八識規矩頌》文義過於精簡，可參考古德註疏與現代譯註，補充相關的唯識法相知識與深刻法義，獲得整體理解，汲取佛法智慧。

參考文獻

聖嚴法師著：《探索識界——八識規矩頌講記》，臺北：法鼓文化，二〇二二年。
倪梁康著：《新譯八識規矩頌》，臺北：三民書局，二〇〇五年。

唯識奧理說分明

——窺基《成唯識論述記》導讀

瑜伽行派（唯識學派）與盛行於此前的中觀學派共為印度大乘佛學的兩大主流。瑜伽唯識學派約興起於西元四、五世紀，以傳說中的彌勒為初祖，無著、世親兄弟傳承其所說經論，廣著論書，宣揚唯識中道義理，矯正先前佛教諸派的執有、執空之論。這個學派之前的佛教思想形態，某些聲聞部派主張有為與無為諸法的基本構成要素是實有的（法有）；般若與中觀的教理則向空性傾斜，唯識學派批判與吸收兩者的學說而折衷調和，提出亦有亦空而不落空、有的中道學說。

在唯識學派的諸部論書之中，世親所著《唯識三十論頌》雖然精簡，卻涵蓋觀境、修行、果證各方面的教理，介紹唯識學說的總體要義。然而，世親本人並未對這個頌本作出長行解釋，後代論師競相作疏，著名者有十家。玄奘大師（六〇二—

六六四）在印度那爛陀寺師從戒賢論師（五二九—六四五），其師尊是著名的護法論師（五三〇—五六一）。玄奘回國後原本欲將註釋《唯識三十論頌》的十家論書都傳譯過來，選派四位弟子分頭擔當筆受工作，某日弟子窺基（六三二—六八二）忽然請求退出，理由是他認為如果十家論著全部譯出，將使漢地佛教學人在解讀上無所適從。玄奘接受了窺基的建議，以護法所著《成唯識論》的解釋為本，揉合其他諸家的相關論點，由窺基一人總責其事。這本漢文《成唯識論》就成為理解玄奘所傳唯識學說的最重要著作。

玄奘一生奉獻於佛教經論的漢譯，無暇為譯出的經論撰作註疏，幸而他邊譯邊講，許多解釋被筆錄下來，含攝於弟子們所記述的註疏當中。窺基有《成唯識論述記》傳世，書名的「述記」，提示由玄奘講述而弟子記錄的意義。此書為註釋《成唯識論》的權威之作，惜在元末即於漢地佚失，清末由楊仁山居士從日本取得回傳。窺基在註解《成唯識論》正文之前，以辨教時機、明論宗體、藏乘所攝、說教年主、判釋本文五個主題，對全書做了通論性的導讀，提供研讀者了解這部論書的判教歸屬、中心意旨、年代作者、組織結構等重要訊息。

中道了教不定機

「辨教時機」說明瑜伽行派的三時教判，及論書所針對的聽眾根機。窺基的判教標準有頓漸教判、三時教判與八宗教判三種，此處依據《解深密經》所提出的三時教判。佛陀說法有頓教與漸教之分，不依淺深次第，直接教導圓滿教法，這是頓教，如《華嚴經》的主要部分；而由淺至深的漸次開導，則屬於漸教，其中又可分為三個時間階段。❶因此，三時教判其實是頓漸教判之中漸教的展開。

釋尊成道之後，第一時在鹿野苑為小根機者講說《阿含經》，以四諦為中心思想，破除他們的我執。他們聽聞四諦教說之後，部分人雖斷除我執的愚迷，成為中品根機，但仍有法執，於是佛陀第二時在鷲峰山宣講《般若經》等，以密意教導一切法空的義理，破除聽講者的法執，令他們捨離小乘而趣向大乘。第二時教真正想顯示的還是圓滿的真實教理，只是中根行者聽聞佛陀說空破有，就否定了真、俗同觀的二諦，視性、相皆空的偏空教理為無上真理。經過前二時的教化，小根者執有（法有執），中根者執空，都未能契入中道，對於能夠再加以提升者，佛陀為了破除他們的有執與空執，於第三時以演說了義教的《解深密經》等，顯明一切法唯識所現的非有非空中道教理。《成唯識論》所闡釋的法義正是第三時教。

第三時所說教法是圓滿真實教理，無者說其為無（如遍計所執性），有者說其為有（如依他起性、圓成實性），既不落入虛無的空見，也不妄執現象事物為實有，是非有非無的中道。窺基通過「識有境無」的思想，如此概述第三時教的中道意趣：「不存在心外實法，破除第一時的有執；並非沒有內在心識，遣蕩第二時的空執，遠離有、無二邊，正確地處於中道。如此，於真諦理（圓成實性），能有領悟體證之道；於俗諦理（依起起性、遍計執性），能高明地或留或捨。」❷圓成實性為實有，依他起性為假有，不可視為虛無；錯將外境看成實有的遍計所執性則為虛妄，無中生有，應加以捨棄。

一切萬法唯是心識所變現，所以外境並非離開心識而有獨立的存在；同時，不否定心識的存在，否則即落入否定一切的虛無空見。唯識學派肯定心識的存在，並非執取為一種永恆不變的存在狀態，而是假名安立說其為有，使修行者能掌握究極的修證目標，及在修行過程中做正確的觀照，最終轉化分別的心識成為清淨的智慧，進入離言說的體證之境。

至於《成唯識論》教義所覆蓋的根機，大多數是漸教第三時的根器，他們通過第一時教與第二時教的調練，根機已經成熟，得以領悟第三時教的中道法義。此外，聽眾中也有少部分頓教根機的人，他們不經過小乘的修練階段，從一開始即聽聞與修習大乘法義。聽聞此論的漸教根機者，窺基將其判為「不定種姓」人；若是頓教根機者，則為「菩薩種姓」。欲明瞭其意義，須先了解瑜伽行派所主張的「五姓各別說」。

瑜伽行派認為一個修行者最終會達到何種修證高度，端視他的「種姓」而定。種姓有五：㈠菩薩種姓，必定成就佛果。㈡獨覺定姓，必定成就獨覺果位。㈢聲聞定姓，必定成就阿羅漢果。㈣不定種姓，種姓尚未固定，可能成為前三類種姓中的任一種。㈤無種姓，即一闡提人，他們無法獲得覺悟，最高僅能成就人天善果。「五姓各別說」的理論與漢地佛教普遍接受的眾生成佛論相違，常遭致其他學派與宗派的批判，對唯識學派在中國的發展有不利影響。窺基提出漸教第三時教的聽眾主要屬於不定種姓人，他們雖歷經小乘的修學階段，但未固定於小乘的修證，能轉化提升為大乘種姓人。

唯識為宗文義體

窺基在「明論宗體」❸說明《成唯識論》的「宗旨」與「載體」。關於此論的「宗旨」，著重一切唯識所現的意義，以這個思想概念作為貫通全論的宗旨。愚癡凡夫因無始以來虛妄分別的因緣力，執取離心識外定有真實的事物，佛陀為了破除他們的實有妄執，在頓教的《華嚴經》與漸教的《解深密經》等教法中，演說「一切法皆唯有識」的極致真理。世親《唯識三十論頌》正是依據這些經教闡明萬法唯識的道理，護法《成唯識論》又廣引唯識相關經論以註釋頌文，所以同樣以唯識為中心意旨。書名「成唯識」，即在反映如此的宗旨。

唯識宗又稱法相宗，詳細解說法相為此派的重要特色，「唯識」與「法相」如何聯結？窺基說：「心識是存在而非空無；外境是空無而不存在，以此為宗旨。雖然詳盡解明一切諸法，但它們都不離心識。」❹透過詳細完備地解釋諸法，最後歸結於一切萬法唯是心識所顯現的核心思想，詳明法相意在顯明此唯識學大義。唯識學派對於法相的解析及修道論（斷二障種子）與佛果論（轉識成智）的闡明，都可扣緊萬法唯識的宗旨而展開。

至於《成唯識論》的「本體」，是對呈現此論真理的「文」（文句）與「義」（意義）之本質的說明。文句是能詮，是所依；意義是所詮，是能依，意義依於文句而得到顯示。窺基以「文義」為經論教理的本體，關於其意義有二種說法，涉及佛心中是否存在文與義之體。首先，龍軍、無性等論師認為「佛無文義」：依於佛陀的慈悲、本願的助緣力，有能力聽聞者在自己意識上生出文義來，好似如來所說。此文義相雖是行者自己依善根力而在心識中生起，而據其本來的助緣力說為佛說，佛心事實上是無言無說的，唯有無漏的大定、智慧、悲心等。行者若依自己的有漏心現起文義，即以相似無漏文義為其本體；如果以無漏心現起文義，即以真實無漏文義為其本體。

窺基則依據護法、親光等論師而主張「佛有文義」：對於適宜聽法者，依於本願等助緣力，於如來的心識上生起真實無漏的能詮之文與所詮之義，此為如來所說教法的本體。窺基強調釋尊確實有說法，即從佛心中生出真實文義；而說如來不說法的經教其實是密意說。《成唯識論》雖為論師所著，但以佛說為根本，依從其根本，也以無漏的文義作為本體。窺基此說意在肯定經典與論典的文義是真實地由佛陀的覺悟心中所流出。

菩薩論藏具三分

「藏乘所攝」❺論究《成唯識論》在佛教藏經與各乘之中的歸屬問題。若分為菩薩藏與聲聞藏二藏，此論當然隸屬於菩薩藏。若在經、律、論三藏之中，則歸屬於論藏。至於在二乘（大乘、小乘）、三乘（菩薩、獨覺、聲聞）、五乘（三乘加人天二乘）之中，則為大乘或菩薩乘所攝。此說意在強調這部論書的「大乘」（菩薩乘）與「論書」屬性。

對於《成唯識論》的全體內容梗概，窺基於「判釋本文」❻將全書判作三分：㈠「宗前敬敘分」，歸敬頌及解釋此頌的長行部分，類同經典的序分。㈡「依教廣成分」，是正式解釋《唯識三十論頌》本文的部分，從第一頌之前的提問「若唯有識，云何世間及諸聖教說有我、法」開始，類似正宗分。㈢「釋結施願分」，於此論接近結尾的「此論三分成立唯識」以下，類同流通分。科判幫助研讀者了解全論的組織結構。

窺基在「依教廣成分」開始之前，又對《唯識三十論頌》的整體結構舉出三種的三分判釋。❼第一種判釋，也是最重要的一種如下：㈠前二十四頌明「唯識相」，也就是說明依他起性，屬世俗諦。唯識學否定遍計所執性，認為八識及其相應的心所都是依他起性，前二十四頌主要解說八識與其相應心所的樣貌，歸結於萬法唯識。㈡第二十五頌明「唯識性」，闡明圓成實性的真如，為勝義諦。㈢最後五頌明「唯識位」（唯識五位），說明資糧位（初發心至十迴向位）、加行位（鄰近見道位前勤修四加行的位次）、通達位（見道位，即初地）、修習位（二地到十地）、究竟位（佛果）等達於佛果的漸次修習歷程。

其次，第二種判釋說明如下：㈠最初一頌半概略標舉離心識之外並無獨立存在的我、法，以彰明論書的中心意旨，辨明唯識相。㈡其次的二十三頌半詳細地說明唯識相與唯識性，並答覆種種疑難。㈢最後五頌明唯識位。第三說是依境、行、果的架構：㈠最初二十五頌明「唯識境」，解明唯識學的正確教理，作為禪觀時思惟、抉擇的真理觀境。㈡其次四頌明「唯識行」，依照思惟、抉擇所得的真理領悟而從事真實修行。㈢最後一頌明「唯識果」，說明通過菩薩道修行所體得的佛果。

以上三種科判各有不同的關注角度，總體而言，顯示全論配給解說法相（唯識相）的篇幅最多，這是學習唯識學法義者必須詳加思惟的內容，以破除我執與法執，始能體悟究極真理（唯識性），證得佛果。領悟正確教理以後，亦須憑藉精進實踐以通向覺證，所以接著說明修行位次，使修行者循階而上。

以上藉由窺基所記《成唯識論述記》通論《成唯識論》的幾個科目，概述他對全論宗旨與組織的重要觀點，至於詳細註釋內容與方法則非本文簡短篇幅所能含括，有待讀者自行披覽其書。唯識學說對於佛教法相提供細緻解說，有助於修行者對身心個體、外在世界與聖人境界獲致正確知見，藉以領悟真理與引導修行。《唯識三十論頌》講述唯識真理與成佛修證的全體大要；《成唯識論》詳細註釋頌文義理；《成唯識論述記》又為《成唯識論》疏通難解文義及補充義理資訊。《成唯識論》揉譯十大論師之說，而未在各個段落標示為哪位論師所說，以致前後論點讀來時有跳躍之感；窺基此書在疏解時則各標其名，詳加解說與比較。《成唯識論述記》可說是玄奘與窺基詳實解釋唯識法義的心血結晶，是有志通達漢傳法相唯識學的佛教學人必備的案頭寶典。

---

❶《大正藏》冊四十三，頁二二九下—二三〇上。
❷《大正藏》冊四十三，頁二二九下。
❸《大正藏》冊四十三，頁二三〇上—二三一中。
❹《大正藏》冊四十三，頁二三〇中。
❺《大正藏》冊四十三，頁二三一中。
❻《大正藏》冊四十三，頁二三二上。
❼《大正藏》冊四十三，頁二三七中—下。

參考文獻

李潤生著：《成唯識論述記解讀：破執篇》，臺北：全佛文化，二〇〇五年。

李潤生著：《成唯識論述記解讀：賴耶篇》，多倫多：安省佛教法相學會，二〇〇五年。

廖明活著：《中國佛教思想述要》，臺北：臺灣商務印書館，二〇〇六年，第八章「窺基的法相教學」。

淺深觀門入法界

——杜順《華嚴法界觀門》導讀

當代學界普遍認為在所謂中國大乘佛教八宗之中，最富有中國思想特色者是天台、華嚴與禪三宗。前面已介紹過天台宗的論著，於此開始導讀幾種華嚴宗典籍。傳為華嚴宗初祖杜順（五五七—六四〇）所撰的《華嚴法界觀門》（以下簡稱《法界觀門》），從淺到深論說法界諸法無礙的觀照境界。受尊為三祖而為實際創宗祖師的法藏（六四三—七一二）撰述甚多，其中《華嚴五教章》系統地闡釋華嚴宗的判教思想；《華嚴金師子章》透過巧妙譬喻演示重重無盡的法界緣起妙理。五祖宗密的《原人論》則轉向了《大乘起信論》的如來藏思想。

中國佛教祖師覃思研精而撰寫的許多典籍，展現出弘深的義理內容，常獲得學者青睞，取作思想研究的文本，進行深刻的理解與詮釋。然而，限於思想層面的研究進路實難以掌握祖師著述的整體精髓，因為理解僅是體悟真理的初步。佛教傳統重視聞、思、修、證的學法歷程，聽聞與思惟是在解悟的階段；第三個階段的修習意指禪修觀照，藉由禪定力觀思所解悟的真理涵義，以進入真實的體悟。《法界觀門》的第一句話「修大方廣佛華嚴法界觀門」已點出書中所示的法義全是用作觀照修習的依據，從而悟入法界圓融妙理。華嚴四祖澄觀（七三八—八三九）為此書撰寫《華嚴法界玄鏡》，及五祖宗密（七八〇—八四一）撰寫《註華嚴法界觀門》，足以反映此書在華嚴教學系統中的地位。

《法界觀門》的作者是否為杜順，學界贊成者與反對者均有，仍未獲得最終結論。此書目前並無單行流通本，全文是保存在澄觀與宗密的註疏當中，本章所依文本摘自《華嚴法界玄鏡》❶。這部典籍的組織結構，首先將真理的觀照分成三個層次：㈠真空觀；㈡理事無礙觀；㈢周遍含容觀。華嚴教學之中有事、理、理事無礙、事事無礙四重法界觀，是由淺至深趣入重重無盡法界的觀修次第。真空觀相當於理法界觀，理事無礙觀、周遍含融觀可分別對應到理事無礙、事事無礙兩層法界觀。《法界觀門》可謂華嚴四法界觀的綱要書與實修手冊。

漸觀真空絕言說

「真空觀」是對真空之理的觀照，書中又就四門來論說：㈠會色歸空觀；㈡明空即色觀；㈢空色無礙觀；㈣泯絕無寄觀。從這四個視角來闡明空理，幫助研讀者獲得充分理解，以從事正確的觀行實踐。配合佛教的「四句」來說，第一是有門，從色法入手來觀；第二是空門，自真空入手來觀；第三是亦有亦空門，同時結合空有而觀；第四是非有非空門，掃盡言說概念，契入真空之理。關於真空觀四門的各別作用與逐層遞進，《法界觀門》說：「前二門遣除妄見而顯明正解；第三門是領解完成而進入觀行；第四門真正成就觀行的真理體性。」❷

「會色歸空觀」由觀照色法入手而了知真空，又從四點來說明：㈠色非與斷滅空相即，否則就變成虛無了；而是與真空相即，其當體就是真空。真空非斷滅空，斷滅空即虛無見，連現象事物的緣起假有都否定。㈡色的空非指青黃等相狀，而是青黃等相狀的無實體。㈢色無實體，所以會色歸空時，在真空當中並無色法。㈣色無實性，不異於真空，一切諸法也是如此。第四點將觀照範圍從色法擴展到一切現象事物。

其次，是顯明「空即色觀」，由正確觀空而了知空與色相即，同樣分四點來說：㈠真空與色相即，所以空即是色；斷滅空則無色，與色不相即。㈡空即是青黃等的實相；空理雖非青黃等相狀，但也不異（不離）於青黃等相。㈢空即是色法成立的依據（所依）；色法無實性，始能由因緣和合而生起。㈣真空即是色法，因為色法無實性即是空，真空即是一切諸法的道理也是如此。

自色法觀察到真空比較容易，從真空觀向空與色相即不異相對困難，因此在會色歸空觀之後反轉過來進行空即是色的觀照，如此則不致落入單方向的思惟，以收到空性觀照的靈轉與完備之效。第三門是「空色無礙觀」，又是雙向觀照進一步的純熟與深化，其文如下：「色的整體不異於空，全是窮盡色的空，亦即色不滅盡而空性顯現。空的整體不異於色，全是窮盡空的色，亦即空就是色而空性不隱沒。因此，菩薩觀照色時無不見到空，觀照空時無非見到色，兩者無障無礙，為一味之法。」❸觀空即見色，觀色即見空，已能雙照色空的圓融無礙，是解悟真空的最高點。

達到觀見空色無礙的程度，雖然領解極深，但仍存在著關於此種真理法義的微細概念活動，尚非真空觀的實證契悟，因此須仰仗「泯絕無寄觀」的向上一著，滌除法愛（達於相似領悟階段而起的真理境界愛著），悟入真空以如理修行。泯絕無寄觀的意涵如下：「所觀的真空，不可說即色或不即色，也不可說即空或不即空，一切法都不可，不可也不可，這句話也不執取，超然絕棄而無所寄託，非言說所及，非理解所到，這是真正的觀行之境。為什麼呢？只要起心動念，就乖違真實法體，因為失去了正念。」❹當然，這不是心如木石般的槁木死灰狀態，而是不再受到思慮心念的干擾，與真空理體冥契的靈覺智照，不依言說概念而直觀空色無礙。

理事無礙十門觀

理是普遍的、無分別的真理；事則是分限的、差別的現象。「理事無礙觀」的「理」，與前述真空觀的「空」相較，是解說更為圓滿的真理內涵，宗密《註華嚴法界觀門》說：「空色無礙、泯絕無寄，方為真如之理，但未顯示真如的妙用，所以只是真空觀門，尚非真正的理事無礙。現在（理事無礙觀），一切事法與真理明顯地互相融通，所以得到這個觀名。」❺也就是說，理事無礙觀所見的「理」不像真空觀的「空」那樣偏向消極無作用，而是含具無窮的功德，成為廣大菩薩行的真理依據。此功用亦非起心動念始能生起，而是在無分別的智慧心中任運自然現起的。

「理事無礙觀」分成十門來解說，「十」是經常出現於華嚴教學中代表圓滿的數字。第一是「理遍於事門」：「能遍之理的體性是無分限的，而所遍之事是有區分差別的。然而，在一一事法中，理都是完全遍在，而非部分遍及。為什麼呢？因為真理是不可分的。因此，每一個微塵都包含無邊真理，無不圓滿具足。」其次，是「事遍於理門」：「有分限的事與無分限的理是全面同一，而非部分等同。為什麼呢？因為事無實體，仍同於理。因此，一個微塵不須破壞而能周遍法界。」❻為了幫助如上深微道理的了解，《法界觀門》舉出一個譬喻，述說理如同大海，事猶如波浪，全體大海含攝在一個波中，而大海不小；一個小波遍及整個大海，而波浪不大。可以試想，每個波浪雖只是全體大海的一小部分顯現，若將其不斷延展，可擴充至整個大海。個別波浪可分，而大海不可分，兩者的關係是非同非異，理與事也是如此。

第三是「依理成事門」，緣起的事法以真理作為成立根據，依如來藏而有一切諸法。第四為「事能顯理門」，事法依真理而成立，由於事法虛妄而真理真實，事法是全體之真理的顯露。第五「以理奪事門」，事法的虛妄相除盡，唯一真理即平等地顯現。第六「事能隱理門」，真理隨緣成就種種事法，則事法顯露而真理含藏不顯。第七「真理即事門」，真理必不在事法之外，因為真理是法無我之理；事法必依真理，因為真理本空而非實體，因此，這個真理整體全為事法，才是真理。第八「事法即理門」，緣起事法必無自性，由於無自性所以整體就是真理。第九「真理非事門」，與事法相即的真理並非是事法，因為真實異於虛妄，所依（理）並非能依（事）。第十「事法非理門」，全體為理之事法恆非真理，因為性與相別異。事法雖整體是真理，不妨礙事相森然羅列。❼

以上十門在觀照上的作用，《法界觀門》說：「以上十義，闡釋同一個真理緣起的道理。就理的視角來看事，有成立、破壞，有相即、相離等義。就事的角度來看理，有顯露、隱沒，同一、別異等義。或逆或順，自在觀照，無障無礙，十觀同時頓起。應當深思以使觀照明了現起，這是理事圓融無礙觀。」❽從理來觀看事，事法的成就依據真理，事相的盡除即是真理；事法的無我與真理相即，事法的虛妄與真理相異。從事來觀看理，真理顯現則事法隱藏，事法成就則真理隱藏；無我之真理整體即是事法，事相宛然則與真理相異。這十門或從理觀到事（順觀），或從事觀到理（逆觀），能夠十觀頓時現起，自在無礙，則為理事圓融無礙觀的完滿實現。

事事無礙相融攝

「周遍含容觀」是華嚴法界觀的最高層次，所觀者為圓教真理境界。通過理事無礙觀，每一個事法全體是理，各各事法由此是相即不離、互相滲透的。譬如每個波浪予以延伸，便是大海全體；每個波浪全體是大海，卻波波不相妨礙。與此相似，各個事法相即相入，重重無盡，這是圓滿解說的法界實相。

「周遍含容觀」同樣分成十門來闡釋。第一，「理如事門」，事法既然是空，相狀無所不盡；理性是真實，實體無處不現，事非隔別於理的事，理的全體就是事。第二，「事如理門」，事法與理性並非相異，事法隨理性而圓滿周遍，一一事法即周遍於法界，每一事法也如理性那樣，全體在一切法中。第三，「事含理事無礙門」，由於事法與理性並非同一，保留原本一個事法而能普遍含容，如同一粒微塵而能含攝無邊法界。因為國土等一切諸法皆不離法界，所以全在一粒微塵中顯現。

第四，「通局無礙門」，是遍在與局限的無礙，事法不離一處，不移動自身，而能完全遍及十方一切微塵內。第五，「廣狹無礙門」，是廣大與狹小的無礙，不破壞一粒微塵而能含納十方國土。第六，「遍容無礙門」，一法遍在於一切法，即是廣容一切法；於一法中廣容一切法，即是遍在於一切法。第七，「攝入無礙門」，是含攝與進入的無礙，進入其他法即是含攝其他法。一切法含攝於一法中，該一法也在己身所含攝的一切法內；一法遍入一切法中，也令一切法含攝在該一法內。

第八，「交涉無礙門」，自一法看一切法，有含攝，有進入，此有四句：一法含攝一切法，一法進入一切法；一切法含攝一法，一切法進入一法；一法含攝一法，一法進入一法；一切法含攝一切法，一切法進入一切法。第九，「相在無礙門」，從一切法看一法，有含攝，有進入，也有四句：一切法含攝一法，進入一法；一切法含攝一切法，進入一切法；一切法含攝一法，進入一切法；一切法含攝一切法，進入一切法。以上兩觀無非想表達一法與一切法之間縱橫交錯的相攝相入，圓融無礙的意趣，具體內容不易理解，可參看澄觀與宗密的註解。第十，「普融無礙觀」，使前二觀內容再更進一步的交融無礙，以契入華嚴圓教一即一切，一切即一，相攝相入，重重無礙的智照境界。[9]周遍含融觀所展示的事事無礙法界涵義實為不可思議的如來智照境界。

周遍含融觀以理事無礙觀的成就為基礎，從相較容易理解與觀想的真理涵義逐步拉升到難解難觀的內容，最終觀見事事圓融無礙的法界真理。如書中最後一句話說：「使圓滿智境顯現，相合於觀行境界，無障無礙。深入思惟此義，使其顯現於此。」[10]整部《法界觀門》是對淺深觀境的次第闡述，引導研讀者一層一層地長養智慧觀透力，可從中探知祖師的觀行經驗與撰述用心。佛教精深至理的體悟非一朝一夕可成，書中不乏極其深奧難懂的部分，須要反覆地讀誦與思惟，透過禪修靜觀以達於深刻領悟。

❶ 收於《大正藏》冊四十五。
❷《大正藏》冊四十五，頁六七五下。
❸《大正藏》冊四十五，頁六七四下。
❹《大正藏》冊四十五，頁六七五上。
❺《大正藏》冊四十五，頁六八七中。
❻《大正藏》冊四十五，頁六七六中。
❼《大正藏》冊四十五，頁六七八中——六七九中。
❽《大正藏》冊四十五，頁六七九下。
❾ 以上十門出處參見《大正藏》冊四十五，頁六八〇上——六八二下。
❿《大正藏》冊四十五，頁六八三上。

參考文獻

楊政河著：《華嚴哲學研究》，臺北：慧炬出版社，一九八七年，第四章「華嚴觀法的構造及其特質」。

王頌著：《華嚴法界觀門教釋研究》，北京：宗教文化出版社，二〇一六年。

五教十宗顯華嚴

——法藏《華嚴一乘教義分齊章》導讀

中國佛教各宗的創立祖師面對湧入漢地的卷帙浩繁而教說紛歧的大量佛典，承繼前賢的法義理解與思想創獲，綜合個人的研習佛典所得與實修經驗體會，建立自宗的佛法教學體系，多會提出判教觀點來統攝全體佛教經論教理，構成淺深次第的佛法義理層級，藉以化解經論之間的教義矛盾，並論證自家所宗經論的最高地位。在華嚴宗實際創宗祖師賢首法藏（六四三—七一二）之前較為著名的判教學說，有鳩摩羅什門下慧觀的頓漸教判、隱士劉虬的漸教五時說、地論學派的四宗教判、天台宗的五時八教、法相唯識宗的三時八宗等。法藏的判教體系是「五教十宗」，在吸收先前判教學說的基礎上，提出自宗的獨特見解。

法藏系統地論述華嚴宗判教主張，代表性著作是《華嚴一乘教義分齊章》，又名《華嚴五教章》。❶全書共分為十章，「十」是華嚴教學通常用來表達圓滿意義的數字。通過這十章的解說，法藏對華嚴宗的五教十宗判教架構、華嚴一乘（別教一乘）的特殊意趣、別教一乘與其他諸教的差別等，都做了細密的申論與辨析。

五教與十宗兩種判教架構，分別依「教」（教說）與「理」（宗趣）的差異而判釋。「教」是佛陀的言教，即經典中所述的真理教法；「理」指佛教內部各學派的學說宗旨。法藏透過五教與十宗的綱目，對佛陀的教言與各派的學說做出系統性的展示。兩種判教架構的教說或宗義都是由淺至深排列，亦蘊有從偏到圓漸次進升的意義。

五階教法判佛言

華嚴五教如下：㈠小乘教；㈡大乘始教；㈢終教；㈣頓教；㈤圓教。「小乘教」是「愚法二乘教」，指不明了大乘法空教說的聲聞教與緣覺教，此教僅教導人我空的法義，以達成解脫涅槃為終極目標。「大乘始教」意謂大乘的初始教說，包括講說一切法空的《般若經》（空始教），及講說阿賴耶的唯識經典（相始教）。大乘始教中包含三乘的差別徑路，聲聞、緣覺進入寂滅，菩薩則趣向成佛。

大乘的「終教」是講述如來藏常住的教說，其中的三乘教都以成佛為最終目標。「頓教」顯示言說頓時亡絕，真理頓時顯現，解行頓時成就，一念不生即等同於佛的道理。頓教是用特殊的語言表達或譬喻來指示頓時離言體悟之真理悟境的教法，不同於先前諸教那一類涉及言說與次第的漸修教學進路。「圓教」指華嚴別教一乘的教說，闡明真實圓滿的佛智境界教理。

關於圓教與其他諸教的關係，法藏以別教一乘為本教，其餘諸教為末教，本教是究竟，末教是方便，因為末教是由本教所流出的，適應眾生不同根機的權宜教法。別教一乘是毘盧遮那佛成道之初為大菩薩直顯圓滿真實智境的教法，可融攝其他一切教法：「別教一乘即是佛陀初成道的二七日（十四天），在菩提樹下，如同日出先照到高山（喻大菩薩），於海印三昧中同時演說種種以十法所攝的法門，一法（主）關聯到其餘諸法（伴）（主伴具足），圓滿融通，自在無礙，總括時間上的九世及一念含容九世的十世，窮盡因陀羅網的微細境界。就在此時，一切

的因果、理事等，一切先後的法門，甚至末代流通舍利、見聞經典等事，都同時顯現。」❷

海印三昧是法身如來的禪定境界，佛心澄澈，如同平靜無波的大海，一切萬法都同時映現其中。在此三昧境界中見到法界緣起，每一法的存在都關聯到其餘一切諸法，以一法為主，其他諸法為伴，一切萬法互為緣起，互相關聯為一個全體。舉例來說，以一個人為主，有他身邊的親友們，這些親友又各有與其因緣較近的人，不斷地擴展，這個人（主）與世界上所有的人（伴）可以連成一張無盡的緣起之網。

時間上的九世是將三世再加以展開，過去又有三世，現在、未來亦是如此。九世有所區分又相涉相入，總體含攝在當前的一念之中，一念為總，九世為別，合為十世。一切法門也都顯現於海印三昧當中，詮說佛智境界的圓教法義自然融攝其他的教法。因陀羅網是華嚴教學經常利用的譬喻，天帝釋的寶網，每個網結都有一顆映射光明的寶珠，每顆寶珠的光芒互相輝映，藉以呈顯法界緣起相即相入、重重無盡的妙義。

應機說法成諸教

佛能明見眾生的根機，五階教說依此而施設。法藏將眾生這一世的根機分為十類：㈠小乘定根：對於此世始終都是小乘根機者而言，不肯信受大乘，佛陀於是只說小乘法。㈡小乘不定根，有能力入大乘始教者：佛陀先以小乘法輪使他們脫離外道，再以空教法輪迴轉其小乘心，如《中論》等所說。㈢小乘及初教不定根，有能力進入終教者：先教導小乘法輪，再教導大乘空教法輪，最後為他們講說終教的不空法輪，如《解深密經》等教說。㈣漸教不定根，有能力進入頓教者：修學前述的漸教後，佛陀即教授頓教法輪，如《維摩詰經》的默然絕言教示；《楞伽經》所說佛陀從成道到涅槃未說一字；及《涅槃經》的如來常不說法。㈤頓教根機：今生徹頭徹尾是頓教根機，佛陀從一開始便為他們演說頓教，不先教導漸教。

接下來的四類根機，涉及到《法華經》與《華嚴經》的關係與對比：㈥三乘定根：佛陀從最初即依根機為他們講說三乘之中的某乘教法，直到涅槃不說其他教法。㈦三乘不定根，有能力進入同教一乘者：能了知三乘法是方便，而迴向一乘法，如《法華經》所說的會三歸一。(八)三乘不定根，有能力進入別教一乘者：歷經三乘法的誘引，能了知三乘法本來不異於別教一乘（華嚴圓教），如《法華經》的同教一乘根器者。(九)普賢機：不須透過三乘法的誘引，能直接領悟圓教奧義，如《華嚴經》的別教一乘根器者，也就是最初成道二七日聞法的大菩薩。(十)證入果海：於別教一乘解行已達圓滿，能證入圓明無盡的如來果海者。❸「同教一乘」與「別教一乘」是對《法華經》與《華嚴經》的一乘法區分，同教一乘隨順三乘根機而說法，將其導入一乘圓教；別教一乘則直說一乘圓教，彰顯華嚴教法的不共與崇高意義。

華嚴宗形成之前，玄奘所傳唯識學主張「五姓各別說」，認為有永久固定的無種姓（一闡提）、聲聞定姓、獨覺定姓等根機的佛教行者，永遠不可成佛。上述法藏所說的根機並非永久不變，只是在「此世」有其暫時的固定性。如此，仍保住一切眾生皆可成佛的重要理念。此外，有學者指出在五教當中納入頓教，有混同教學方法（或實踐進路）與教義內容之嫌，認為像天台宗那樣區分化法（藏、通、別、圓的教學內容）與化儀（頓、漸、祕密、不定的教學方法）似乎較為合理。事實上，法藏是主張在佛陀所說經典中，亦有離言頓顯真理而又不及圓教層次的一類教說，適應頓教根機者。

十門宗旨攝眾說

華嚴學的十宗教判是在法相宗窺基（六三二—六八二）所提出的八宗教判基礎上擴充而成的。十宗的前六宗與窺基所立的名目與所指基本相同，是小乘部派宗旨的歸類。十宗之中第七「一切皆空宗」對應於窺基的「勝義皆空宗」，指《般若經》等的空思想。第八「真德不空宗」指終教的如來藏思想，而窺基的「應理圓實宗」則指唯識學的非有非空中道。法藏額外加上指示頓教的「相想俱絕宗」及指示圓教的「圓明具德宗」。窺基在大乘教法中只分出兩宗，最高的「應理圓實宗」以唯識學說為主，將其他不屬於空宗的大乘經論都攝屬其中。法藏看出大乘經論的義理多樣性，另外增立後兩宗而成為十宗，如此，《華嚴經》的思想可與其他大乘經論有所區隔。

華宗十宗教判的名目與基本主張如下：

㈠我法俱有宗：包含人天乘與小乘的犢子部。犢子部在有為法與無為法之外另立一個「非二聚法」（非有為或無為所攝）或「不可說藏」作為輪迴的主體，即補特伽羅我，故被認為主張自我與諸法都是實有。

㈡法有我無宗：指薩婆多部（說一切有部）等，他們將諸法析分為色法、心法、心所法、心不相應法、無為法五大類，藉以證成沒有自我的存在。有部主張這五大類法都是實有，而且在三世都為實有。

㈢法無去來宗：指大眾部等，前兩宗都認為諸法在過去、未來、現在都是實有，此宗則認為只有現在法才是實有，因為過去法與未來法並無體性與作用。

㈣現通假實宗：指說假部等，主張現在諸法也非全為實有，五蘊是實有，但十二入、十八界非為實有。《成實論》的經部師也屬此宗。

㈤俗妄真實宗：指說出世部等，主張現在諸法中，屬於世俗的都是虛妄，出世法才為真實。

㈥諸法但名宗：如一說部等，說自我和一切諸法全是假名，都無實體。此與大乘始教有相通之處。

(七)一切皆空宗：指大乘（空）始教，說一切法都是真空。

(八)真德不空宗：指大乘終教諸部經典，說一切法都是真如，如來藏不空，具有真實的功德。

(九)相想俱絕宗：即顯示絕言真理的頓教，如《維摩詰經》的默然顯法。

(十)圓明具德宗：別教一乘所顯示的主伴具足、無盡自在的法門，即《華嚴經》。❹

五教十宗一層比一層圓滿，像是一張佛典經教與名派學說的地圖，為佛教學人提供一種研讀各類教法的提示，以免迷失在經論法義的茫茫大海中。如果缺乏祖師們精心歸結的各宗要旨作為基礎，後世學佛者勢必要對一部經論反覆閱讀始能掌握中心思想，鑽研數部佛典並比較之後才能了解其異同，問題是多少人具備如此的時間？擁有那麼大的耐性？而且還須具足一定程度的聰明才智。對於祖師的判教學說，我們可以參考他們的架構與觀點，再進行補充與調整。

一乘析分同與別

一乘思想原是《法華經》的根本主張。天台宗以《法華經》為所宗經典，主張此經思想內容純粹是圓教，《華嚴經》則是以圓教為主，而帶有次第修行的別教。天台宗的「別教」低於「圓教」一階，意義不同於華嚴的「別教一乘」。天台認為《法華經》比《華嚴經》更圓滿，因為考慮到聽聞者的根機，先以《阿含》、《方等》、《般若》諸經提升他們的智慧潛能，再演說《法華經》的圓教，最終令所有聽法有情都能成佛。《華嚴經》則不然，直接為大菩薩宣說圓教，未照顧到聲聞行者的根機，使他們雖在場而如聾如啞，不合應機教化的理念。

華嚴宗以《華嚴經》為首要依經，觀點與天台有異，主張《華嚴經》內容全在講說無盡自在的圓教，唯有大菩薩始能領解，具有不共的意義，有別於《法華經》尚須開決三乘權教以顯明一乘實法的教說。因此，華嚴宗將《華嚴經》判為「別教一乘」，旨在凸顯其別於三乘的超勝一面；而將《法華經》判為「同教一乘」，彰示其會同三乘最終才歸入別教一乘的進路。《一乘教義分齊章》特別重視別教一乘義理的發揮，而對此圓教真理的闡釋是依據《華嚴經》。天台宗雖說《法華經》講述圓教，但在詮說圓教真理內涵時不得不訴諸《華嚴經》的無盡圓融教理，《法華經》本身欠缺對一法即具萬法等深妙義理的直接表述。

《一乘教義分齊章》列示五教十宗的判教架構，辯明五教之間的義理差別與關聯，闡釋別教一乘的殊妙教理意涵，除了統合佛教經論與各派宗旨以顯示教法次第升進的意義，同時也為《華嚴經》爭取到最高地位。如果不在教相判釋上先論證《華嚴經》法義的至高價值，華嚴宗教學將失落穩固的思想根基。這部著述可視為進入華嚴義理世界的開門鑰匙。

❶ 收於《大正藏》冊四十五。

❷《大正藏》冊四十五，頁四八二中。

❸《大正藏》冊四十五，頁四八三上—下。

❹ 以上十宗之說見《大正藏》冊四十五，頁四八一下—四八二上。

參考文獻

方立天著：《法藏》，臺北：東大圖書公司，一九九一年。
陳永革著：《法藏評傳》，南京：南京大學出版社，二〇〇六年。
徐紹強釋譯：《華嚴五教章》，高雄：佛光文化，一九九七年。

妙喻巧說圓智境
——法藏《華嚴金師子章》導讀

《華嚴經》闡明法身佛所親證的廣大圓滿智慧境界不可思議，即使佛學大師亦感到甚深難解。以這部經典為宗經的華嚴義理體系因此思想深玄弘博，華嚴宗義學得以久遠傳世，其實際創立祖師法藏（六四三—七一二）的詮釋與弘通功不可沒。華嚴無盡圓融教理深奧微妙，法藏卻能運用深入淺出的語言、巧妙易解的譬喻，令女皇武則天都聽得津津有味，似有所悟。因此，華嚴佛學在中國佛教歷史上的某個時期，被推上主流佛教思想的地位。

《華嚴金師子章》（以下簡稱《金師子章》）是法藏為武則天講解華嚴圓教要旨所作，《宋高僧傳．釋法藏傳》記載這段佳話如下：「法藏為武則天講說新譯的《華嚴經》，講到天帝網法義、十玄緣起法門、海印三昧法門、六相和合義門、普眼境界法門，這些義理篇章都是《華嚴經》的總相、別相的義理系統，女皇對此茫然不知，疑惑未決。法藏於是指著鎮殿的金獅子作為譬喻，藉以論述法義門類，簡單直捷，容易理解，稱為《金師子章》。列舉十門的總體與個別之相，女皇於是領略其旨要。」❶金獅子的「金」比喻真如（或真心）本體，「獅子」比喻現象事法，法藏透過黃金與獅子的關係，說明具有清淨本性的真如及隨緣現起的萬法之間的圓融無礙關係。

理事無礙不相雜

《金師子章》篇幅短小，保存在宋代淨源（一〇一一—一〇八八）所述《金師子章雲間類解》及承遷所撰《華嚴金師子章註》等註疏中。❷全書以十門為解說綱目，承遷各以八字概括十門意旨：「一、明緣起，萬像（象）本空，假緣方有。二、辨色空，幻法紛然，真空不動。三、約三性，迷之名相，悟之即真。四、顯無相，相即無相，非相即相。五、說無生，無生之生，生即無生。六、論五教，根器不同，設教有異。七、勒十玄，緣起交映，法法重重。八、括六相，法無定相，舉一即多。九、成菩提，萬行既圓，本覺露現。十、入涅槃，智體即如，名大涅槃。」❸本章導讀重點置放在其中的「十玄」與「六相」，這是華嚴學中最為核心的深玄思想。

十玄門的第一項是「同時具足相應門」，《金師子章》說：「黃金與獅子同時成立，圓滿具足。」法界體性與現象萬法之間並非一種時間上的先後關係，而是相即不離、同時成立的。獅子有頭、眼、腳、尾巴、毛髮等個別部分，譬喻緣起的差別現象諸法；獅子全體依黃金而成立，黃金雖經製成獅子，仍保持其純一本性而不變。個別部分即是全體，收盡一切部分，全都圓滿具足。

第二門是「諸藏純雜具德門」，法藏說：「如果獅子的眼根收盡獅子全體，則一切純然是眼根；如果耳根收盡獅子全體，則一切純然是耳根。如果諸根同時相收，都為圓滿具足，則一一根都雜然有別，一一根都純是全體，為圓滿藏。」獅子的眼根是黃金，黃金遍於獅子全體，獅子眼根透過這種關係可含容獅子全體，獲得圓滿具足的意義。獅子其餘部分全是如此。各個現象事法可攝盡法界全體，相即於真如本體，純一（理）與雜多（事）之間自在無礙。

第三門是「一多相容不同門」，法藏說：「黃金與獅子互相容受而成立，一與多之間自在無礙。其中，理與事各有不同，或為一或為多，各自安住於體性與相狀的位置。」體性（理）是平等普遍的一，現象（事）是森然別立的多，本體與現象既是互相融通，又不泯除一與多的差別。

事事相攝並相入

第四門是「諸法相即自在門」，金獅子的每一根、每一毛都通過一體的黃金而能收盡獅子全體。獅子眼根通遍於一一根、一一毛；每一根、每一毛都含容獅子眼根。一一根、一一毛交相通遍，眼即耳、耳即鼻、鼻即舌、舌即身。譬喻一一事法既分別成立，又相收相遍，無障無礙。

第五門是「祕密隱顯俱成門」，若專看獅子，則只見獅子而不見黃金，即獅子顯露而黃金隱沒；若專看黃金，則只見黃金而不見獅子，即黃金顯露而獅子隱沒；

若黃金與獅子齊看，則兩者同時既是隱沒又是顯露。隱即祕密，顯即顯了，體性與現象之間、一一事法之間，顯現明了與祕密隱沒是同時成就的。本體顯了則現象隱沒，現象顯了則本體隱沒。又以一法含攝多法（一切法），則一法顯而多法隱；以多法含攝一法，則多法顯而一法隱。

第六門是「微細相容安立門」，法藏說明如下：「黃金與獅子，或隱沒或顯露，或一體或多相，定是純一或定是雜多，或成有力或成無力，此與彼相即不離，主與伴交相輝映，理與事一同顯現，全都相互含容，又不妨礙各自安立，微細事法都能成就。」也就是說每個微細事法相即於整全的理體，皆能含容廣大無盡的一切事物，及進入一切事物之中，各個事法又能安立不雜，理與事同時齊現。

第七門是「因陀羅網境界門」，講說獅子的每根毫毛都含具金獅子全體，一一毫毛的金獅子又同時進入一根毫毛之中，一一毫毛之中有無邊的獅子，如此重重無盡。如同天帝網上的寶珠，每一顆寶珠中映現一切寶珠，所有寶珠中的一切寶珠又映入一顆寶珠中，如此映現無窮。一一毫毛即譬喻一一事法，相互含攝，重重無盡。

說事論理顯真心

華嚴教學論述理事無礙、事事無礙等精深理趣，意在令人了悟諸佛所覺照境界的法界真心緣起，第八、第十兩門對此種涵義有所顯明。第九門則就時間論說重重無盡之義。

第八門是「託事顯法生解門」，法藏說：「說到獅子的相狀，以表示無明；說到其黃金的體質，以彰顯真如本性。理與事合起來論說，如同具有生滅門與真如門的阿賴耶識（《大乘起信論》之義），使人生起正確的理解。」現象萬法易見，真如體性幽微，藉由生滅的現象萬物以掌握不生不滅的真如本性，以對法界真心緣起的最高真理有所了悟。法界真心緣起是不變隨緣——不變的真如理體隨順因緣現起生滅的現象萬法，隨緣不變——隨緣現起的現象萬法含具不變的真如理體，理與事相即不離，單從理或事一邊都無法全盤掌握法界緣起真理，所以必須理事合論。

第九門是「十世隔法異成門」，獅子是因緣和合的有為法，於念念之中生滅無常，一剎那之間即分為時間上的三際——過去、現在、未來。過去中又有三世，現在、未來也是如此，合為九世。本來可繼續推衍下去，達於無窮世，但以九世作為代表。雖然九世各各隔別，相互依待而成立，卻又融通無礙，同為一念。一念即具三世，三世又各具三世，因此說九世同為一念，一念加上九世而成十世，有總有別。一一生滅事法雖有時間上的相隔，卻又能遍通十世，相即相入。

最後一門是「唯心迴轉善成門」，說明理與事一切諸法皆由真心轉變生起。法藏說：「黃金與獅子，或隱沒或顯現，或純一或雜多，全都不具自性，由真心轉變生成，而說事與理有成就與建立。」這是華嚴法界緣起的重要觀念，一切萬法與法界體性的真心相即不離，真心即萬法，萬法即真心。

華嚴宗依上述十門成立法界真心緣起的中心思想，既抽象又深奧，雖然法藏運用具體的金獅子譬喻以幫助讀經者了解，仍難以把捉其精深意涵。或許可換個方式逐步來說明。一般人為現象諸法所迷惑，以為這些事物各自真實存在，一一事法隔別不通，對它們形成實有的執取，從而增長煩惱。佛教法義於是告訴世人現象諸法是因緣和合的，不具有永恆不變的自性，諸法皆空，有人因此又偏執空性一面。進一層的佛教義理論說緣起性空，緣起與性空相即，倡導雙觀空有的中道，以避免落入一個極端。

更進一層的教義說明真如之理具有空與不空兩面，真如隨緣不變，不變隨緣，即理事無礙的意義。華嚴學說在此義理基礎之上，講述每一個事法都不外於法界真心，法界真心含具一切，所以一一事法亦含容一切，應於一一事法之中見到無盡圓融的究竟真理。十玄門就是要從多個角度顯明事事無礙的真實圓滿意趣，各門法義相互補充，助益研讀經典者消除遮障，深刻地、圓足地了悟法界真理。

六相圓融彰法界

華嚴教學彰顯法界緣起的另外一套重要詮解架構是「六相圓融」觀，論述法界全體與個別事法，及個別事法與個別事法之間的圓融無礙關係。六相又可分成三對：總相與別相、同相與異相、成相與壞相。

關於總相與別相，《金師子章》說：「獅子是總相，五根差別是別相。」獅子就是法界的總體，是總相，是一；五根（眼、耳、鼻、舌、身五種感官）代表法界之中一切的差別事法，是別相，是多。《一乘教義分齊章》卷四說：「所謂總相，是由於一體而含有多種功德；所謂別相，是由於多種功德並非同一。別相依止這個總相，並成滿總相。」❹個別事法依據法界全體，而法界全體由差別事法構成。離開總相，別相即無所依存；缺乏別相，總相亦無法成立，二相相互依存、同時成立。必須總別同觀，方為全面。

同相與異相顯明構成法界全體的個別事法之間的關係。《金師子章》說：「（五根）共成獅子的全體緣起，是同相；眼、耳等不相混濫，是異相。」《一乘教義分齊章》說：「所謂同相，是由於多個事物互不違逆，共同構成一個總體。所謂異相，是由於多個事物相互對比，各各不同。」❺許許多多的部分事法共同構成總體一大緣起，這些事法之間的關係是同相，具有成就總體緣起的共同功用。雖然共同成就整體，這些事法各各保持自身的差異性，所以又具有異相。同相與異相的關係是同時成立而融通無礙。

成相與壞相亦在說明個別事法之間的關係。《金師子章》說：「由五根和合而有獅子，是成相；五根各自安住於自身本位，是壞相。」成相意謂和合成就之相；

壞相意謂析分自住之相。《一乘教義分齊章》說：「所謂成相，是因為由這些事物因緣和合而成就；所謂壞相，是因為各個事物安住自身性質而不改動。」❻一切的個別事法互相和合而成就法界全體，若個別事法不和合即不成就。然而，雖因緣和合成為一個整體，作為部分的個別事法仍維持其本性。成相與壞相亦是相即無礙。

十玄門與六相圓融的華嚴宗義，闡釋理事圓融、事事無礙，一即一切、一切即一，相收相入、重重無盡的廣大法界緣起的佛智所照境界，意在使經典研讀者對究竟圓滿真理獲得較為全面的掌握，所以不厭其詳地從各個視角反覆論說，對於如此至極妙深的華嚴思想理境，唯有不斷地讀誦與思惟，以及依禪定靜心觀修其義，始為深入法界真理之道。

《華嚴經傳記》中提到華嚴二祖智儼大師（六〇二——六六八）聽聞與鑽研華嚴義理，非常讚賞別教一乘無盡緣起的教理，略有領悟，後來遇到某位神異僧人告訴他：「你想領悟一乘法義的話，對於十地中的六相意義千萬不可輕忽。應當於一兩個月之間，於禪修靜觀中思惟其義，將會自己覺知。」❼說完人就忽然消失了。不論故事是否為真，卻對吾人研修華嚴圓教法義提供重要的指點，十玄門與六相不應僅是作為佛學知識來理解，於教理有所領會後，尚須修習禪定以觀照真理意趣，尋求如實體悟。

❶《大正藏》冊五十，頁七三二上。

❷均收於《大正藏》冊四十五。

❸《大正藏》冊四十五，頁六六八上。

❹《大正藏》冊四十五，頁五〇七下。

❺《大正藏》冊四十五，頁五〇七下。

❻《大正藏》冊四十五，頁五〇七下。

❼《大正藏》冊五十一，頁一六三下。

參考文獻

方立天著：《法藏與《金師子章》》，北京：中國人民大學出版社，二〇一二年。

鄭振煌著：《圓融無礙金獅子：《華嚴金師子章》釋義》，新北：大千出版社，二〇一六年。
木村清孝著，劉聯宗譯：《華嚴經的現代解讀》，高雄：佛光文化，二〇二〇年。

返照心源會真性

——宗密《原人論》導讀

唐代的圭峰宗密（七八〇—八四一）被尊稱為華嚴宗五祖，然而，他的思想除了以先前幾位華嚴祖師的華嚴教學為根據外，也逐漸轉向了如來藏思想，尤其表現於他對《圓覺經》的疏釋。此外，《大乘起信論》這部對中國佛教具有廣泛影響的如來藏系論書，也是宗密形成自家佛學思想的重要典據。

宗密是位廣研經論、勤於著述的佛教思想家，在《圓覺經》、《華嚴經》、《起信論》的註釋外，尚涉及《涅槃經》、《金剛經》、唯識學與禪學的疏解或統理。他同時擁有禪宗法脈傳承，撰述《禪源諸詮集》一百卷，集錄當時禪門諸派禪法，可惜此書已經佚失，僅留下〈禪源諸詮集都序〉的長篇序文。

本章介紹的《原人論》❶，是篇精闢的短論，將宗密的判教思想濃縮於其中。

其判教體系與華嚴教學傳統已有了顯著的不同，他並非依據《華嚴經》，而是以《起信論》為宗，對佛教內外諸種學說進行系統性與階層性的安排。宗密認為外教（儒、道二教）與佛教內部的不同教說都是對同一真理的不同層面詮釋，只是有淺深偏圓的差別，因而可加以會通。宗密這本論著不離佛教修行「以人為本」的關懷，從題名中可窺見宗密的著作旨趣，「原人」意謂探求人類生命存在的本源。此人類真實本源同時即是終極實相，是修行觀照的真理境界；若不依圓滿顯示的真理而修，則無法達致究竟覺證。

儒道迷執邪謬因

宗密判教系統的特色是將儒、道二家學說含攝進來。在他之前，隋代的吉藏已提出西土外道與東土外道之分。《原人論》未言及印度的外道，應是認為沒有這個必要，在中國與佛教競爭者是儒、道二家。《原人論》的基本間架是「本源論」，探求世界與人類的本源與演變歷程，思索萬物從何而來，又將回歸何處。因此，對於儒、道二家的學說，宗密特別關心他們的本源主張。宗密雖然批判儒、道二教的本源學說，卻也將孔子與老子視為隨順時宜應機教人的「至聖」，基於中國文化環境的限制，而教導儒家與道家的權宜學說。他的學說具有濃厚的中國化情調。

《原人論》將儒、道二教的本源學說化約如下：㈠結合《老子》與陰陽學說，指出人畜等有情是由「虛無大道」而生，說「道」師法自然規律，生出「元氣」（陰陽），元氣生出「天地」，天地再生育「萬物」。萬物死後返歸天地，回復於虛無。㈡依於中國傳統思想的「天命觀」，主張愚智、貴賤、貧富、苦樂等都稟自於天，出於時命。這種時命觀將人間世界的一切差別現象都歸於命運的偶然。

對於儒、道二教的本源論，宗密批判他們不能完全地說明人類生命緣起的順逆、起滅、染淨等因緣，將權宜教說視為了義的真實教。他從幾點來質疑外教宗旨：㈠主張萬物從虛無大道而生，若虛無大道是永恆不變的，由其所生的一切亦應恆常而不可變異。如此則禍亂凶愚不可去除，福慶賢善無法增益，老莊學說又有何用處？㈡大道生養虎狼、桀紂，使賢善者短命、遭禍，如何可稱為至尊？以上兩點針對「大道」作為本源而發。

其次是關於無因自然而生，㈢如果說萬物是自然生化的，則一切不需因緣，那麼就會出現石頭生草、人生畜；太平不待賢良、仁義不需教導等不合理現象。㈣若從元氣偶然而生，為何嬰兒未經學習便有愛惡驕縱的表現？如果說嬰兒自然就有愛惡驕縱，那麼為何德行和學識卻必須透過學習才會，不是天生即能？㈤如果出生是稟承元氣忽然而有，死後歸於虛無，為何世間有人能見到前生來世之事？又世間何以有鬼神（人死為鬼，即死後的存在）之事？㈥如果一切貧富、貴賤、賢愚、善惡等都出於天命，老天為何如此不公，甚至讓「有德者喪，無道者興」？❷

總體言之，宗密對儒、道二教本源論的批判，主要通過佛教破斥「邪因生」（錯誤的第一因）與「無因生」（自然而生）的理論，加上佛教重視因緣果報的觀念，緣起方為「正因」。由邪因生與無因生派生的常見、斷見（虛無見），都因為破壞因緣果報而形成倫理否定論，使道德教化失去意義，社會道德秩序無法維持。佛教以因緣果報作為世間善法的基礎，意在道德倫常觀念的維繫。不過宗密所說的儒、道觀點有過度化約之嫌，應當思考他的論述目的，而不是依此對兩家學說產生以偏概全的了解。

佛教淺深成差別

在佛教內部是分成人天教、小乘教、大乘法相教（唯識教說）、大乘破相教（般若空教）、一乘顯性教五個教義層級。人天教講說「三世業報善惡因果」，勸人修習布施、持戒等善法，以尋求轉生人天善趣。此教雖然論及因果業報觀念，但對於是否存在一個造業受報的主體；若它存在的話是位在身心個體的何處；以及這個主體在三世輪轉過程中是同是異等問題，缺乏明確的交待。

小乘教視吾人的身心個體是由無始以來積集的業力所引生，念念生滅，相續不斷，凡愚有情在其中執取一個真實不變的自我（精神主體），從而起惑造業，流轉五道。此教通過對身心要素的分析，了知色身由地、水、火、風四種物質要素合成，心識由受、想、行、識四種精神要素構成，於其中找不到一個永恆不變的自我。因為了知無我真理，所以能斷惑證真，解脫生死。關於此教的問題，宗密質難說：無始以來作為身心個體之輪迴主體者必須沒有間斷，若主張有情的存在僅依於身心要素和合所成，那麼，五識有時「缺緣不起」（根與境未接觸），還有無色界並無物質要素，難道在這些情況中有情生命就不存在了？

大乘法相教即唯識學說，主張一切有情從無始以來就有八識，其中第八識阿賴耶識作為根本，頓時變現根身（身體）、器界（生存環境）及種子（萬法潛在原因），並轉生出前七識。眾生將阿賴耶識執為真實自我，將此識所變現的事物執為實在諸法，衍生我、法二執。若能了知萬法唯心識所變現的道理，則能領悟我、法二空，體證真如。此教承認阿賴耶識的存在，會被更高一層的大乘破相教空義所破析；而且對於支持如來藏思想的宗密而言，以緣起染汙的阿賴耶識作為生死的根本，當然是不了義的。

大乘破相教即般若空教，其功用在於破除先前小乘教與法相教的執取，密顯後教如來藏真性空寂的一面，所以排在唯識教說之後。大乘破相教認為阿賴耶識亦是託因待緣而起，並無不變的自性。一切萬法本空，空即是身心的本源。宗密指出空宗教理存在二大問題：㈠一切萬法本來是空，那麼了知真理的是誰？㈡若不存在真實之法，虛妄諸法有何依據？依據世間的經驗，任何虛妄事物的生起，都有真實法體為其所依，如水波須依於不變的水的濕性。❸由於宗密是站在如來藏的立場，所以主張必須有一個真實法體作為世間萬物與人類存在的根本依據，空宗教義對此未做直接回答，所以說此教透過破除法相來密顯真理。

最後是一乘顯性教，肯定一切有情都有本來清淨的本覺真心，又稱佛性或如來藏。眾生的如來藏從無始時以來被妄想遮蔽，不自覺知，耽溺於煩惱業行，長久遭受生死苦痛。佛陀憫念眾生，既說一切皆空，又開示一切眾生都有同於諸佛的靈覺真心。大乘破相教偏於空性層面，一乘顯性教則同時顯示空與不空二面。本覺真心才是有情生命存在的真正源頭，對此真心獲得充分了知，始能「行依佛行，心契佛心，返本還源」，斷除凡夫餘習，達於無上覺悟境地，自然起用如恆河沙數的真實功德，此時即稱為佛。

宗密以清淨如來藏為究竟本源，此如來藏既與空理相應，又具足廣大無盡的智慧與功德，如此，體證本覺真心的佛才不致流於消極的無作用，能於無邊的世界廣度無量的眾生。同時，宗密肯定一切眾生都有佛性，只要朝著正確的方向精進努力，就能向諸佛智慧證境靠近。

儒道佛教歸一源

在《原人論》最後的部分，宗密借用《大乘起信論》的義理間架，說明有情自清淨本源真心流轉出來的熏染過程，以與前述各家教說對應，進而將諸家的淺深偏圓教說——包含儒、道二教，會通成一個整體的教義系統。再者，這樣的努力也蘊涵成佛解脫的重要意義，逆著這個流轉生死的歷程，返本還源，便是趣向成佛的修行途徑。

原初只是整全的真心靈性，不生不滅，不增不減，不變不易，此即一乘顯性教欲揭顯的本真覺性。眾生在無始時起了無明妄想，障覆真性，不自覺知，被遮蔽的真性即稱作「如來藏」，且依於此如來藏而現起生滅心相。這個不生滅真心與生滅妄想相和的狀態稱為「阿賴耶識」，真妄和合而具有覺與不覺二面的意義。法相唯識學偏取不覺義，將染汙的阿賴耶識視為生死的根本，因虛妄分別而轉出能見的心識與所見的外境，產生我執與法執；藉由知曉心識與外境都是阿賴耶識的變現，能了悟我、法二空。

小乘教不能覺知外境諸法為自心妄現，執為確定的實有，產生法執。然而，此教能知有情身心個體由色、心基本要素和合而成，並無實在的自我，因而不起我執。等而下之者，佛教內部的人天教執取身心個體中有一永恆不變的精神主體（類似靈魂的觀念），形成我執，滋潤貪、瞋、癡煩惱。儘管如此，人天教尚能知曉三世因果報應教說，努力實踐世間善法。

佛教以外的儒、道二教不知因緣果報道理，有主張身心要素都是稟承元氣而生者，以元氣為本源。又有對於人世間的貴賤、貧富、壽夭、苦樂等都歸於自然而然，沒有背後原因，這是執取自然為本者。對於人生的遭遇，如少善老惡、少富老貧等，不知出於前世今生的因緣，而以偶然的時命解釋之，這是天命論者。如此，儒、道二教的元氣、自然、天命三種學說也被開決而會通於宗密的整個教義大系統中。

宗密進行這種會通對於佛教適應中國文化的重要意義，在於指出儒、道二教的偏淺教說，都有益於世道人心，他們並非完全錯誤，只是將非常偏淺的觀察所得執取為宇宙人生至理，距離佛教的究竟真理甚為遙遠。若能增進個人對佛法真理的了悟深度，有助於破除自教的封限，朝向更高層、更完整的教理提升。如此，不將自己所習得的淺層教義執為終極真理，不斷地研修佛教經論，如實領解，最後自然會逆覺到本覺真心。

當然，就宗密的佛學立場而言，如能先通曉了義的本覺真心教理，在覺證真理的過程之中便能免於視淺為深，以偏作圓，這應是他撰寫本論的目的，引導學佛大眾走上正確成佛之道。宗密在《原人論》結尾說：「希望成佛者，必須洞明粗細本末，始能棄捨枝末回歸本源，返照真心源頭。粗法盡去，細法消除，則靈覺真性顯現，沒有任何一法不通達，名為法身、報身；應機示現無窮，稱為化身佛。」對於各階教法的完整理解，依據正確教理地圖而修習領悟，是導向佛果成就的重要步驟。

❶《大正藏》冊四十五，頁七〇七下—七一〇下。

❷《大正藏》冊四十五，頁七〇八上—下。

❸《大正藏》冊四十五，頁七〇九下—七一〇上。

參考文獻

冉雲華著：《宗密》，臺北：東大圖書公司，二〇一五年。
董群著：《融合的佛教——圭峰宗密的佛學思想研究》，北京：宗教文化出版社，二〇〇〇年。
黃國清著：〈宗密之三教會通思想於中國佛教思想史上的重要意義〉，《中華佛學研究》第三期（一九九九年），頁二七一—三〇三。

下篇

實踐佛法的修行指南

大乘禪法西天來

——菩提達摩〈二入四行論〉導讀

菩提達摩（劉宋時〔四二〇至四七八年〕來華，約圓寂於五三六）為南印度人，於南北朝時代經海路來到中國，傳入印度大乘禪法，被尊為中國禪宗的初祖。他的傳記載於《續高僧傳》、《楞伽師資記》等典籍，充滿諸多傳奇色彩，真實與虛幻交織，難以追溯其實在的生平事蹟。相傳達摩以《楞伽經》傳法，其禪法具印度禪風格，發展成中國禪宗的北宗一脈；到了六祖惠能（六三八—七一三）時代，大幅轉化為講求頓悟的南宗禪。

達摩大師究竟留下哪些著作同樣撲朔迷離，佛教歷史上將某些撰述歸於其名下，但較為可信者是其弟子曇林筆錄的〈二入四行論〉，道宣於《續高僧傳》卷十六的達摩本傳中即有收錄。這篇小論有多種版本，文字略有出入，但思想內容一致。本文以《楞伽師資記》的〈菩提達摩〉傳記所附論文❶為主，取其為北宗禪史書，作者淨覺為五祖弘忍法嗣玄賾的門人，對達摩的生平與著作記載稍詳；再輔以《續高僧傳》、《景德傳燈錄》（卷三十）的版本，介紹這篇撰述的思想內容。

依憑經教悟心宗

〈二入四行論〉這篇精要撰述將體證真理的途徑分為二種，即「理入」與「行入」。理入意謂通過教理的領解而進入體悟，第一句話便說「藉教悟宗」，主張憑藉教法來達到真理體悟。因此，達摩並未否定經典言教的引導功用，「不立文字，以心傳心」的說法是後世禪宗門徒的發明，而且是在惠能之後。

北宗禪與南宗禪有修行風格上的重大差異，但絕非如後代通過南宗禪文獻所知那樣，以為北宗禪法走上形式化的打坐靜心。達摩是中華禪宗的始祖，所傳禪法接近印度漸悟禪風，九年面壁的傳說多少反映這一點。惠能是南宗禪的開闢者，但其《六祖壇經》在強調般若慧觀之餘，並無否定經教文字之說，其說法開示中引述了許多經文，只是解釋極為自由而已。

「理入」所要領解與體悟的真理內容為何？論中說道：「深信一切眾生，不論凡聖，都具有相同的真性，只是被客塵煩惱虛妄地遮蔽，不能顯現出來。如果捨離虛妄，返歸真性，凝然安住地面對牆壁而觀照自他、凡聖的平等一如，如此堅住不移，不再隨從言教而思惟，這就是與真理冥合的狀態，沒有分別，寂然離言的理入。」首先，須依靠言教來掌握真理意旨，然後經由思惟、觀照而達於與真理冥合，此時隨從言教的思慮活動自然止息。所要體悟的真理是凡聖一如、自他平等的無分別理境。可以說，達摩所說的理入修行傾向於靜坐形態的真理禪觀。

一切眾生所同具的「真性」為何？或許可參考《楞伽經》來索解。在此經〈一切佛語心品〉引述《如來藏經》一類的經典說：「如來藏自性清淨，轉化佛陀三十二相進入一切眾生身中。如同極高價值的珍寶被汙穢衣服所包覆。如來藏常住不變，也是如此，而被五蘊、十八界、十二入的汙穢衣服所包覆。貪欲、瞋恚、愚癡並不真實，而（眾生）受到妄想與煩惱所染汙。」經中這段文句原是大慧菩薩請問釋迦牟尼佛：「如此的教說與外道學說如何區別？」佛陀回答：「如來教導離自性、不生不滅、本來寂靜、自性涅槃的法性實相，為了去除有些眾生對於無我教法的恐懼，而講說遠離妄想、無所有境界的如來藏法門。」❷《楞伽經》所說的清淨如來藏通於法性實相，涵容空與不空二義。據此，達摩所說的「藉教悟宗」，應是透過般若空的觀修進路以悟入如來藏。

順境逆境皆勘破

「行入」簡單地說是通過修行來進入覺悟的意思，比較傾向動態實踐，人生無論遭逢何種境況，都要做如理的觀照。「行入」又可分成報冤行、隨緣行、無所求行、稱法行四種修行法門，就四個面向來說明正確的思惟與觀照方法。

首先是「報冤行」，教導禪修行者在面對生命中的逆境時，如何進行思惟、修習。遭逢不幸之事，怨天尤人是常見於一般人的反應。由於內心的憂苦與不平，容易引發激憤，從而對自己和他人造成傷害。佛教的因果觀念告訴我們，今生的苦厄多是過去不善業行招感的結果，必須勇於承擔。這不能理解為宿命論，而是一種動態的因果觀，過去業因（主要原因）成熟為果報也需要現世諸緣（輔助原因）具足，同樣的業因加上不同的助緣，出來的結果便會有所不同。因果觀念有一個非常積極的意義，教導世人於現在勇於承擔，創造好緣，尤其是在這個過程中不要再形成新的不善業因。

面對逆境時的當務之急，是先保持內心平穩，達摩教導說：「一個修道人在受苦時，應當自己如此思惟：我在過去無數劫中，捨棄本來的真性，追逐虛妄的世間，流浪於三界的種種生命存在，多起怨恨之心，傷害無數有情。今生雖沒有造作傷害之事，卻是我過去世罪惡業因的果報成熟，不是天神、不是他人所能給予我的，應該心甘情願地忍受，不去怨天尤人。」這並非弱者的精神表現，接受因果觀念，肯直面自己所犯過錯而承擔責任的是勇者，由此懺悔補過，止惡修善。當心情恢復平靜穩定時，始具有進行理性思惟佛理與深入禪觀的條件。

當然，如果具備佛教的深層智慧，會讓報冤行的實踐更容易達成，達摩說：「經中說：遭逢苦事而心不憂。什麼原因呢？由於洞識本來真理。如此的心生起時，與究極真理相合，體達業報實相，增進道業。」也就是說，身處人生逆境的修行之道必須以領會佛法智慧為基礎，否則只是一種強忍，無法做到心不憂苦。

「隨緣行」與「報冤行」相對，是處於順境時的觀行方法，但兩者有共通的意義，就是要保持精神的安定。遇到幸運之事，一般人或是認為自己好運，或是歸功於自己的現前努力，有人因此得意忘形，沒在這裡面學習到什麼。內心憂苦是擾動，過於興奮也是擾動，凡人的心升沉不定，難以安寧。達摩教導世人：「眾生無法自做主宰，都取決於業力相傳，受苦與受樂交雜，這全從因緣而生。如果得到美好果報、光榮名譽等事，要思惟是自己過去的業因所招感，在今生始獲得，因緣盡了又歸於消散，有什麼值得高興的？獲得與喪失依從因緣，內心不感到增益或減損，不為欣喜的風所吹動，心靈與真理冥合。」指點禪修行者在人生順境時，必須進行因緣觀，不陶醉於財利名譽的獲得。世間萬事萬物都依待因緣而成立，不存在永恆不變的自性，由此觀照而通向般若空慧的體悟。

冥契真理行六度

報冤行與隨緣行結合了因果觀念與緣起智慧，透過因緣果報道理的信解，使內心不致患得患失，保持澄靜，利於修習佛法真理。般若智慧是心靈不為苦樂、順逆等八風所擾動的終極依據，報冤行與隨緣行比較聚焦於因緣境遇層面的正確思惟，隱約顯示般若禪觀的價值；接下來的無所求行、稱法行均與最高真理緊密結合，更直接彰顯般若慧悟的重要意義。

眾生為什麼不斷地在三界中流轉？因為有所求，處處執著，於承受舊業果報的同時又造作了新業，如果不知覺醒，不尋求究極真理的領悟，就絕對無法斷捨執取，生命輪轉將無終期。針對此點，〈二入四行論〉說：「世人長久愚迷，處處貪著，這稱為『求』。智者了悟真理，隨順真理而反轉世俗，將心安住於無為，體達有形事物隨因緣而起，一切存在本性是空，而無任何願求。功德與黑暗總是互相追隨，於三界久居猶如身處火宅，形軀的存在總體是苦，誰能夠獲得安隱？了達這番道理，所以捨棄對生命存在的想望而無所追求。」三界的生命存在本身就是苦的體現，不應心存妄想，唯有仰仗智慧的逆覺領悟，始能止息對生命存在與生存環境之一切事物的追求、執取，脫離輪迴的泥沼。

大乘佛法比起聲聞佛法卓越之處，是不僅尋求個己的覺悟與生死自在，也積極展開利他實踐，引導其他有情共同朝向覺醒與了脫生死。大乘的智慧因此既深且廣，在個人體得般若智慧之後，還須從事六波羅蜜的總體實踐，令一切智慧圓滿。〈二入四行論〉說：「本性清淨的真理稱為『法』，在這個真理中一切相狀都空，無染汙、無取著，無此、無彼。《維摩詰經》說：法（真理）中並無眾生，因為離開眾生的染著；法中並無自我，因為離開自我的染著。有智慧者如能信解這番道理，應當契合真理而修行。真理體性沒有慳吝，對於身體性命與錢財的布施心無吝惜，體達布施者、布施物、布施對象三方面的空，不依倚、不執著，只是為了去除染汙，攝化有情而不取相，這是自行；進而能夠利益他人，及能莊嚴無上菩提的道路。布施既為如此，其他五波羅蜜也是這樣。為了去除妄想執著而修行六度，而於心中了無所行，這稱為『稱法行』（合於真理的修行）。」

般若波羅蜜如同眼目，導引布施、持戒等五度的實踐；五波羅蜜猶如雙腳，助成般若波羅蜜達到圓滿。有般若空慧而無其他菩薩行相互資助，充其量只能實現自利；有般若波羅蜜與其他五度實踐相結合，這些菩薩道法門始能獲得「波羅蜜」的名稱，通向佛果的究竟完成。達摩所傳授的「二入四行」法門，是一套以大乘菩薩道精神作為指導方針的智慧禪觀行法，緣起性空的般若慧觀為其核心，深刻照察人生的因緣境遇，以及如理思惟實相真理，開展自在無礙的菩薩道修行。

讀完這篇作者歸屬於達摩的著述，如果真為達摩所言，對早期禪宗思想就必須重新評價。禪宗在歷史發展中朝著兩個方向發展：其一，惠能將北宗禪的漸修轉向頓悟，中晚唐禪門後學進一步主張不依靠經教，訴諸離文字、超邏輯的直覺修證方法。其二，禪宗既然屬於大乘佛教的一個宗派，在自覺之外，絕不可廢棄菩薩道的深觀與廣行，否則名不副實；然而，南宗禪後學逐漸偏向單求了生脫死的實踐。〈二入四行論〉的思想符合大乘佛法的要求，通過經教以領解清淨如來藏與緣起性空的佛法真理，並凸顯般若波羅蜜指引修行的首要地位，以及強調自利完成後的菩薩行總體實踐。

達摩這篇撰述言簡義深，可對生活中的佛法實踐提供良好的啟示。趨利避害是人之常情，執著生命的存在，追求生存環境的美好事物是凡夫的正常表現。然而，這與生死的解脫絕緣，何況是圓成佛菩提！欲使自己的佛法修學生活得以與日提升，般若智慧的領悟是根本要件。領解實相真理，懂得放下世俗執取，面對人生的一切順逆情境，都能保持平常心，精進於智慧禪觀，達到心無所求，最終契悟究竟真理。在這個過程中亦不可忽略長養菩提心，令其擴充與深化，以免流於自覺而不覺他的消極心境。

❶《大正藏》冊八十五，頁一二八五上—中。

❷《大正藏》冊十六，頁四八九上—中。

參考文獻

釋印順著：《中國禪宗史》，臺北：正聞出版社，一九七一年，第一章「菩提達摩之禪」。

馬克瑞著，韓傳強譯：《北宗禪與早期禪宗的形成》，上海：上海古籍出版社，二〇一五年，第一章「菩提達摩、其嫡傳弟子及楞伽諸師」；及第五章「最早的禪之教學」。

楞伽傳法北宗禪

——淨覺《楞伽師資記》導讀

中國禪宗有北宗與南宗之分，自唐末五代以降，北宗禪的典籍湮沒殆盡，漢地佛教徒認識禪宗的歷史，主要依憑南宗禪典籍的敘事。由於南、北兩宗曾處於激烈的競爭關係，南宗禪籍對五祖弘忍（六〇一—六七五）以後的北宗禪人形象做了負面的呈現。例如，在《六祖壇經》中，北宗繼承弘忍有「兩京法主、三帝門師」尊號的神秀（六〇六—七〇六），被描述成一位未悟心性的漸修論者，以凸顯六祖惠能（六三八—七一三）的高邁禪悟境界。

事實上，神秀與惠能的關係並非如此緊張，《宋高僧傳》卷八的神秀傳記提到弘忍圓寂後，神秀遷居到當陽山（今湖北當陽），各地佛教修行者競相前往參學，聲名遠揚，女皇武則天曾下詔禮請他到宮中，供養及問道。神秀曾經上奏武后邀請惠能到京城，惠能堅決辭謝。神秀更親自寫信給惠能說明武后徵召的心意，終究請不動他。❶足見神秀與惠能之間的激烈爭競故事，應該出自南宗後學的手筆。想了解北宗禪的師傳情形，近代才從敦煌藏經洞再現世間的《楞伽師資記》❷，是首要的參考資源。

楞伽師資八代傳

五祖弘忍圓寂之後，在京師傳法而倍受帝王尊崇的是神秀，其後北宗的普寂、義福均貴為國師，所以在禪宗歷史上原本受承認為弘忍的首要承繼者，可能是北宗的神秀。後來南宗崛起，取得了主流地位，北宗因失勢而典籍亡佚，以致後世長久以來不知道這段歷史公案的始末。清光緒二十五年（一八九九）發現了敦煌藏經洞，在眾多的手寫文書中也包括北宗禪的典籍。

經過現代學者們的努力，尤其是胡適遠赴倫敦、巴黎致力搜尋北宗史料，進行系統的研究，改寫了初期禪宗史。在這批北宗史料之中，《楞伽師資記》（又名

《楞伽師資血脈記》）一卷，記載菩提達摩以下的北宗禪諸代傳承，可藉以鳥瞰北宗學人所認知的初期禪宗傳統。此書作者為淨覺（生卒年不詳），根據《全唐文》卷三二七所收由王維撰寫的〈大唐大安國寺故大德淨覺師塔銘〉，他師事弘忍十大弟子之一的玄賾。又根據《楞伽師資記》開卷處的序文，淨覺自稱師承神秀。他應是先參學玄賾，後來轉依止神秀。

相傳菩提達摩以《楞伽經》傳宗，淨覺這本撰述即以《楞伽經》的漢譯者求那跋陀羅（三九四—四六八）作為中土第一代，而將達摩視為第二代；其後依次為齊朝鄴中慧可、隋朝舒州思空山粲禪師、唐朝蘄州雙峰山道信禪師、唐朝蘄州雙峰山幽居寺弘忍大師；第七代將唐朝荊州玉泉寺神秀、安州壽山寺玄賾、洛州嵩山會善寺老安並舉；第八代以唐朝洛州嵩高山普寂禪師、嵩山敬賢禪師、長安蘭山義福禪師、藍田玉山惠福禪師等四人並列。

上述所示禪宗歷代傳法師承，從達摩到弘忍是南、北二宗共通的傳承。《楞伽師資記》的記述內容包括各禪師的簡要傳記與禪法思想大要。關於菩提達摩的思想，淨覺寫錄其〈二入四行論〉，已於前篇導論中做了專門介紹，本章將介紹求那跋陀羅及達摩以後諸師的禪法思想梗概。

閒居靜坐見本真

求那跋陀羅本是中天竺人，因愍念東土佛教人士修道所依法門不足，容易落於二乘或外道，因而泛海前來，傳授正確禪法。《楞伽師資記》介紹其思想的一段文句說：「《楞伽經》說『諸佛心第一』，教授佛法時，心不起處就是了。這個法門超出三乘，越過十地，是究竟的佛果處，只能以禪心自己覺知，以無心涵養精神，以無念安定自身。在寂靜處靜坐，禪觀本心，回歸真實。」❸教導行者把握「心不起處」以體認佛心，意在指點禪法心要，指向超越一切階次，無所分別的默然、無心、無念的真實悟境。

這種智慧禪觀法門並非如後世透過南宗禪文獻所理解的，以為北宗禪修側重掃除煩惱妄念，在慧悟指引方面較為薄弱。早期北宗禪法繼承印度禪風，在智慧修證方法上與南宗頓悟禪有很大不同。南宗主張先悟本心本性，不強調從靜坐觀心入手。北宗有其必須領悟的佛法真理內容，達摩即言「理入」是「藉教悟宗」，經典教說是領悟真理不可或缺的憑藉，只是為了達成對真理的親身覺證，北宗倡導依定觀慧的漸修進路。頓悟與漸修並非對錯的問題，兩者殊途同歸，只是定學與慧學的結合模式有異。

靜坐澄心是方法，是中間過程，非為最終目標，而且須要具備佛法正見，否則即流於盲修瞎練。求那跋陀羅主張學法要先學習禪修安心，心未能安定時，善法尚非善法，何況是惡法！當心能夠安定寂靜時，善與惡都自然消亡。他引據《華嚴經》說這是「法法不相知」的智慧領悟。依禪定觀修智慧不可缺乏經教正法的引導，求那跋陀羅說明以不正確的知見而「晝夜精勤從事各種修行，雖能阻隔煩惱免除其妨礙，但修道障礙交相競起，無法真正達到安定寂靜，只能說是修行，不能稱為安心。如此，縱然修行六波羅蜜、講說經典、修二禪或三禪、精進苦行，只能說是善行，不稱為『法行』」。❹怎樣才能算是「法行」？依真理教法而實踐，不於八識田中種下染汙種子，而是熏習清淨種子，如此方為法行。

他所說的安心法門想要安住的心是「理心」，其精義如下：「非理外的理，非心外的心，理就是心。心能平等無分別，就叫作理；理的智照能夠明朗，就叫作心。心與理平等無差別，稱此為佛心。」❺契悟如此的理心，則觀見生死涅槃、凡聖、境智、理事、真俗、染淨、佛與眾生，都是平等一如。對北宗禪法有了這樣的理解，可知南宗門徒對北宗的批評有過度簡化與扭曲之嫌，說成光禪坐靜心而不知悟理。

心源本淨依禪顯

慧可（四八七—五九三）師事達摩六年，其明心法要也重視坐禪觀心。他徵引《楞伽經》說並無任何一人是不經由坐禪而成佛者。其理論根據是《十地經》所說，一切眾心都具有圓明朗照的佛性，只因煩惱五蘊的遮蔽而不能明現，蕩除煩惱五蘊的重雲須憑藉般若智風，而妄念不生地默然靜坐是生發智慧的良好心境。妄念並非獨立於真性之外，妄念起於真性而遮蔽真性，如冰生於水而阻遏水的流通，冰融化後水就流動了。❻因此，欲掃去煩惱，不須將煩惱與真性割裂為二，而是要照見心源，使煩惱自然消融。這是依據佛性思想的禪觀法門。

禪坐在這個歷程中發揮關鍵的作用，《楞伽師資記》引述慧可的話語說：「修學者依靠語言文字修道的話，如同風中的燈焰，不能破除黑暗，閃爍而熄滅。若是靜坐而心中無事，猶如無風房室中的燈火，則能破除黑暗，把東西照得分明。如果了悟心源清淨，一切誓願與修行都獲得圓滿，一切都能成就，不再流轉生死。」❼換句話說，光是聽聞與研讀佛法而不禪坐實修，則智慧欠缺啟悟的條件；正確的禪修助成清淨心源的徹見。

承繼慧可的粲禪師生平如謎，他隱居於思空山，寂然靜坐，沒有著述，不公開傳法。《楞伽師資記》記載他曾向道信開示說：「《法華經》說：唯有這一事，實無第二，也沒有第三。因此知道無上菩提的覺證，非言說所能表達；清淨法身的空寂，非耳目所能見聞。依附語言文字，不過徒勞施設罷了！」❽這是在凸顯禪修的功用與價值，意謂透過禪坐的直覺觀照，始能契悟法身真理之境。實相真理不可析分，無邊無際，非造作所成，自非語言文字所可表達，明暗泯絕於不二法門，善惡融通於一相境界，而禪修可說是契悟此種離言說、無分別的真理境的要道。另外，粲禪師援引《華嚴經》指出體得離言實相能夠照見一即一切、一切即一的萬法交融無礙境界。

《楞伽師資記》記載粲禪師之後的道信禪師（五八〇—六五一）著有《入道安心要法門》，依《楞伽經》的「諸佛心第一」與《文殊般若經》的「一行三昧」提出：「念佛心就是佛，妄念就是凡夫。」念佛之法是端身正坐，繫緣於「法界一相」，所念者並非有形象的佛，而是念佛的真實法身。如果體得一行三昧的話，即完全了知如恆河沙數諸佛的法界無差別相，如此則舉足下足常在道場，一切言說行動皆與菩提相應。❾道信同樣注重禪修，關於「禪師」的意義，他說：「不為靜定、散亂所撓擾者，即是喜好禪修、善於用心的人。常住在止，心就沉沒；久住於觀，心就散亂。」❿因此須要定慧合修。

想要了悟實相真理，使心靈達到明淨，道信指點的正確修行方法是：「不念佛、不捉心、不看心、不計心、不思惟、不觀行，也不散亂，不讓心跑開，也不讓心止住，保持自然，不加控制，使心自然明淨。如此操作，隨著時間的經過，心便會愈來愈清淨，自然與究竟真理容易相契。到了這個程度，有人聽聞他人說法即能領悟，也有人不依靠聽聞教說即可了悟。」⑪雖然重視坐禪靜觀，主張漸悟，也非不用真理作為前導。所欲體證的真理內容與南宗很難說有明顯區別，只是有修學歷程上的差異，南宗倡導先悟後修，道信的漸悟仍為止觀雙修，必須明了真理教法，而更強調依禪定來顯發智慧。

弘忍神秀宗楞伽

在《六祖壇經》中，弘忍向惠能密授《金剛經》要旨，並將衣缽傳給了他，《楞伽師資記》中的記載與此有所別異。淨覺說弘忍在雙峰山中「寂然地靜坐修禪，沒有著述，口頭講述深奧的道理，祕密傳授給人」，也是一位重視禪修的禪師。弘忍座下得果者相當多，當時的人稱為「東山法門」。一位曾師事道信的法師玄賾，是《楞伽人法志》的作者，後來到雙峰山向原為同學的弘忍問法多年，蒙受弘忍向他開示《楞伽經》法義說：「這部經典只能透過自心覺證而了知，不是文字註疏能夠解釋。」⑫

北宗重視《楞伽經》是沒有疑義的，但也強調經典中的真義必須藉由觀行實踐以親加體悟，不應僅僅停留在語言文字的理解層次。說到最高真理無法由語言文字解說，並非意味著要把經典棄置一旁，而是說在聽聞或研讀之後，還得經過思惟、觀修的歷程以掌握、體悟其中的真實意趣。後代禪者滿口不立文字、教外別傳，否定經典教說的修行指導價值，其實大大誤解了祖師們的原意。

有關弘忍的禪法要義與坐禪方法，《楞伽師資記》摘錄說：「大師說：有座房子，充滿汙穢東西與雜草塵土，是什麼？又說：掃除汙穢東西，雜草塵土全部清掉，一物也是無，是什麼東西？你禪坐時，向前平視，保持身體正直，鬆放身心，朝向虛空邊際遠看『一』字，自然會有次第。如果初學者心思繁雜，姑且向心中照看『一』字。體證之後禪坐時，如同身處廣漠荒野，唯有一座高山聳立，在山頂上空地禪坐，向四面遠望，無邊無際；禪坐時充滿世界，鬆放身心，安住於佛境界的清淨法身，無邊無際，也類似這樣。……或是說：沒有造作，每個事物都是大般涅槃。又說：了知生起者即是無生法，非離開生起而有無生。……又說：你正在寺院中坐禪時，山林樹下也有你的身體在坐禪嗎？一切土木瓦石也能坐禪嗎？土木瓦石也能看見色法與聽聞聲音，穿著衣服與手持鉢器嗎？《楞伽經》說的境界法身，就是這個。」⑬法身佛性無生而遍在一切萬法，依此真理境而坐禪觀照。

關於弘忍的傳人，《楞伽師資記》記載如下：「將來傳承我的道法的人，只能有十人罷了！我與神秀談論《楞伽經》，他對於深理通達明利，必可利益許多人。資州智詵、白松山劉主簿兼具文學才性。莘州惠藏、隨州玄約，只能回憶而不見其人。嵩山老安，具有深厚道行。潞州法如、韶州惠能、揚州高麗僧智德，這些都能夠為人師表，但只是一方人物。越州義方也擅長講說。又告訴玄賾說：你多方參學，要好好珍惜，我涅槃以後，你與神秀將如同佛日再顯光輝，心燈重新照耀。」⑭將神秀與玄賾提高為最重要的法嗣，視惠能只是一方的人物，而且特別讚歎神秀對《楞伽經》的領悟能力。

淨覺記述神秀的生平引用玄賾所撰《楞伽人法志》說：「（秀禪師）追尋、思慕佛道，行腳到蘄州雙峯山弘忍禪師處，獲得禪法，禪燈靜默地映照，言語道斷，心行處滅，不從事著述。後來住錫荊州玉泉寺。大足元年（七〇一）受詔進入東都洛陽，隨從鑾駕往來二個京城教授佛法，身為帝師。武則天皇后問神秀禪師說：

『你所傳的法是哪一家宗旨？』回答說：『稟承蘄州的東山法門。』又問：『依據什麼經典？』回答說：『依據《文殊般若經》的一行三昧。』」⓯在這裡，神秀禪法的典據特別舉出《文殊般若經》的一行三昧，這由道信與弘忍一路傳持下來。

他們所依的《文殊般若經》依時代看，或許是梁代曼陀羅仙譯本，其「一行三昧」段的要點是禪坐先收攝心念，繫念一佛，由觀一佛成就而見到三世一切諸佛，進而觀見法界平等無差別相。⓰然而，曼陀羅仙譯本這段文句似有問題，其他譯本並無繫緣於佛的形象之說，而是繫緣一相、無相。前述道信傳授的一行三昧主要也強調「諸佛法界無差別相」。據此，得知北宗禪法有其精深的教理基礎，而非只是禪坐掃除妄念而已。

本章的目的在於導讀《楞伽師資記》這部北宗禪典籍，修正一般學佛者對於北宗禪的刻版印象。所抽繹出來的內容，主要是比較能凸顯北宗的禪法修習特色，且與南宗有所區別者。由於淨覺這部著作撰寫於唐代中葉，難免與南宗禪法的表現話語有相混之處，像對神秀禪法的概述中就出現許多公案機鋒式的禪語，應非北宗禪人的教學風格。無論如何，《楞伽師資記》提供我們觀看初期禪宗傳承的另一種視角。

❶《大正藏》冊五十，頁七五六上。
❷收於《大正藏》冊八十五。
❸《大正藏》冊八十五，頁一二八四上。
❹《大正藏》冊八十五，頁一二八四上。
❺《大正藏》冊八十五，頁二八四上。
❻《大正藏》冊八十五，頁一二八五下。
❼《大正藏》冊八十五，頁一二八五下。
❽《大正藏》冊八十五，頁一二八六中。
❾《大正藏》冊八十五，頁一二八六下——一二八七上。
❿《大正藏》冊八十五，頁一二八七中。
⓫《大正藏》冊八十五，頁一二八七中。

⓬《大正藏》冊八十五，頁一二八九下。

⓭《大正藏》冊八十五，頁一二八九下——一二九〇上。

⓮《大正藏》冊八十五，頁一二八九下。

⓯《大正藏》冊八十五，頁一二九〇上——中。

⓰《大正藏》冊八，頁七三一上——中。

參考文獻

釋印順著：《中國禪宗史》，臺北：正聞出版社，一九七一年，第一章「菩提達摩之禪」；及第二章「雙峰與東山法門」。

胡適著：〈楞伽宗考〉，《中央研究院歷史語言研究所集刊》第五本第三分（一九三五年），頁二八三——三一一。

陳士強著：《佛典精解》，臺北：建宏出版社，一九九五年，上卷「宗系部」第四門「唐淨覺《楞伽師資記》一卷」。

般若無住南宗禪

——惠能《六祖壇經》導讀

《六祖壇經》由惠能（六三八—七一三）弟子法海彙集記錄，是南宗禪義理的奠基之作，也是中國祖師著述之中唯一冠上「經」者。「經」本是對佛陀的言教而說，祖師的撰述只稱作「論」，由此足以見到這部典籍的特殊地位。《六祖壇經》自古以來即受到中國及域外佛教圈所重視，包括習禪行者與文人雅士。現代佛教信眾通常不知道的一件事，是這部禪典在中國歷代有多系傳本，如敦煌本（法海原本）、惠昕本、契嵩本、德異本、宗寶本等，字數有一萬二千多字到二萬餘字的差異。究竟哪種版本較接近原本，學界仍聚訟紛紜。

學界人士採取不同於禪宗傳統的視域來看待此書。尤其是在禪宗史觀方面，禪門行者幾乎全屬南宗禪法脈傳承，易將書中所述神秀與惠能的悟境高下，以及北宗人士欲搶奪衣鉢的故事視為實際的歷史敘事，學界則主張這些記事可能出自南宗禪後學的扭曲手筆。此外，在教理研修方面，佛教內部通常以元代宗寶本❶為閱讀文本，學界則會從事諸本的對勘研究，或擇取時代較早、內容古樸的唐代法海敦煌本❷。其實，對於學禪者而言，不論閱讀哪一系的傳本，書中的歷史表述或文字多寡並非關鍵，重要的是經典文句所要傳達的實踐指導。本章寫作為了引用經文的一貫性，採用敦煌本，文字則依學界先進的校勘成果而有所取捨。

佛性清淨本無塵

《六祖壇經》開卷處，論及惠能的家世及他決定前去向五祖弘忍（六〇一—六七五）求法的因緣。惠能生於嶺南，此處是遠離政治文化中心的國境邊陲，他的家境貧寒，以賣柴為生。某日因賣柴而跟隨買家到客店取錢，將轉身離去之時聽聞有人誦念《金剛經》，當下有所領悟，於是向該人打探此經消息，得知弘忍大師正在蘄州黃梅縣東的馮墓山（今湖北黃梅縣東北）傳法，對方且說：「我在那裡聽到大師勸勉道俗只持誦《金剛經》一卷，即得以見性，直接了悟而成佛。」❸惠能聽到這番話，知道與自己有宿世因緣，就做了安排，辭別母親，出發前往馮墓山。

前篇《楞伽師資記》的導讀中，已論及菩提達摩所傳禪宗原以《楞伽經》傳宗；然而，到了惠能學習禪法的時代，《金剛經》已然取代該經地位，而這個轉變似乎與弘忍有密切關係。《楞伽經》與《金剛經》兩部經典可對顯出北宗與南宗禪法取向的差異。《楞伽經》談心論識，且述及禪法的不同層次；《金剛經》則大談般若智慧的直捷觀照，前者注重觀修，後者強調悟法。

惠能到了弘忍處，首先引發一段南方文化未開化處的人是否具有佛性的機緣問答，惠能極力主張：人雖有南北之分，但佛性並無南北的差異；文化層次低者與受人所尊崇的大和尚，佛性也無差別。這是在彰顯一切眾生皆有佛性的重要意義，而南宗禪的佛性，主要涵義是與般若空慧融合無間的自性清淨心（又稱本心、本性、菩提般若之智等）。

南宗禪法門強調須先見性，即與真心佛性思想有關，首先尋求開發菩提般若之智，意即與自性清淨心發生連結，修行始能著力。若未悟理，不明了煩惱即是菩提，應啟開般若智慧予以轉化消融，不依此道，卻將煩惱視為要消滅的對象，拚命掃除，只如大石壓草，永無斷根之日。書中神秀與惠能呈現自心領悟境地的偈頌，也反映出南北禪宗的差異進路。神秀的偈頌如下：「身是菩提樹，心如明鏡臺，時時勤拂拭，莫使有塵埃。」❹代表一種尚未照見本心而住於清淨境界，不斷努力掃除煩惱的漸悟禪修風格。

惠能的偈頌有二首：「菩提本無樹，明鏡亦無臺，佛性常清淨，何處有塵埃？」及「心是菩提樹，身為明鏡臺，明鏡本清淨，何處染塵埃？」❺第一首採取否定的破執進路以顯示佛性的清淨，本無煩惱。第二首在消解執取之後，以肯定的進路顯明心性本來清淨無染。此與《金剛經》的理趣暗合，如經中說：「如來說諸心，皆為非心，是名為心。」❻又說：「應無所住而生其心。」❼弘忍見到惠能的呈心偈後，知曉他已了知佛法大意，卻故意說尚未見性，並暗示他夜半三更到法堂。弘忍為他講解《金剛經》，惠能言下大悟，老師於是將衣缽傳給了他。通過如此的敘事方式，為惠能爭取到禪宗正統傳承的地位。

無念無住定慧本

傳統禪修法門強調由戒生定、由定發慧的次第修行，《六祖壇經》則將戒、定、慧融通一體，以般若智慧為中心統合三學。首先，關於禪定與智慧的關係，經中說：「定與慧是一體不二的，定就是慧的體性，慧就是定的功用。就在慧的時候，定在慧中；就在定的時候，慧在定中。」❽定與慧是合一的，禪定是智慧的體性，缺乏禪定的寂靜為體，智慧顯發不出來；智慧是禪定的功用，欠缺智慧的照明作用，則禪定流於消極暗鈍。禪定好比發出光明所依的燈體，智慧猶如燈體所顯的照明功能，燈體燃燒必然發光，發光則必有燈體燃燒。

禪宗悟理的直捷表現可以《六祖壇經》對「一行三昧」的詮解為例，這種行法出於《文殊般若經》卷二，經文原本的修習方法如下：欲進入一行三昧，應到寂靜無人處，去除心中的雜念，不取著種種相狀，全心繫念於一佛，朝向該佛的方位，端身正坐，能於一佛念念相續，就在這種正念中，可見到過去、現在、未來一切諸佛。如此則能具足一切功德，且能盡知恆河沙數諸佛的法界無差別相。❾

惠能對一行三昧卻有相當不同的解釋，他說：「只運行真心，對於一切法不生執著，稱為一行三昧。迷惑者住著於法相，執取一行三昧，只說禪坐不動，去除妄想而不起心念，就是一行三昧。如果是這樣的話，這種法門就形同無情物，反而是障礙修道的因緣。道必須通暢靈動，為何反而滯塞？心不住著於法，道就暢通靈動，住著就被束縛。」❿正確的禪修法門應是不著心、不著境，不說不動，也不說動，全然地無住，體會心性本淨。

《六祖壇經》主張迷人要用漸教工夫引導，悟人須教以頓修法門，並無全盤否定漸修進路之意，只是更為肯定頓悟罷了！不論漸修或頓悟，都立下三個極致準則：無念為宗，無相為體，無住為本。於念而不念，於相而離相，念念之中對於一切法都無所住著。問題是如何達成如此高深的自在體悟境地？就此而言，對於「無念」、「無相」、「無住」三法的各別意義及其間的相互關係，應當尋求適切的理解。

「相」源自於外在，對外遠離一切相，即是無相。只要能遠離諸相，則內在性體就清淨，因此以無相為體。又於一切境界上不染著，說為無念。無念即是正念，是心性真如的體現。惠能說：「無是無什麼？念是念什麼？無的意思是說遠離由執取二元概念而起的一切煩惱。真如是正念的體性，正念是真如的功用，由自性上發起正念，雖處於見、聞、覺、知當中，卻不染著萬境，常得自在。」⓫禪修不再是只通過靜坐以尋求去除妄念，其本身就是般若慧的實踐。惠能說：「什麼是坐禪？於一切無所障礙，於外在一切境界上，妄念不起是坐；見到清淨本性而不散亂是禪。對外遠離相是為禪，對內不散亂稱為定。」⓬這種禪修進路與無念、無相、無住的意義是相通的。

關於《般若經》的中心思想「般若波羅蜜」，惠能主張：「什麼是般若？般若意即智慧。念念不愚迷，常依智慧而行，就叫作般若行。心中想著自己在修習般若，就遠離般若行。智慧的體性即是無形相，也就是無分別、不執著的體悟內涵。什麼是波羅蜜？其意譯是到彼岸（究竟完成），但非指有一處相對於此岸的彼岸，那會變成相對之見，與般若智慧的完成互相背離。此岸與彼岸並非空間上的相對，只是迷與悟的方便假立，執著境界則落於生滅，是此岸；遠離境界則不起生滅，稱為到彼岸。」⓭煩惱與菩提的關係也是如此，迷則為凡夫，受煩惱所束縛；悟則為聖者，發起智慧則煩惱自然消融，菩提顯現。

無相懺悔心土淨

《六祖壇經》的法門表現在持戒上，是持無相戒，能時時生起智慧正念，自然不會犯戒。違犯戒律想要懺悔，如果將過錯視為真實存在，那麼再怎麼努力修行懺悔，罪咎都仍留藏心底。惠能教導的懺悔法門與般若智慧融通，他向眾人講說「無相懺」，第一頌說：「愚人修福不修道，謂言修福如是道，布施供養福無邊，心中三業原來在。」⓮以執著之心修集福德並非真正的修行菩提，儘管累積了許多功德，內心仍在種植身、口、意三業的種子。

第二頌說：「若將修福欲滅罪，後世得福罪元在。若解向心除罪緣，各自性中真懺悔。」⓯修福無法滅罪，罪惡因緣是我們的分別心識，能夠了悟清淨本性，始能成就真實的、徹底的懺悔。若不開發般若智慧，於內心中斷絕罪惡根源，則三業永無止期，懺不勝懺。書中援引梁武帝為例，說他雖然做了眾多福德善行，因為沒有領悟到佛法的智慧真義，所以達摩說他全無功德，意思是說他並無與般若波羅蜜相應的真實功德，所累積的只是世俗福德。

《六祖壇經》的淨土觀也與般若智慧相應。有人問到持念阿彌陀佛聖號是否真能往生西方淨土，惠能回答說：這是為下根人說的。迷人念佛求生西方淨土，悟者自我淨化心靈。所以佛陀在《維摩詰經》說：「隨其心靈清淨，則佛土清淨。」東方人只要清淨自心，就無罪過；相反的，西方人若心不清淨，則有罪過。心地能保持清淨，西方離此就不遠了；心中生起不清淨，念佛追求往生也難到。⑯

其義是說下根人無法掌握佛法修行的真諦，所以為他們講說西方淨土，使他們依靠念佛的善行得以往生。然而，心不清淨，如何生在淨土？尋求往生只是表面意義，淨土法義的真實意旨，是說心靈清淨即當下置身淨土，不必外求另一處清淨國土。成佛要向自身的清淨自性上修，不須向身外求覓，慈悲是觀音，喜捨是勢至，能淨是釋迦，平直是彌勒，淨土的因緣就在當下自我的大乘智慧實踐之中。

最後，要補充說明的是惠能對於佛經語言文字的態度。應知惠能並未否定經教，《六祖壇經》中常見引用佛典文句，只是解釋非常自由，呼應無念、無住、無相的真理意趣。一切經書的語言文字是依照學法者根機差別而施設，無論是利根智者還是鈍根迷者，都無法脫離經教的指引，修學到最後方有能力運用超離語言概念的頓修法門，直悟本心。⓱這是「不假文字」的本意，依義不依語。

經教文字實不可偏廢，執著「不用文字」，則落入一種虛無邪見，等於在毀謗佛陀教法。⓲惠能指出執取文字是「著相」，否定文字是「著空」，都會增長無明邪見。若是不用文字，那也等於不該用語言來說法，如此佛法就沒辦法傳授了。正確的態度應是對經教文字了知其性空假有的意義，權宜施設語言文字來傳遞佛法真理與修行方法，靈活運用而不拘執其上。後世禪宗門徒標榜的「教外別傳，不立文字」，須從中晚唐以後的禪宗文化考察其成立背景。

《六祖壇經》全書中展現出一種極高的智慧，全然的不執著，將一切修行法門與般若智慧融通為一體，對於持戒、禪坐抱持如此灑脫自在的態度，非真修實悟者實難說出這種覺悟經驗。雖然現代學者認為各種《六祖壇經》版本之中都攙雜了禪門後學的增添改訂，但其中的覺悟境界、智慧靈動是可以讀得出來的。

❶ 收於《大正藏》冊四十八。
❷ 收於《大正藏》冊四十八。
❸《大正藏》冊四十八．頁三三七上。
❹《大正藏》冊四十八．頁三三七下。
❺《大正藏》冊四十八，頁三三八上。
❻《大正藏》冊八，頁七五一中。
❼《大正藏》冊八，頁七四九下。
❽《大正藏》冊四十八，頁三三八中。
❾《大正藏》冊八，頁七三一上——中。
❿《大正藏》冊四十八，頁三三八中。
⓫《大正藏》冊四十八，頁三三八下。
⓬《大正藏》冊四十八，頁三三九上。
⓭《大正藏》冊四十八，頁三四〇上。

⑭《大正藏》冊四十八，頁三四一上。
⑮《大正藏》冊四十八，頁三四一上。
⑯《大正藏》冊四十八，頁三四一中。
⑰《大正藏》冊四十八，頁三四〇中—下。
⑱《大正藏》冊四十八，頁三四三下。

參考文獻

釋印順著：《中國禪宗史》，臺北：正聞出版社，一九七一年。
楊曾文著：《敦煌新本《六祖壇經》》，北京：宗教文化出版社，二〇〇一年。
楊惠南著：《惠能》，臺北：東大圖書公司，一九九三年。
黃國清著：〈《六祖壇經》對佛教經典的引述與詮釋〉，《禪與人類文明研究》第十二期（二〇二二年），頁四十—五十六。

機緣禪語傳佛心

——道原《景德傳燈錄》導讀

禪宗在唐代發生北宗與南宗的分化，禪法呈現多元化發展，宗密所撰《禪源諸詮集都序》以兩卷篇幅概括了當時諸家禪法旨要。六祖惠能（六三八—七一三）所創導的南宗禪漸成禪門主流，及傳出語錄體的撰述，《六祖壇經》即是惠能說法開示的記錄。在中晚唐時代，禪門盛行機鋒問答的教學方式，甚至追求跳脫語義與邏輯，留下許多師徒間與禪人間的機鋒問答語句，依法脈傳承彙集成燈錄類的著作。現存最早的禪宗燈錄是由南唐泉州招慶寺淨、筠二位禪師所編撰的《祖堂集》（成書於九五二年），所記內容可說最接近唐代禪問答的原貌。

禪宗從唐代發展到北宋時代，禪問答在禪法意涵與表達風格上有了顯著變化，日本學者小川隆認為唐代的許多禪問答有其共享的問題意識，若還原到問答脈絡來進行解讀，看似意義不甚明了的對話，是可理解其深邃意涵的。至於宋代的問答公案，極力強調禪悟的不可理解性，追求徹底超越意義與邏輯。中晚唐開始，禪門流行否定經教文字的風氣，嘗試破除參禪者對語言文字的執著，指引直接悟道。這種「不立文字」的精神理念在宋代得到繼承，而北宋「文字禪」的發展，卻要以「不離文字」的態度，將文字作為禪的傳遞中介，以燈錄和語錄等文獻展示宗門祖師的禪心風範。

北宋法眼宗僧人道原（生卒年月不詳）於景德元年（一〇〇四）編成《景德傳燈錄》三十卷，此書載錄自過去七佛以來，到道原的時代為止，禪宗五家五十二世共一千七百餘人的禪師傳略與機緣法語，反映禪宗的整體思惟及禪師的個人禪風。根據北宋官員兼文學家楊億為此書所寫的序文，道原在書成之後，進京呈獻，皇帝命令楊億等人共同勘訂整理，以利流傳。❶《佛祖統紀》卷四十五記載，景祐元年（一〇三四），官員王隨刪削《景德傳燈錄》為十五卷，由傳法院編錄入藏。❷在《寶林傳》、《祖堂集》於西元二十世紀上半葉被重新發現以前，《景德傳燈錄》是存世時代最早的禪宗史籍，對其後各種傳燈錄的纂輯產生廣泛影響。

西天佛祖一脈傳

《景德傳燈錄》卷一首列「七佛」，其次為「天竺二十五祖」（其中有一祖為旁出而無錄）；卷二為其餘「天竺三十五祖」（其中二十二祖為旁出而無錄）。七佛即包含釋迦牟尼佛在內的過去七佛。天竺諸祖總共五十人，正傳有摘錄語句者二十七人，旁出無摘錄語句者二十三人，始於第一祖摩訶迦葉，終於菩提達摩之前的第二十七祖般若多羅。書中對於七佛與二十七位祖師，都提供其略傳與「付法偈」的摘錄文句。以此種付法安排，將中國禪宗法脈銜接到印度諸佛與佛教祖師的一脈相傳。

在「敘七佛」一開始，說明古佛應世的數目無法計算，如現在賢劫這個大時代即出現千佛。道原援引《長阿含經．大本經》之「毘婆尸佛」傳記中的「七佛精進力」一頌，及文殊師利菩薩為七佛祖師等記載，提出他只講述七佛傳承的正當性依據。以過去七佛之首的毘婆尸佛為例，先舉示其付法偈如下：「身從無相中受生，猶如幻出諸形象，幻人心識本來無，罪福皆空無所住。」這首付法偈能查到的較早出處是永明延壽所集《宗鏡錄》卷九十七。其次，摘引《長阿含經》介紹毘婆尸佛出世時的人壽為八萬歲，及他所屬的種姓、姓氏、父母、所居城市、菩提樹種、所度人數、重要弟子等信息。❸

釋迦牟尼佛的傳記稍詳，講述其種姓、父母、出生日期、出生情景、四門遊觀生厭離心、夜半逾城出家、向外道學禪、六年苦行、成佛日期、初轉法輪度五比丘、說法四十九年，圓寂前付法於阿難而說偈頌：「法本法無法，無法法亦法，今付無法時，法法何曾法？」又將衣鉢付囑給摩訶迦葉，交代他轉交給彌勒菩薩。最後，在拘尸那城，罹患背痛而將入涅槃，在熙連河邊的娑羅雙樹下，說〈無常偈〉：「諸行無常，是生滅法，生滅滅已，寂滅為樂。」右脇而臥，進入圓寂。❹

釋迦牟尼佛入滅後，摩訶迦葉成為禪宗的第一祖，道原概述迦葉的國籍、種姓、父母等信息，及徵引《付法藏因緣傳》說其身現金色的宿世因緣。大迦葉發心出家，釋尊說：「善來！比丘！」即刻鬚髮自落，身著袈裟。佛陀將清淨法眼付囑給他，要他留傳下去，不使斷絕。又引《大般涅槃經》說明釋尊將入涅槃時，大迦葉不在身邊，佛陀告訴大弟子們說：「迦葉前來時，可讓他宣揚正法眼藏。」意謂將集結經典之事託付於他。後來，大迦葉主持佛陀荼毘儀式及集結法眼大事。大事已畢，說出付法偈：「法法本來法，無法無非法，何於一法中，有法有不法？」隨後，手持僧伽梨衣，進入雞足山，等待慈氏菩薩下生。❺有趣的是，這裡並未見到中國禪宗盛傳的「拈花微笑」故事。

摩訶迦葉傳法給阿難，阿難傳商那和修，商那和修傳優波毱多，祖祖相傳，第十四祖為龍樹大士。第二卷記述龍樹菩薩之後，依序傳法到第二十七祖般若多羅，他是菩提達摩的師尊。《景德傳燈錄》並且引用文獻資料標示每位祖師圓寂時間所相當的中國帝王年號。如釋迦牟尼佛出生於周昭王二十四年（前九七七），入滅於周穆王五十二年（前九二五），此與現今所推斷的時代落差甚大。又指龍樹圓寂於秦始皇三十五年（前二一二），也與實際年代出入甚大，龍樹大約活動於西元二、三世紀。只能說古代對於如此久遠的帝王年號難以知悉其準確時代。

達摩西來接上根

第三卷收錄第二十八祖菩提達摩（約圓寂於五三〇）到第三十二祖弘忍大師的生平事略與法語摘錄。換言之，此卷記載中華禪宗的初祖到五祖，而達摩是跨越與連結中、印兩邊的關鍵人物。

菩提達摩的傳記特別詳細，敘說他是南天竺國香至王的第三子，本名菩提多羅。後來遇到二十七祖般若多羅尊者，獲其印可。師尊勉勵他弘揚大乘，因而改名為菩提達摩。他問老師說自己得法之後，應前往哪一國度化有情？尊者曰：「你雖然已得法，不可立即遠遊，姑且安止南天竺，等我圓寂後六十七年，前往中國，布施大法藥，徑直接引上根器者。」達摩又問：「那裡是否有菩薩根機者，能成為法器？佛滅千年，是否有阻礙？」尊者說：「你所化導的地方獲證菩提者不可計算。你到達的時候，不要停留在南方，那裡的人只愛好有為功德，見不到佛理。你縱使到了那裡，也不可久留。」隨後，說出預言佛教興衰的幾首偈頌。❻這裡預示達摩將來到中國，先在南朝與梁武帝的對話因緣，話不投機，而往北方大弘禪法，接引利根行者。

接著，細說達摩在印度以大乘辯才廣度小乘論師及化導國王的事蹟。後來，自感因緣已熟，辭別祖塔及同學、國王等人，經由海路來到廣州。後來到南京，就發生梁武帝詢問造寺、寫經、度僧有多少功德那一段饒富興味的對話。由於根機不相契，達摩祕密離開，渡江北上，於後魏正光年間（五二〇—五二五）抵達洛陽，後來長住嵩山少林寺。在這裡，達摩面壁禪修數年，人稱「壁觀婆羅門」。

有僧人神光抱定決心來向達摩參學佛法，經過很長時間未得指點，在大雪夜裡站立不動，甚至斷臂求法，達摩知是法器，為他改名慧可。師徒之間的一段傳法佳話，是神光問說：「諸佛的法印能夠聽聞嗎？」老師說：「諸佛法印非從人獲得。」神光又說：「我心未安，請求老師幫我安心。」老師說：「把心拿來，我幫你安。」弟子說：「我找心完全找不到。」老師說：「我幫你把心安好了。」後來，後魏孝明帝聽聞達摩的神異事蹟，三次派遣使者來請，達摩都不肯下山。達摩住在此地九年後，想返回天竺，對弟子道副、尼總持、道育、慧可等人做最後的禪悟檢定，確認慧可得其精髓，將如來託付大迦葉而一脈相承的正法眼藏付囑給他，以袈裟作為信物。另外，以《楞伽經》四卷付法給慧可。後來，達摩並未返回印度，圓寂後葬在熊耳山，起塔於定林寺。❼以上是從南宗禪立場所做的傳法書寫，表現頓悟的禪法取向。

第二十九祖慧可傳法於第三十祖僧粲，旁出六世共十七人，有僧那、向居士、慧滿三人的機緣語句附記在慧可傳記之下。僧粲傳法給道信，道信旁出法嗣九世共七十六人；道信傳法給弘忍，弘忍有旁出法嗣五世共一〇七人。道信與弘忍兩位大師的旁出法嗣有機緣語句值得記載者收在第四卷。

一花五葉衍南宗

弘忍傳法給三十三祖惠能，《景德傳燈錄》卷五的惠能傳記大抵摘自宋代佛教史家契嵩所撰《傳法正宗記》卷六的〈震旦第三十三祖惠能尊者傳〉❽。另外，列舉惠能的法嗣三十四人，其中十九人有機緣語句而附記於此。惠能法脈中最重要者是南嶽懷讓與青原行思兩大支系。

行思禪師到曹溪去參禮中土六祖惠能，問六祖說：「應當修行什麼，就不落階次？」六祖回問：「你曾做過什麼修行？」他曰：「聖諦也不修行。」六祖曰：「落在什麼階次？」回答：「聖諦尚且不修，哪有什麼階次？」六祖非常器重他。沒多久，徒眾雖然很多，行思居於首位。某日，六祖向他說：「過去以來，衣與法是一併相傳的，衣表信物，法是印心。我現在是得法的人，怎會擔心不信受法？只是我得到大衣以來，遭遇這麼多劫難，何況後代爭搶者必多！大衣就留來鎮守山門，你應當分頭教化一方，不使法斷絕。」行思既已得法，前往吉州青原山住錫在靜居寺。六祖將入圓寂，有沙彌希遷（後來的南嶽石頭和尚）問說：「和尚百年後，希遷不知應當依止何人？」六祖說：「找行思去。」❾石頭希遷的後代法嗣開出了禪宗五家之中的曹洞宗、法眼宗、雲門宗。

懷讓禪師原本依止弘景律師出家學習律藏，感慨志趣在學法，與同學坦然一起去拜謁嵩山老安和尚，氣性不相契，受老安指點去曹溪參學六祖惠能。初到，六祖問：「從什麼地方來？」回說：「嵩山來。」六祖又問：「什麼東西？怎麼來？」回說：「說像一個東西就不切合。」六祖問：「還可修證嗎？」回說：

「修證並非沒有；汙染就不可得。」六祖說：「就這個不汙染，是諸佛所護念者。你既已如此，我也是如此。西天的般若多羅預言你門下會出一匹馬駒，踩踏天下人。全放在你心中，不要急著講說。」懷讓豁然領悟。他在六祖身邊奉侍十五年，於唐代先天二年（七一三）才前往南嶽住在般若寺。⑩懷讓門下有高徒馬祖道一，就是般若多羅（達摩的老師）所預示的那匹壯馬，由他的後代法嗣開啟了臨濟宗與溈仰宗。

從曹溪惠能這個南宗禪之源，歷經南嶽懷讓——馬祖道一，及青原行思——石頭希遷，這兩支法脈，開出了後來禪宗五家，此即達摩付法給慧可的傳法偈「吾本來茲土，傳法度迷情；一花開五葉，結果自然成」當中所懸示的「一花開五葉」。《景德傳燈錄》卷六到卷十三前半，收錄懷讓法嗣的第一世到第九世；卷十三後半，收錄惠能別出的第二世到第六世；卷十四到卷二十六，收錄行思法嗣的第一世到第十一世。

卷二十八為「諸方廣語」，收錄南陽慧忠等十二位禪師的精闢法語。卷二十九為「讚頌偈詩」，收錄誌公和尚等十五人的作品一百餘首。卷三十為「銘記箴歌」，包括傅大士〈心王銘〉、三祖僧粲〈信心銘〉、菩提達摩〈略辨大乘入道四行〉等二十三種作品。

關於《景德傳燈錄》在佛教史學上的價值，陳士強概括如下：「除了編訂了禪宗一千七百餘人的師承法系，刊載了一批禪師的讚頌偈詩、銘記箴歌以外，主要表現在彙集了禪宗九百五十四人的機緣語句。……禪宗的機語主要集中在下列問題上：如何是祖西來意？如何是佛法大意？祖意與教意是同是別？祖祖相傳個什麼？如何是三寶？如何是法身？如何是佛？如何是祖？如何是古佛心？如何是和尚家風？如何是本來面目？如何是學人本分事？如何是學人自己？如何是道？如何是禪？如何是境中人？牛頭未見四祖時如何？如何是無縫塔？等等。」書中的這些機鋒問答與雋永作品如能好好參究，會獲得修習禪宗法門的良好啟發。對於《景德傳燈錄》的傳記書寫與機緣語句，應從南宗禪的視域予以領會，不在考辨史料的可信度，而在其參禪啟悟的價值。

❶《大正藏》冊五十一，頁一九六下。
❷《大正藏》冊四十九，頁四〇九下。
❸《大正藏》冊五十一，頁二〇四下。
❹《大正藏》冊五十一，頁二〇五中——下。
❺《大正藏》冊五十一，頁二〇五下——二〇六中。
❻《大正藏》冊五十一，頁二一七上。
❼《大正藏》冊五十一，頁二一九中——二二〇中。
❽《大正藏》冊五十一，頁七四七上——七四九上。
❾《大正藏》冊五十一，頁二四〇上——中。
❿《大正藏》冊五十一，頁二四〇下。

參考文獻

小川隆著，何燕生譯：《語錄的思想史——解析中國禪》，上海：復旦大學出版社，二〇一五年。

陳士強著：《佛典精解》，臺北：建宏出版社，一九九五年，上卷「宗系部」第四門「北宋道原《景德傳燈錄》」。

往生淨土五念門

——曇鸞《往生論註》導讀

《無量壽優婆提舍願生偈》❶（簡稱《往生論》），是印度瑜伽行派（唯識學派）論師婆藪槃豆（天親、世親）所作，由北魏菩提流支漢譯。這部論書依據《無量壽經》，先以偈頌形式闡釋阿彌陀佛及其安樂（極樂）國土的功德莊嚴，表達一心歸向之意；次以長行論說禮拜、讚歎、作願、觀察、迴向等五種往生淨土的實踐法門（五念門），以及智慧、慈悲、方便的菩薩道。北魏時代的曇鸞（四七六—五四二）為這部論書作了疏解，全稱《無量壽優婆提舍願生偈婆藪槃頭菩薩造並註》兩卷，簡稱《往生論註》。

根據《續高僧傳》的曇鸞本傳記載，他少年時即常在五台山探訪靈跡，因內心喜悅而出家。曇鸞精研龍樹四論與佛性經典，曾想註解《大集經》，卻感得疾病而停筆，周遊各地以求治療。後來在秦陵故墟的城東門上望見異象，因而痊癒。他感觸生命危脆，想先學仙法獲得長生，再來修學佛道，於是到梁朝尋訪陶弘景，獲贈仙經十卷。他返回北魏，想找名山修習仙道，在洛陽逢遇菩提流支，請問佛法中是否有不死法勝過漢地仙經。菩提流支不屑此問，說印度也有長生法，縱然長壽，最終還是要輪迴三界；便授與觀修淨土的經典，說是大仙方，依法修行可解脫生死。曇鸞頂受經典，燒掉仙經，推廣淨土法門，自行化他。❷

曇鸞的《往生論註》首先依龍樹《十住毘婆沙論》說及菩薩趣向「阿毘跋致」（不退轉位）的難行道與易行道。難行道意指在無佛出世的五濁惡世從事菩薩道實踐，追求達於不退轉境地，必須面對種種障礙，經歷無數難行苦行，好比行走陸路，甚為艱辛費力。易行道意謂以信佛因緣，乘佛願力往生清淨佛土，在佛力加持之下進入「正定聚」（必定成就無上菩提的類聚），形同已得不退轉境地，猶如乘船行於水路，輕鬆省力。❸佛陀出於慈悲宣說的淨土法門是一種方便道，使學佛大眾不致畏難而放棄菩薩行。

五念佛門生安樂

《往生論》的主要實踐法門是「五念門」，除了觀察門之外，世親的解說非常精簡。換句話說，觀察門以外的四門意義較為單純，淨土法門的闡述重心因此落在對佛國土、佛陀與菩薩的功德莊嚴的觀想修習上。然而，五念門是一組系統的方法，指導修學者成就往生淨土的功德，對其意義的深入理解實有必要。曇鸞將禮拜、讚歎、作願、觀察這四門判為「入安樂淨土門」，是成就往生淨土的自利實踐；視迴向一法為「出慈悲教化門」，是在淨土修行成就後轉至其他國土教化眾生。曇鸞對《往生論》文句有進一步的義理發揮，可謂重要的補充。

「禮拜門」是以身業禮拜「阿彌陀如來、應、正遍知」。曇鸞強調佛功德無量，非筆墨所能盡書，因此常用十個名號或三個名號作為代表。曇鸞扣著「如來」、「應」、「正遍知」闡釋諸佛如來的偉大功德，表彰佛陀值得禮拜的意義。「如來」意謂如諸法實相而解，如諸法實相而說，如諸佛的安樂覺證而來。「應」即「應供」，斷盡一切煩惱惑障，證得一切智慧，應受一切有情供養。「正遍知」

意指了知一切諸法的真實不壞相，不增不減，如涅槃那樣如如不動。❹具足如此圓滿的全知智慧功德，應當至誠禮拜，發願往生，親見如來。

「讚歎門」是口業的讚歎，稱讚如來名號、如來的光明智相，希望如實修行以與佛陀的名義所示功德相應。如來名號是「名」，光明智相是「義」，所謂的與佛的名義相應，曇鸞解釋說：無礙光（無量光）如來的名號能破眾生一切無明，能滿足眾生一切志願，口業讚歎即欲與此功德相應。他指出有人念佛而不相應，是因信心不淳、信心不一與信心不相續。此處也施設一個問題：名稱用來指稱法，名稱不是法的本身，如指頭不是月亮，為何單靠口念佛名即能滿願呢？曇鸞回答說：這有名即是法、名異於法二類。名即是法者，如佛菩薩名號、般若波羅蜜及陀羅尼等。❺佛菩薩的名號與佛菩薩相連無間（屬於佛菩薩的一部分），所以念佛名號可以開啟智慧，圓滿志願。

「作願門」是在心中恆常發願，一心專念著究竟往生安樂國土，期願如實地修行奢摩他（止）。曇鸞說「止」有住心一處而不造惡的意義，進一步解釋如下：(一)一心專念彌陀，願往生其國土，佛名號及其國土名號具有止息一切惡業的功用。(二)

安樂國土超越三界，若人往生該國土，自然止息身、口、意的惡行。㈢彌陀佛的正覺住持力自然止息學佛者追求聲聞和辟支佛之心。這三種止是從如來的如實功德生出來的，所以透過發願以期如實修習奢摩他。❻

「觀察門」是以智慧觀察，希望如實地修行毘婆舍那（觀）。正念觀察三種內容：安樂國土的功德莊嚴、阿彌陀佛的功德莊嚴、該國菩薩們的功德莊嚴。對此三事觀察得分分明明。曇鸞解釋說「觀」有二義：㈠所觀國土、佛陀、菩薩的功德是如實的，修行者也由此獲致如實的功德，決定往生那處國土。㈡往生安樂淨土即見阿彌陀佛，未證得淨信心的菩薩必定能證得平等法身，與淨信心菩薩及更高階位菩薩究竟同得寂滅與平等境地。❼

「迴向門」意謂不捨一切眾生，心常發願，以迴向為先，依此成就大悲心。曇鸞說明迴向有「往相」與「還相」。往相意指將自己的功德迴施一切有情，發願共同往生安樂國土。還相是說往生那個清淨佛國土後，獲得奢摩他、毘婆舍那，方便力成就，迴返進入生死世界教化一切眾生共同趣向佛道。由於往生與返還都是為了救拔眾生脫離生死大海，因而說以迴向為先能成就大悲心。❽

由於對淨土依報國土與正報身相（佛身、菩薩身）的清淨莊嚴功德的觀察思惟至關重要，曇鸞順著《往生論》文句詳細解釋「阿彌陀佛國土十七種莊嚴功德」的具體觀察所緣境。因此，修習這種淨土念佛法門，是以觀想念佛作為核心行法，應當精熟《無量壽經》與世親論書所講述的種種莊嚴清淨內容，依於禪定心專注觀察，尋求與其相應。禮拜、讚歎、發願是不可或缺的止觀助成行法。

本來無生因緣生

曇鸞的淨土教理與般若思想融通一氣，在疏解中有多處發揮「無生而生」的精深意趣。在解釋《往生論》頌文「世尊我一心，歸命盡十方，無礙光如來，願生安樂國」的段落，曇鸞設問說：大乘經論中處處說眾生畢竟無生，如同虛空，為何天親菩薩說發願往生呢？回答說：「說眾生無生如虛空，有二層意義：㈠如凡夫所以為的真實眾生，如凡夫所見的真實生死，他們所見到的事情是畢竟無所有的，如龜毛、兔角一樣。㈡諸法因緣和合而生，即是不生，如同虛空一樣無所有。天親菩薩所發願的往生，是因緣和合義的假名生，非如凡夫所以為的有真實眾生、真實生死。」❾雖為緣起的假名生，但往生淨土依然是殊勝之事。

另外，《往生論》中述及「彼無量壽佛國土莊嚴第一義諦妙境界相」，本意應是在說安樂國土是佛智所觀照的最為殊勝的微妙境界，曇鸞則特別注重「第一義諦」的解說。他在此段施設一個疑問：出生是存在的根本，一切煩惱的源頭，捨棄三界的出生另求淨土的出生，出生如何能夠滅盡？回答說：為了消除這個疑惑，所以要觀想淨土的功德莊嚴，安樂國土是依阿彌陀佛清淨本願，無生而生起的，並非如三界存在的虛妄生起。為何如此說？法性清淨，究竟無生，說「生」是依照能往生者的願望。如果出生本來無生，出生要在哪裡滅盡？❿想要滅盡出生是聲聞行者的修行目標，超離生死，體證涅槃。從第一諦的高度來看，出生之事本來無生；往生淨土的終極目標，是在體悟無生的實相真理。

雖然淨土與穢土皆是因緣和合，空無自性，於二種國土的出生都是本於無生的因緣生，只是淨土具有真實的功德，助益往生者超越出生與滅盡的相對分別，覺證無生實相。為什麼出生的滅盡也不可執著？小乘的修行觀念，想求取涅槃的永滅。曇鸞說追求滅盡，於上則失卻無為而無不為的佛身，於下則有不明三空（空、無相、無作）為不空的弊病。他並引《維摩詰經》說如此之人的大乘根本已經敗壞，應該難過得哭聲振動三千大千世界，學習佛法而無報恩之心，自招恥辱。⓫也就是說，追求出生的滅盡是缺乏大悲心的自利行為，同時無法領悟無生而生的般若深義。

消釋眾疑明淨業

《往生論註》釐清了許多淨土教理的爭議問題。首先，談到阿彌陀佛的光明無量，照耀十方國土無所障礙，此時施設一個問題：為何娑婆國土的眾生未蒙受阿彌陀佛的光照？是否表示阿彌陀佛的光明也有所局限？曇鸞回答說：遮礙屬於眾生這邊，不在佛光明那邊。好比日光普照，眼盲者無法見到光明，問題並非出在光明不能普照。⓬其中蘊含的意義是說眾生須要一心尋求與彌陀相應，始能蒙受佛光的照耀。

關於什麼樣的人無法往生，《無量壽經》與《觀無量壽經》的說法不同。前經排除造作五逆重罪者與誹謗正法者，其餘一切凡夫都有往生的可能。後經則在「九品往生」的下下品生中說到即使是造作五逆重罪者，臨命終時值遇善知識為他講說妙法，教他念佛，如能十念具足的話，命終即可往生佛國。二經如何會通？曇鸞主張只有誹謗正法者無法往生，除了依據《觀無量壽經》之外，另有經典提到誹謗正法的罪業比造五逆罪還重，在阿鼻地獄受苦的時間更久。為何誹謗正法的罪惡如此之大？曇鸞說正法就是佛法，哪有誹謗佛法者能生於佛土之理？如果沒有佛菩薩宣說世間與出世間的善道來教化眾生，則世間的一切善法都會斷絕，出世間的一切賢聖皆會消失；再者，五逆重罪也是從無正法而產生的，所以誹謗正法的罪業大過造五逆罪。⓭淨土佛教屬於大乘教法，誹謗大乘正法則與這個法門完全背離，罪業其重無比，徹底障礙往生淨土，宜慎！

論註中又施設一個問題：業道如秤子那樣公平，由重業先牽引亡者轉世，五逆十惡的罪業那麼重，結果只以至誠心十聲念佛就可往生淨土，不就違反重業先牽的法則？曇鸞說較量業力的輕重，有三個重要的決定因素：心念、所緣、決定（必定）。㈠造罪人之心依虛妄顛倒見而轉生，十念者之心依善知識方便地安慰及聽聞實相法而往生，真實法的力量遠勝過虛妄法。㈡造罪人依止妄想心，內心緣念煩惱虛妄果報的眾生；十念者依止彌陀佛方便所莊嚴的真實清淨無量功德名號。㈢造罪人依有後（有未來存在）心、有間心，必定生於阿鼻地獄；十念者依無後心、無間心，必定生於安樂國土。⓮修持淨土念佛法門必須發起如實心念，依止真實清淨無量功德的彌陀聖號，帶起決定往生之心，可以壓過一切重大惡業力的牽引。

關於往生淨土必須發菩提心的問題，曇鸞引《無量壽經》說：「三輩往生者雖然修行有優有劣，但沒有不發起無上菩提心的。無上菩提心就是發願成佛的心；發願成佛的心就是度眾生的心；度眾生的心就是攝取有情生於有佛國土的心。因此，期願往生安樂國土，必須發起無上菩提之心。」⓯強調必須發起無上菩提心，始能與淨土法門的精神相應，為了自度與度人而發願往生淨土，修學深觀與廣行的菩薩法。

《往生論》中有「巧方便迴向」的觀念，意思是說自己修學禮拜等五念門，所累積的功德不求自己安住之樂，而希願拔除一切眾生之苦，攝受他們共同往生安樂佛國。曇鸞解釋「迴向」的意義說：將自己所積集的一切功德施與一切有情，共同朝向佛菩提。「巧方便」的意義如下：菩薩發願以自己的智慧之火燒盡一切眾生的煩惱草木，若有一個有情尚未成佛，自己就不成佛。結果眾生雖未全部成佛，菩薩自己已先成就佛果。這正如所說的「後其身而身先」。菩薩以此攝受一切眾生共同生於安樂佛國，那個國土就是畢竟成佛道路的無上方便。[16]這不是菩薩違背自己所發的無盡誓願，而是度盡眾生的廣大菩提誓願是菩薩成佛的善巧方便，發菩提心必須無盡，而成佛事業的結果，則依菩薩與所化有情的因緣所共同決定。

曇鸞是最早對西方淨土教法做系統闡釋的中國祖師，其《往生論註》詳細解明世親《往生論》的文句，進行深度的義理闡發，將五種念佛行法與般若無生思想會通，使淨土法門與深廣菩薩行結合，同時也澄清淨土實踐的一些疑惑。相較於後世諸多以他力信仰為主的淨土撰述，曇鸞這本著述在思想意義上深刻許多。

[1] 收於《大正藏》第二十六冊。

❷《大正藏》冊五十，頁四七〇上—下。
❸《大正藏》冊四十，頁八二六中。
❹《大正藏》冊四十，頁八三五上—中。
❺《大正藏》冊四十，頁八三五中—下。
❻《大正藏》冊四十，頁八三五下—八三六上。
❼《大正藏》冊四十，頁八三六上。
❽《大正藏》冊四十，頁八三六上。
❾《大正藏》冊四十，頁八二七中。
❿《大正藏》冊四十，頁八三八下。
⓫《大正藏》冊四十，頁八三八下。
⓬《大正藏》冊四十，頁八二七中。
⓭《大正藏》冊四十，頁八三三下—八三四中。
⓮《大正藏》冊四十，頁八三四中—下。
⓯《大正藏》冊四十，頁八四二上。

⑯《大正藏》冊四十，頁八四二上—中。

參考文獻

望月信亨著，釋印海譯：《中國淨土教理史》，臺北：正聞出版社，一九七四年，第七章「曇鸞之他力本願說」。

藤堂恭俊著：〈天親と曇鸞の浄土教思想〉，收於平川彰等編：《浄土思想》，東京：春秋社，一九八五年，頁一七九—二一五。

旁徵經論勸往生

——道綽《安樂集》導讀

北魏的曇鸞（四七六—五四二）與唐代的道綽（五六二—六四五）、善導（六一三—六八一）、懷感、少康夙有淨土五祖之稱；若加上《往生論》的譯者菩提流支（五〇八年來華），則為淨土六祖。道綽原本精通《大般涅槃經》與空宗義理，於隋代大業五年（六〇九）參謁曇鸞所創立的石壁谷玄中寺（於今山西交城），見到寺中碑文所記曇鸞大師的特殊事蹟，大為欽服，於是住錫此寺，遠承曇鸞的淨土思想，大弘念佛法門。他一生講說《觀無量壽經》二百餘遍；廣勸人念佛，以小豆子或木患子串成數珠計數；又教導人不要面向西方涕唾、便溺，坐臥不背對西方，推廣彌陀淨土法門不遺餘力。

道綽的撰述傳世者有《安樂集》二卷。《唐書・藝文志》說他有《淨土論》二卷，《東域傳燈目錄》著錄《觀經玄義》一卷，這兩部著作應該都指《安樂集》，《安樂集》旨在闡發《觀無量壽經》（以下簡稱《觀經》）的大義。雖說是闡釋《觀無量壽經》之作，卻非扣緊經典文句進行疏解，而重在發揮彌陀淨土的重要觀念、念佛三昧的殊勝功德，及破除有關淨土法門的異見邪執，消釋種種疑惑，並廣引經論來證成淨土法門，在中國淨土思想史上是重要的奠基論著之一。

易行法門契時機

曇鸞《往生論註》依《十住毘婆沙論》發揮大乘菩薩法門的難行道與易行道旨趣，道綽承繼這種對大乘實踐道的區分，更結合流行於當時的佛教末法思想，使易行道的意義更得凸顯。道綽依據《大集經．月藏分》而說：「佛滅後第一個五百年，我（指佛陀）的弟子們於學習智慧獲得堅固；第二個五百年，於學習禪定獲得堅固；第三個五百年，於學習多聞與讀誦獲得堅固；第四個五百年，於建造塔寺、修福懺悔獲得堅固；第五個五百年善法隱沒，多起諍論，沒有善法獲得堅固。」推算當時正處於第四個五百年，眾生根機淺薄愚鈍，業力深重，適宜懺悔與修福，念佛法門正是與此相應的實踐方法。修行法門宜配合時代根機，道綽認為如果時代距離佛陀在世時間近，則修定修慧是正學，念佛是兼行；若時間距離遠，則後者是正行，前者是兼行。❶

念佛法門雖是易行道，而最終實踐成就與難行道殊途同歸，都能達於不退轉境地而終成佛果，這種易行易成的法門有何教理根據？道綽解釋說：「以信佛為因緣，發願往生淨土，起動心志想建立德業，依仗佛陀願力便能往生。憑藉佛陀的神力加持，即進入大乘的正定聚，而正定聚即等同阿毘跋致的不退轉階位。」❷所以淨土行者的信力、願力，與佛的大願力、大神力感應道交，共同支撐淨土易行道的成就。在末法時代，學法與修行甚為艱難，這種帶有濃厚他力思想的成佛進路，是契理契機的最殊勝法門。

今世念佛先世緣

淨土念佛法門雖說是易行道，卻非缺少福德因緣者得以值遇，道綽徵引多部經論來以說明正確的聞經學法觀念。依《無量壽經》所說，一個人如果缺乏善根，就沒機緣聽聞到這部經典。此經又說憍慢、邪惡、懈怠的人是難以信受淨土法門的。另外，引述《無量清淨平等覺經》說如果聽到淨土法門，心中悲喜交集，身體毛髮豎立，表示這個人過去世已曾修習大乘佛法。聽到淨土法門而完全不肯相信者，可能剛從三惡道轉生為人，障礙學法的罪業尚未消除。簡而言之，聽聞淨土法門而能生起清淨信心，須有過去世累積的善根作為基礎。

因此，對於「十念往生」這種看似容易成就的往生淨土最低標準，道綽雖然推廣稱名念佛，亦未一味投合信徒的好易惡難心理，而過度降低淨土法門的實踐要求，他強調過去生所種因緣及平日精進修學的重要性。道綽指出：「如果缺乏過去生的良好因緣，尚且無緣遇到善知識，如何在其指導之下而得十念往生？」又說：「經中所說的十念相續，好像不太難，但凡夫心識猶同野馬、猿猴，向外奔馳於六塵，何曾有停歇的時刻？」❸所以每個人應當發起信心，平日預先努力念佛，使習慣成為自然，善根得以堅固，臨終之時始有機緣與能力跨過往生門檻。

所謂的「十念相續」，道綽也提出特殊的解釋。只要憶念阿彌陀佛，或是其總體相，或是部分相，隨著所觀照的對境，達到十個念頭相連不斷，無其他念頭間雜，即是「十念」。然而，他又說十念不過是聖者們念佛的一次計數單位，行者若能長久持續念佛，凝聚精神，不轉向其他對象，使道業成辦，就不須再藉助十念計數。❹換句話說，念佛已達純熟專一，便可廢去計數不用，因其修習成就已在十念相續之上。

由於十念相續不易達成，道綽也提到「臨終助念」的重要功用。他建議應該與三、五位同志預先約定，臨命終時相互開曉，為即將往生者稱念阿彌陀佛名號，幫助他發願求生安樂國土，能夠聲聲相續而成就十念。

念佛三昧為經旨

《安樂集》通論《觀經》，道綽指出此經以「念佛三昧」為宗旨，廣引經論來闡釋念佛三昧的意義，並印證念佛的巨大功德與利益。《花首經》講述「一相三昧」：當菩薩聽聞有某佛在某世界正在說法，即攝取那位佛陀的威儀行相，收攝六根，心不馳散，專注憶念一佛，由如來相與世界相而了達無相。如此觀照不捨，佛就會現前為他說法；菩薩聽到諸法都是可壞滅的，聽聞以後憶念不忘；從三昧起來，能廣為四眾弟子演說這番法義。❺這種三昧由觀一佛行相入手，最終通達般若空義。

《文殊般若經》論說「一行三昧」，有類似的意趣：菩薩於寂靜處捨除散亂心，朝著佛的方位端身正坐，不攝取其他相狀，專心憶念一佛，能於正念中見到三世諸佛。為何憶念一佛能見到諸佛呢？因為憶念一佛功德無量無邊，便與無量諸佛功德等無差別。❻雖然道綽對此經的引述只到這裡，但考察《文殊般若經》的上下文脈，亦有通過念佛而通達空性的意義。

接下來，道綽引大乘《涅槃經》說：如果有人能至心常修念佛三昧的話，十方諸佛恆常觀見此人，如同顯現在其人面前。又依《觀經》等經典說明所修萬行只要能夠迴向、發願，沒有不往生的，但念佛一行是主要道路。《觀音授記經》說安樂世界阿彌陀佛圓寂後，一向專念阿彌陀佛而往生者仍能常見彌陀，他並未進入滅度。《大智度論》說佛是所尊、所重，長久教導菩薩修行，所以應當憶念佛陀；再者，念佛三昧有大利益，能遣除障礙，令行者獲得解脫。《華嚴經．入法界品》中，善財童子參訪功德雲比丘，尊者為他解說念佛三昧的各種廣大利益。❼列舉這麼多部經典為彌陀淨土法門的念佛功德作證，意在勸修。不過，這些經典所教導的主要是觀想念佛，道綽也將稱名念佛結合其中。

修諸行法不離佛

在前述《華嚴經》的徵引之後，道綽再引《海龍王經》與《大樹緊那羅王經》以闡說常不離佛的實踐方法，其中都包含念佛三昧行法。《海龍王經》提及八種行法：㈠常念諸佛；㈡供養如來；㈢讚歎世尊；㈣製作佛像，修行種種功德；㈤迴向、發願往生；㈥心不怯懦；㈦一心精進；㈧求佛正慧。《大樹緊那羅王經》列舉四法：㈠自己修行善法，並勸導眾生都生起往生見如來之心。㈡自我勉勵並勸勉他人喜好聽聞正法。㈢自我勉勵並勸勉他人發菩提心。㈣一向專志修行念佛三昧。❽

雖說恆常修習念佛三昧，並非意味不必修習其他三昧，道綽說：此處說常念，也沒有說不修習其他三昧，只是修習念佛三昧較多，所以說常念。為何如此重視念佛三昧？道綽引用《大智度論》說有的三昧只能除貪，不能除瞋、癡；有的能除瞋，不能除貪、癡；有的能除癡，不能除貪、瞋；有的能除現在障礙，不能除過去、未來的障礙。如果能夠常修念佛三昧，不論過去、現在、未來的一切障礙都能消除。❾念佛三昧的巨大功德可以總攝大多數三昧的功德，所以鼓勵恆常修習。

念佛三昧是以觀想念佛與稱名念佛作為核心行法，同時必須廣修菩薩道法門。發菩提心的修習絕不可廢，否則違背淨土法門的大乘佛法精神。《無量壽經》中提到必須發起菩提心始得往生，此點常為強調淨土法門的簡易直捷者所忽略。道綽引世親《淨土論》（《往生論》）說：所謂發菩提心，就是誓願成佛的心；誓願成佛的心，就是度眾生的心；度眾生的心，就是攝受眾生到有佛國土的心。現在既然發願往生淨土，所以首先必須發起菩提心。[10]真正發心往生淨土的人，必然會發起菩提心，希望能使一切眾生共同往生淨土。

有相無相二諦義

同於曇鸞的觀點，道綽也將念佛往生法義與般若無生思想相結合。《安樂集》中施設一個提問：彌陀清淨國土既然涵蓋上下根機，不論凡聖都可往生，不知道是唯有修無相者能夠往生，還是凡夫取相者也可以往生？回答說：凡夫智慧淺薄，多依相貌而求，仍決定可以往生。然而，因有相善行的力量微弱，只能生於有相淨土，見到報佛與化佛。這屬於中輩、下輩的往生。[11]

若能了知無相、離念為體，以此作為觀想所緣而求往生者，多相應於上輩往生。諸佛菩薩有二種法身：法性法身、方便法身。方便法身以法性法身為依據，法性法身須通過方便法身而彰顯。無為法身就是法性身。法性寂滅，所以法身無相；

法身無相，所以能無不相；法身無知，所以能無不知。雖然依照所緣而觀察總相、別相，但無非都是實相。由於了知實相，則知三界眾生的虛妄相。由於了知三界眾生的虛妄相，即生起真實的慈悲。由於了知真實的慈悲，即發起真實的歸依。修行者不論出家與在家，只要能了知生而無生，不違背二諦義者，應該多落在上輩往生者當中。⑫

中輩、下輩的修行者無法破相，必須依靠信佛的因緣求生淨土，雖然到達安樂國土，仍住在有相之地。上士了達法性淨土無相而無不相，體性無邊無際，其往生乃是無生之生。此種離相修行求往生與般若空義相應，是不行而行。就根本而言，雖然心外無法，但不妨礙緣起的有相淨土，因此，須就二諦來明瞭有相、無相淨土的意義。

安樂報土報佛住

淨土思想的一個重要問題是佛土與佛身的性質。大乘佛教有三身（法身、報身、應身）、四土（凡聖同居土、方便有餘土、實報莊嚴土、常寂光淨土）的區分。其中，常寂光淨土不是一種有形的佛土，指的就是法性身。安樂國土是屬於四土中哪種國土？阿彌陀佛是三身中的哪一種身？道綽的答案是報土與報佛。

道綽引《大乘同性經》說在淨土中成佛者全為報身，而在穢土中成佛者都是化身。如來的真實法身則是無色無形、無顯無現、不可見、無言說、無住處、無生無滅。既然淨土中的佛是報身佛，一般認為報佛常住，為何《觀音授記經》說阿彌陀佛進入涅槃後，由觀世音菩薩接替成佛呢？道綽回答：這只是報佛示現隱沒相，不是真正的滅度。《觀音授記經》也說阿彌陀佛入滅後，善根深厚的眾生仍見到彌陀佛如原來一般，可以為證。⓭

另有一個設問引《鼓音經》說到阿彌陀佛有父母，質疑非報佛與報土。道綽釋疑說：阿彌陀佛也具有三身，於極樂國土出現者是報身，此經說有父母者是在穢土方便示現的化身。如同釋迦牟尼佛事實上是在淨土成就報佛（可參見《法華經‧如來壽量品》），應眾生機感而來娑婆國土，示現為有父母而成就化身佛。⓮

此外，道綽也提出淨土不毀之說。這就好比報佛身常住，而有眾生見到佛進入涅槃；淨土也是如此，其體性沒有生成與毀壞，隨眾生不同根機而所見有成有壞。報佛與報土都具有常住的性質，但會因應眾生不同根機，由佛力方便而現起各種化佛與國土。

《安樂集》是唐代淨土學的重要論著，道綽針對幾個重要的主題，闡釋義理，解答疑難，內容精闢，說理明晰，廣引經論所說而加以會通，使義理能夠總體一貫。書中有勸人念佛往生的熱切之情，也不失義理的深度及思惟的廣度，例如：十念往生的意義、生而無生的二諦義、念佛三昧的闡釋、發菩提心的要求、菩薩廣行的必要等。道綽的著作和其前輩曇鸞一樣，發揮彌陀淨土思想的深義，都是後代祖師闡發淨土法門的依據，而今日研讀者寡，實屬可惜！

❶《大正藏》冊四十七，頁四中。

❷《大正藏》冊四十七，頁十二中。

❸《大正藏》冊四十七，頁十上—中、十一中。

❹《大正藏》冊四十七，頁十一上。
❺《大正藏》冊四十七，頁十四下。
❻《大正藏》冊四十七，頁十四下。
❼《大正藏》冊四十七，頁十四下——十五中。
❽《大正藏》冊四十七，頁十五中——下。
❾《大正藏》冊四十七，頁十五下——十六上。
❿《大正藏》冊四十七，頁七下。
⓫《大正藏》冊四十七，頁六下。
⓬《大正藏》冊四十七，頁七上。
⓭《大正藏》冊四十七，頁五下——六上。
⓮《大正藏》冊四十七，頁六上。

參考文獻

陳揚炯著：《中國淨土宗通史》，南京：鳳凰出版社，二〇〇八年，第四章「淨土宗之成熟」。

石田瑞麿著：〈中國的淨土思想〉，玉城康四郎主編，李世傑譯：《佛教思想（二）：在中國的開展》，臺北：幼獅文化，一九八五年，頁三十三—五十九。

定散二善念佛行

——善導《觀無量壽佛經疏》導讀

唐代的善導（六一三—六八一）是繼曇鸞（四七六—五四二）、道綽（五六二—六四五）之後弘揚淨土法門的高僧，可說是一位集大成的人物，後人尊他為淨土宗三祖。他曾經謁見道綽，向他學習方等懺法，聽講《觀無量壽經》。在修學淨土有成之後，善導將全幅心力置於念佛法門的傳播，感化許許多多男女老少持念阿彌陀佛聖號。此外，他運用所獲得的財利供養書寫《阿彌陀經》十萬部，圖繪淨土變相三百幅，努力於寺院、佛塔的修葺。善導有多部撰述，本文介紹《觀無量壽佛經疏》（以下簡稱《觀經疏》），全書四卷，是其現存著作中篇幅最大者，對於中國淨土思想的建構具有重要影響。

善導依據《觀無量壽經》的文脈，將往生淨土的實踐方法分為定心狀態修習的

「定善」，及散心狀態修持的「散善」。前者是經中「十六觀」自日想觀開始的前十三觀，為較高層次的定中觀想行法。後者是「十六觀」之中的最後三觀，有關三輩往生的部分，以散心修行「三福業」為正因，普遍適應於凡夫眾生；甚至連廣造罪惡者只要臨終肯誠心念佛名號都能轉生彌陀淨土。《觀經疏》說：「如果依禪定行法，則無法將眾生全部攝受；因此如來運用方便開示三福行法，以相應於散心根機。」❶說明佛陀開示定善與散善二種淨土實踐進路，以廣泛攝受利根與鈍根的有情。

定善觀想佛身土

「十六觀」是對西方安樂（極樂）國土依報（生存環境）與正報（佛菩薩身相）的順次觀照，修行成就隨之提升。《觀無量壽經》中所列順序如下：日觀（面向西方觀想落日為始，定立方位）、水觀（觀西方一切是大水，進而作冰想、琉璃想）、地想觀（觀琉璃地下有七寶金鋼幢支撐，地上以黃金、七寶分界）、寶樹觀

（觀七寶行樹）、寶池觀（觀池中八功德水及蓮花）、寶樓觀（觀無數七寶樓閣，其中有天神演奏音樂）、華座觀（觀眾寶所成的莊嚴蓮花座）、像觀（觀金色佛像坐於蓮花座上）、真身觀（觀阿彌陀佛真身）、觀音觀、勢至觀（以上觀想二菩薩真實色身）、普觀（觀自身生於極樂世界花開見佛的景像）、雜想觀（觀彌陀及二菩薩身形變現自在）。以上十三觀是對西方淨土依報與正報的觀想。接下來是上輩觀、中輩觀、下輩觀，觀想三輩眾生因修淨土法門而於臨終獲得接引往生淨土的情狀。

關於前十三觀的定善，善導加以分類：從日觀到華座觀是對依報環境的有序觀想。其中華座觀是「別依報」，專屬於阿彌陀佛；其餘六觀是「通依報」，通屬於法界的凡聖。通依報的六觀又分真假，日想、水想是觀「假依報」，以娑婆世界的相似可見境相來幫助對極樂世界的觀照；地想觀至寶樓觀是「真依報」，是極樂世界的真實無漏可見境相。

正報分為「主莊嚴」，即阿彌陀佛；及「聖眾莊嚴」，指淨土聖眾及其他世界行將同生於淨土者。正報又有別有通，「別正報」即阿彌陀佛，「通正報」是觀音觀以下諸觀。正報也有真有假，像觀是「假正報」，真身觀是「真正報」。何以需要觀想假正報？因為眾生的障礙、煩惱深重，佛的真實容貌難以顯現，所以藉助假正報來攝集心念，息止散亂心想，心眼得以啟開，而見到真實的境相。對於定善各項觀想的境相顯現歷程與操作方法，善導於《觀經疏》中提供詳實的說明。

通過禪定觀想彌陀國土的過程中，可獲得何種修行利益？以最初的日觀為例，善導說明佛陀教導攝心觀想日輪有三方面的意義，其中第二義說明想要讓眾生識知自己業障的輕重。利根者很快就獲得明相現前，其餘的人或有黑障、黃障、白障等，此時應莊嚴道場，安置佛像，沐浴清淨，於佛前誠心懺悔，以去除障礙，令觀想成就。❷在地想觀項下講述能於定中見到寶地，即可滅除有漏的多劫罪業；捨身以後必定轉生淨土；修習往生因能具正念，不雜懷疑之心。❸

寶樓觀中說做正確的觀察可除去多劫的障礙，身心清淨，與佛本心相應，捨身後必然往生。華座觀中提到除罪、得生二益。真身觀中說能見彌陀，即見十方諸佛，於定中蒙佛授記。普觀中說到蒙受彌陀等聖者以三身（法、報、應）護念。總而言之，隨著觀想的層層遞進，所得利益相應地愈來愈大，主要的利益包括消除障礙、必得往生、佛心相應、蒙佛授記、得佛護念等。此外，普觀中也提到與修習禪定相關的利益：觀心明淨，諸惡不生，內心與法樂相應，外無身、口、意三邪行的障礙。❹

散善修習三福行

《觀無量壽經》於十六觀之前說到「三福」，適應普通學佛者的修行能力。其整體文脈如下：「阿彌陀佛離這裡不遠，你應當專注憶念，觀察那個國土的淨土行業成就。我現在為你詳細講說種種觀想的譬況，也使未來世的一切凡夫想修行淨土行業者得以轉生西方極樂國土。期願轉生彼國的人應當修行三福：一、孝養父母，奉事師長，慈心不殺生，修行十善業。二、受持三皈依，具足戒行，不做違犯行為。三者，發菩提心，深信因果，讀誦大乘經，勸勉修行者。如此的三類事情稱為淨土行業。……這三種行為表現是過去、未來、現在三世諸佛的淨土行業正因。」❺由於文中提到「一切凡夫想修行淨土行業者」，善導將此三福業定位為「凡夫」層次所修的淨業正因，並分別與十六觀中散善部分之九品往生的中輩、上輩相配。不修行三福業的造惡者而有機緣往生者，則屬於下輩。

善導將第一福標目為「世俗善根」（世福），這類人未曾聽聞佛法，但能實踐孝養父母、仁義禮智信等世間道德。第二福是「戒善」（戒福），所受的戒律包括人天乘的五戒與十戒，以及聲聞戒、菩薩戒等，對於戒條或全受或部分受持，受戒後或能持戒清淨或無法完全持守，不論何種情形，只要能夠將持戒功德迴向往生，都能轉生於清淨佛土。第三福稱為「行善」（行福），這是發大乘菩提心的凡夫自己能夠修行這些善法，並能勸導其他有緣眾生捨棄惡行，秉持行善之心，迴向轉生淨土。❻

三福行雖與上輩、中輩的往生者相配，但修習者並非只專選一行來修，也可三福通修，不必拘泥。善導說：「在這三福之中，有的人單修行世福，將功德迴向，也得以往生；……單修行戒福……單修行行福……修行前面二福……修行後面二福……有的人三福都修行，將功德迴向，也得以往生。有的人三福都不修行，那就叫作十惡邪見的一闡提人。」❼

縱然是造作巨大罪惡的一闡提人，只要臨終時有人教他持念佛名，而他也以至誠心念佛，即能往生淨土，只是往生後必須先蟄伏在蓮花苞中，等待滿十二大劫的時間，花開見到觀音、勢至二位菩薩為他說法懺罪，從而生起菩提心。如此，善導依據《觀無量壽經》的文脈所做的解釋，修學淨土法門的聖者姑且不論，在彌陀佛的慈悲加被之下，一切凡夫有情只要肯念佛，都是往生淨土的契機，哪怕是造作五逆十惡重罪者！

九品專為凡夫說

善導強調淨土法門既是一種易行道，於較難修習的定善之外，更有專為凡夫大眾所施設的容易成就的念佛淨業，使他們都能從凡夫層次轉化成為聖者。凡夫大眾必須依靠彌陀佛的願力加持始得以往生，在清淨佛國土這種絕佳的學習環境進修菩薩法門；聖者們既然可以憑藉自力修行而得成就，便無運用求生淨土的易行道來救濟他們的絕對必要。佛陀通過淨土法門的方便道施化一切凡夫有情，具有一種普遍救度的意涵，為身處五濁惡世的煩惱眾生開出一條可行的成佛大道。

《觀無量壽經》中有「九品往生」之說，將淨土往生者區分為九個品級。關於這九個品級的往生者應該屬於哪一種修行層次的人，在善導之前已有佛教學人提出解釋。以上品上生者而言，他們大多主張是四地到七地的菩薩；上品中生者是初地到四地的菩薩；上品下生者則是成就種性（十迴向位）以上到初地之間的菩薩。

善導不同意這種說法，這些菩薩既已成就如此高深的功德，還有什麼憂慮促使他們尋求往生安樂國土？他認為上品上生者應是佛滅後能夠持戒修慈的「大乘極善上品凡夫」。上品中生者是雖不能持戒修慈，但能讀誦大乘經典的「大乘凡夫」。上品下生者是雖不能讀誦大乘經典，但能念佛、念法、念僧的「一切發大乘心眾生」。此上輩三品所實踐的內容，就是前述的「行善」。❽如此解釋與經典文義較為相合。這三等人若能對自己所修的行業專志努力，於一日一夜乃至七日七夜相續不斷，迴向往生，臨終必將獲得阿彌陀佛或化佛的接引。

同樣的，中上、中中、中下三品往生者也非如諸師所說的「小乘三果」、「見道以前內凡」、「內凡以前世俗凡夫唯修世福求出離者」，而是分別對應於：㈠持小乘戒（五戒、八戒、其餘諸戒）凡夫；㈡臨終前一日一夜有緣受持小乘戒者；㈢生前能孝養父母而未遇佛法，於臨命終時值遇善知識勸令往生者。❾當然，必須將所修的持戒功德迴向發願往生，始能憑藉佛力而得往生。中輩三品人的實踐內容對應於前述的「戒善」與「世俗善根」。

至於下輩三品人，諸師說是「大乘始學凡夫」，善導卻認為是缺乏佛法和世間善法調伏的眾生，只知道造作惡行。他們雖犯下種種過錯，仍有獲得佛力接引的機緣。下上品人只是不造五逆重罪，其餘諸種罪惡都做了，也缺乏慚愧心，臨命終時遇到善知識為他講說大乘，教他念佛一聲，阿彌陀佛即會派遣化佛與菩薩來迎接此人。下中品是受戒後不持守而毀戒，又盜取僧團財物、不淨說法（為名聞利養而說法），沒有慚愧之心，命終時會見到地獄猛火現前；此時值遇善知識為他講說佛土功德，若能誠心迴向發願往生，亦可見到化佛來迎。❿下下品人造作五逆十惡業，命終必定墮落無間地獄，若遇善知識教他念佛求往生，能夠依從教導而稱念佛名，依此功德而往生。

自力他力共相成

善導依據《觀無量壽經》，將往生淨土的主要修行法門分為定善與散善，甚至連散善都不修而廣做惡行者，只要肯念佛迴向皆能獲得接引而往生，這在中國淨土思想史上具有一種特殊意義，是真正「易行道」的轉向。前篇所論的道綽《安樂集》，雖也強調淨土是易行道，但此易行道只是相對於難行道而言，並非意指能夠輕易成就。道綽並不認為《阿彌陀經》中所說「十念往生」是容易達成的，需有過去生累積的眾多善根及平日的精進念佛作為基礎。

善導則主張九品往生專為凡夫而說，將念佛往生的標準大舉降低，使彌陀佛慈悲願力的加被範圍真正能夠廣及一切眾生，以合乎令所有眾生皆能成佛的理想。然而，如此的解釋雖然鼓勵了廣大群眾，無形中也容易讓人產生誤解，以為往生淨土不需平日的修持，靠著臨終一念就好了。

道綽與善導對於易行道修行標準的觀點差異，其實是出於所依經論與詮釋方式的不同。道綽《安樂集》似乎也在詮釋《觀無量壽經》，但對於造作五逆十惡者亦能往生之說無法苟同，認為那只是權宜的說法，意在勸勉凡夫大眾。道綽不拘泥於《觀無量壽經》的字面意義，他更徵引其他經論的文句來證明《觀無量壽經》此言「背後」的真實意趣，如《攝大乘論》的「別時意語」，認為此生只種下往生之因，並無法往生，往生的實現是在未來。

相對的，善導的《觀經疏》則依據字面意義進行詮解，旨在發揮彌陀廣度一切眾生的意義。兩位祖師的觀點相左，是否表示一方對而另一方錯呢？也不須如此看，他們各自表達出淨土佛教在不同層面的重要意涵，於他力加持與自力修持的兩個面向，道綽更重視以自力精進作為往生基礎的現實面；善導則彰顯以佛力加被而度盡眾生的理想面，兩人的義理可配合起來做中道的理解。

善導疏解《觀無量壽經》的義理特色，是將這部經典的念佛行法分成定善與散善，證成淨土法門三根普被的度化意義。這部經典的研修者既可以透過禪定來觀想西方淨土的清淨莊嚴，尋求相應；對於普通學佛大眾而言，亦可憑藉三福業的散心修行而蒙佛接引。為了指引凡夫眾生往生淨土，善導極力倡導「稱名念佛」的他力行門，認為在距離佛陀已經非常遙遠的時代，眾生根機浮淺，應以持念佛名為正行，以定慧法門為兼行。既然定學與慧學的成就條件極為不足，不如將成佛的可行模式寄託在彌陀願力與威神力的加持，依他力帶起自力，在淨土修成菩薩境地，再到其他世界廣度眾生而圓成佛道。

❶《大正藏》冊三十七，頁二九五上。
❷《大正藏》冊三十七，頁二六一下——二六二上。
❸《大正藏》冊三十七，頁二六四上。
❹《大正藏》冊三十七，頁二六九中——下。
❺《大正藏》冊十二，頁三四一下。
❻《大正藏》冊三十七，頁二七〇中。
❼《大正藏》冊三十七，頁二七〇中。
❽《大正藏》冊三十七，頁二四八上——中。
❾《大正藏》冊三十七，頁二四八下——二四九上。

❿《大正藏》冊三十七，頁二四九上。

參考文獻

石田瑞麿著：〈中國的淨土思想〉，玉城康四郎主編，李世傑譯：《佛教思想（二）：在中國的開展》，臺北：幼獅文化，一九八五年，頁三十三—五十九。

正木晴彥著：〈善導の浄土教學〉，收於平川彰等編：《浄土思想》，東京：春秋社，一九八五年，頁二五三—二八四。

理事一心持佛名

——袾宏《阿彌陀經疏鈔》導讀

北魏曇鸞的淨土著述詮釋世親的《無量壽優婆提舍願生偈》，歸本於《無量壽經》（大本《阿彌陀經》）。隋唐時代的道綽所撰《安樂集》廣引《觀無量壽經》與其他經論，證成淨土佛教義理。唐代善導的《觀無量壽佛經疏》，及隋代淨影慧遠的《觀無量壽佛經義疏》，還有天台學系傳為智顗所述的《觀無量壽佛經疏》，都關注《觀無量壽經》的淨土法義。傳為唐代窺基所撰的《阿彌陀經通贊疏》，為鳩摩羅什所譯的小本《阿彌陀經》進行疏解；宋代以後，《阿彌陀經》獲得愈來愈多淨土學人的青睞，傳下許多註疏。

明末四大師之中的雲棲袾宏（蓮池大師，一五三五—一六一五）與蕅益智旭（一五九九—一六五五）分別受世人尊為中國淨土宗的第八祖與第九祖，兩位大師都將《阿彌陀經》視為首選的淨土經典，為此經作註，特重持名念佛方法。蕅益大師《閱藏知津》卷三如此概括《阿彌陀經》旨要：「無問自說，告舍利弗，稱讚西方極樂世界阿彌陀佛不可思議依正功德，勸人發願求生，但以執持名號為行。復引六方各恆沙佛出廣長舌，勸信流通。今時叢席皆奉之為晚課，真救世神寶，圓頓上乘也。」❶蓮池大師在《阿彌陀經疏鈔》卷一讚歎此經說：「攻讀三藏十二部的文句，覺悟之路愈來愈遠，而能使汙濁者清淨，背離者向正，一念間頓時超越，依片言即得體證，力用的神妙，如何可以思議？」❷他們都對《阿彌陀經》表達最高肯定之情，引以為修行圭臬。

蓮池大師一生精修與廣弘淨土法門，《阿彌陀經疏鈔》為其最重要的著述。這部註疏其實是兩種撰述的結合，《阿彌陀經疏》是註解經典的精要之作；《阿彌陀經疏鈔》是對註疏文句的詳細解釋。此書分成三大部分來呈現此經要旨及逐句疏解文義：(一)「通序大意」，導論全經要義。(二)「開章釋文」，分成十章來論說《阿彌陀經》之說經因緣、判教歸屬、義理深廣、所適根器與修行品位、經教體性、宗趣旨歸、淨土經典部數、翻譯註釋與誦持情形、解釋經名、逐文解義。(三)「結釋咒意」，解釋〈往生咒〉深意。蓮池大師認為如此三大項，正可對應於解經的正、序、流通三分，及修學的境、行、果次第。

一 經體用皆圓頓

在「通序大意」部分，蓮池大師以明性（彰明真心自性）、讚經（讚歎此經妙用）、感時（感嘆眾生不體佛意）、述意（述說解經用意）、請加（請佛威神加持）五個細分項目來闡釋此經真理體性的圓滿真實，彌陀聖號的不可思議妙用，想要體現佛意及了義解經的著作旨趣，祈請三寶以威神力慈悲加持，使這部經典註疏能夠言符佛意，廣泛流通，利益有情，使他們見聞隨喜，往生極樂，同證佛果寂光淨土。

《阿彌陀經》文義所承載的真心實相體性為何？蓮池大師說：「靈覺聖明，洞徹一切，清澄寂靜，常恆不變，非濁非清，無背離無向正，偉大啊！真實體性不可能思惟語議者，就是自性吧！」❸一切萬法皆相即於這個真心體性，這個清淨自性在無情中稱為法性，在有情中稱為佛性，此處主要就佛性而言。這個清淨自性有多個名稱，又名本心、本覺、真知、真識、真如等，總而言之，即為人類的靈知靈覺，本來具足的一心。

這個有情本具的靈覺真心可用華嚴學的「四法界」來加以會通：展現清、濁、向、背的差別相，是事法界。靈覺聖明，清澄寂靜，是理法界。靈覺聖明，清澄寂靜，而又不變隨緣；清、濁、向、背，而又隨緣不變，是理事無礙法界。不可思惟語議，是事事無礙法界。❹《阿彌陀經》的真實教理包含了這四種法界意涵，最後以「自性」作結，也就是四種法界歸結於真實的一心。蓮池大師是以如此的佛性思想融通華嚴圓教的真理觀，作為修學《阿彌陀經》的最高真理指引。

《阿彌陀經》的真理體性就是佛法最高實相，由此真理體性展現出來的妙用為何？凡夫眾生不如實了知此真心實相，無明心起而生妄念，覆蓋真性，成為染濁狀態；背離覺悟，與染汙相合，輪轉生死而無止盡，甚可悲憫！《阿彌陀經》由真理體性所起的實修功用，是極致高明的：「澄清汙濁而使清淨，回轉背離而使向正，超越三阿僧祇劫於一念之間，位齊諸聖者於佛號六字，至極啊！神妙功用也不可能思惟語議者，就是《佛說阿彌陀經》吧！」❺《阿彌陀經》教導的淨土法義是明白簡易的，與方便相即而為圓頓法門，特別是藉由幾個字的佛號就能將人導入一心實相，其功用確實是不可思議。

這個真心實相論就是淨土法門的實相念佛境界，如來的法身。淨土念佛法門常為其他諸宗作為兼修行法，明末的蓮池與蕅益兩位大師為其賦與精深教理，努力爭取其圓頓教法的最高地位。

頓教為主通圓教

《阿彌陀經》在經、律、論三藏中隸屬經藏；在聲聞與菩薩二藏中自屬菩薩藏。這部經典講說大乘菩薩法義，像是佛國土的正報與依報莊嚴，憑藉信心與發願得以往生，以及佛菩薩建設淨佛國土的自利與利他實踐等。對於厭棄娑婆苦海，念佛往生安樂淨土，感覺像是在追求自利，如何說其為菩薩行？蓮池大師徵引古德觀點說：「求生淨土正是為了見佛聞法，體得無生法忍以後，再回來這個世界，救度苦難眾生，是菩薩行，而非聲聞道。」❻淨土念佛法門非以往生淨土而得個人了生脫死為終極目標，求生淨土是為了快速成就菩薩道，再到其他世界廣度有情。

在《阿彌陀經》的教相判釋方面，蓮池大師借用華嚴宗的小、始、終、頓、圓五教的判教學說，將此經主要歸於「頓教」，也兼有前後的「終教」與「圓教」教理成分。判屬頓教很容易理解，淨土念佛法門不歷階次，直接進入無生法忍，不須漸教的迂迴升進。終教的要義是一切眾生本具佛性，皆能成佛的佛性思想，此經的終教涵義是眾生念佛必定會成佛，即使定性聲聞和一闡提亦能成佛。華嚴一乘圓教可以統含先前四教，圓滿具足，所說教理純是無盡法界，性海圓融，緣起無礙，一一諸法相即相入，重重無盡。（可參閱本書的〈五教十宗顯華嚴——法藏《華嚴一乘教義分齊章》導讀〉一文）至於本經的圓教意涵，如前述的此經真心實相體性，是佛性如來藏與華嚴義理的融合思想，部分地含攝圓教的圓融無礙法義。

佛陀已經教導《華嚴經》與《法華經》的一乘教法，說法至極圓滿，為何還要特別傳授淨土念佛教法？這是為了讓所有眾生都能會歸到一乘的真心實相：「世尊最初成就正覺，演說廣大的《華嚴經》。廣大教法難以投合根機，於是隨順眾生根器，講說三乘教法，最後才將權宜教說會歸於真實教說，全部賜與大白牛車，所以說平等地給與珍貴賞賜。這是如來一代時教的大體情形。在這裡面又特別說出念佛一法，不論根器大小，只要念佛即可往生。再者，也不是等待根機成熟才將他們會歸真實，只要往生者就體得不退轉，好比破格拔擢或先世蔭庇的官位，恩德非比尋常，稱為特殊恩寵。另外，特殊恩寵包含二種意義：一、念佛是恩德之中的特殊；二、持名念佛又是特殊恩德之中的特殊。」❼

將《阿彌陀經》的核心教法判為頓教，強調其內容主要是不由漸教次第而直捷進入無生法忍階位。兼有終、圓二教，由於念佛即得往生，往生即證無生法忍，可融會眾生皆有佛性的成佛教義；念佛所悟的真心實相，通於華嚴法界圓融無盡的教理。

持名念佛入一心

蓮池大師主張《阿彌陀經》的修行進路是一切教法途徑之中的直捷徑路，可就兩種意義來理解：「首先，其餘教門修學菩提，萬里迢迢；念佛往生，自古以來說為捷徑。念佛行法又有多種門徑，現在這個持名方法，是在各種徑路之中，直截而又直捷的徑路。……第二，《無量壽經》詳細講述依報與正報，完備說明修持行法。現在這部經典（《阿彌陀經》）推重簡易，刪去繁複，舉出簡約內容以包含廣博，沒有其他說法，唯獨指示持名方法。只要獲得一心，便轉生那處國土，可說愈是簡約，愈是深妙，捷徑之中的捷徑。」❽

蓮池大師提點學佛者應先了知當務之急，也就是發願往生彌陀淨土；同時要知曉最簡易的法門，也就是念佛法門。只要能夠往生見到彌陀，何須憂愁不能開悟？《觀無量壽經》的淨土觀門有十六觀，單觀佛陀就可包含全部；佛陀雖為至極，就是有情自心。聽聞佛陀名號，專心一意持念，就是至簡至易的成佛之道。萬法唯心，只要心達清淨，沒有任何事情不能成辦，想要往生淨土即能往生。《阿彌陀經》勸導專心持念彌陀名號，因為四字名號足以含括佛陀無量功德。彌陀即是全體一心，而心性具足所有功德，常樂我淨、本覺始覺、真如佛性、菩提涅槃，都在名號當中無所不包。修學佛法，一切四諦、六度等深廣行法，單只持念佛名一法，就已全部含攝。持名念佛法門真是簡易直捷，無比殊勝！

念佛念到一心不亂，就是成就念佛三昧。達到一心不亂，即能趣入真心實相，了悟到淨土的蓮花、寶樹種種莊嚴並非在自心之外；彌陀的說法，未必要透過口頭的言教。也就是說，以念佛方法而直悟自性彌陀、唯心淨土，不須經由教法的廣學多聞及精勤修證。《華嚴經》說心、佛、眾生三者一體無差別，念佛就是念心，念到一心而了悟念體本空，無念之念才是真念。由此體會娑婆即是極樂，生而無生，不生而生，以念佛心進入無生法忍。這是念佛的「理一心」層次，親身證見一心實相；而理一心對於絕大多數學佛者而言，有必要依憑「事一心」而得以實現。雖然目前欠缺體悟真心實相的慧根，只要專心一意持名念佛，習慣成為自然，朝向理一心的豁顯。

專攻理一心屬於上根利智者的修學徑路，曲高和寡；中、下根機者可採取持名念佛的事修行法，通過事一心以進入理一心。蓮池大師說：「理一心全歸於上根者所行；也通於事相行法，方便地為鈍根者指導理與事相合的一心。……自性彌陀、唯心淨土正是指經典中的理上一心不亂而說，上智者才能承擔，鈍根者沒能力負荷。因此，這裡所說的一心，不專門崇尚理，也通於事，因為事一心人人都可修行。」❾當然，蓮池大師並非教人只是持名念佛而不須學習真心實相的教理，否則他也不必這麼詳細註解《阿彌陀經》，發揮其圓頓理趣。他真正想教導的是事一心與理一心結合的念佛法門，由最高真理的理解以引導念佛事修，藉由事一心達致理一心。

蓮池大師這本《阿彌陀經疏鈔》依據佛教經論的教理對淨土佛教的真理體性做出精深詮解，提高念佛法門的修行價值，強化念佛行者的修持信念，信解念佛一法即可達到成佛的理想。此外，論述《阿彌陀經》作為淨土佛教首要經典的意義，詳實註釋經典文句，依其個人研經所得與實踐體驗，傳授淨業修行的具體方法，使念佛行者能夠憑藉一部經典趣向事修與理悟的一心。

---

❶明．智旭撰，楊之峰點校：《閱藏知津》，北京：中華書局，二〇一五年，冊上，頁一九八。

❷《新纂卍續藏》冊二十二，頁六〇五上。

❸《新纂卍續藏》冊二十二，頁六〇四上。
❹《新纂卍續藏》冊二十二，頁六〇四下。
❺《新纂卍續藏》冊二十二，頁六〇四下。
❻《新纂卍續藏》冊二十二，頁六一三上。
❼《新纂卍續藏》冊二十二，頁六〇五中。
❽《新纂卍續藏》冊二十二，頁六一二上—中。
❾《新纂卍續藏》冊二十二，頁六〇六下。

參考文獻

望月信亨著，釋印海譯：《中國淨土教理史》，臺北：正聞出版社，一九七四年，第三十六章「雲棲袾宏之禪淨同歸論」。

于君方著，方怡蓉譯：《漢傳佛教復興——雲棲袾宏及明末融合》，臺北：法鼓文化，二〇二一年，第三章「袾宏與禪淨雙修」。

戒定淨心修慧觀

——道宣《淨心誡觀法》導讀

道宣律師（五九六—六六七）是中國佛教律宗南山宗的始祖，推廣法藏部的《四分律》，影響所及，確立漢傳佛教的出家戒本及律學解釋的傳統。道宣於十五歲受業於智頵律師，二十歲受比丘戒，隔年依止智首律師（五六七—六三五）研習律學。他聽講一遍後，就想前去禪修，遭師尊斥責，說修行須具深厚戒學基礎，於是聽聞二十多遍。其後，多方參學，於武德七年（六二七）進入終南山住淨業寺，修行定慧。他一生除了受禮請參加玄奘主持的長安譯場以外，長居終南山修習禪定，鑽研律學，廣事著述，圓寂於此山。道宣最重要的著作是《四分律刪繁補闕行事鈔》、《四分律含注戒本疏》、《四分律隨機羯磨疏》的「南山三大部」，世稱其所傳律學為「南山宗」，稱他為「南山律祖」。

除了「南山三大部」，加上《四分律比丘尼鈔》、《四分律拾毗尼義鈔》為五大部。他所撰集的《大唐內典錄》、《續高僧傳》、《廣弘明集》、《集古今佛道論衡》等，均為重要的佛教文史典籍；《集神州三寶感通錄》、《律相感通傳》等，宣揚修行感通事蹟與功德。道宣所推廣的《四分律》雖是聲聞戒律，但他融合大乘教理與唯識學說進行解釋，形成大乘律學思想。

《淨心誡觀法》是道宣在隨州（今湖北隨州）興唐伽藍夏安居期間（年代不詳），為了當時在泰山靈巖寺的門人慈忍所撰，教示佛法修持之道。內容分為三十篇：釋名、序宗、五停心、校量、自慶、善根、破戒、邪命、誑佛、造過、解脫、食緣、流轉、不動、過患、心濁、二報、結使、緣生、安般、相資、因果、止劫、一諦、心行、菩提、教化、佛性、福田、受持等，關涉戒行的主題最多，並包含定學、慧學及菩薩行的指導。

對治惑業心漸淨

《淨心誡觀法》的首篇為「淨心誡觀法五字釋名篇」，道宣藉由解釋書名說明其著作旨趣，論述從對治煩惱以淨化自心開始，使戒行清淨，進而修習定學與慧學以成就心靈清淨，最終揭顯自心的清淨佛性。這是佛法修學達到心靈徹底清淨的整個次第歷程。

「淨心」具有徹始徹終的意義。道宣指出對於現在所起的煩惱及其各類過患，應知如何對治，隨分獲得解脫。這是漸修淨化的過程，隨著煩惱染汙的止滅，內心逐漸澄明清淨，有利發起禪定與智慧，由觀察思惟生命問題與佛法教理產生對大乘佛法的清淨信心，朝向成佛菩提種姓的安住。從對治煩惱的初始微小修持之因，持續努力與提升，期於久遠未來圓證佛果。

菩薩修道位次的三賢位（十住、十行、十迴向）、十聖位（十地）、等覺位、妙覺佛位，這四十二個階位的甚深空性真理，對於初學者來說，只可聽聞與知曉粗淺境界，非凡夫能力所及，但能透過覺察煩惱病，善加對治，增進道業，獲得信解，成就修學大乘的堅實根力。因此，道宣從佛教修行初階教起，指導弟子逐步淨治業力與煩惱的遮障，而能持戒清淨；戒行具足利於禪定清淨；藉由持戒與修定的清淨而使智慧清淨；智慧既已清淨，即能豁顯自身的清淨本源。道宣引述《維摩詰經・佛國品》經文說：「心靈清淨以使眾生界域清淨；眾生既已清淨，則佛土清淨。」在這整個過程的起始與終點都是「淨心」的意義，全書各篇論題，都在指引淨心。

因此，「誡」是誡示初機修行方法，應知如何對治煩惱及其驅動的不善業行，識知病患與知曉法藥，慎守意業與口業，勉勵自己勤修道業，遠離過患。此處基本上屬於戒學的範疇。

「觀」意謂觀察，觀察審視前述的誡示內容，思考與佛法相應或不相應，及障礙道業的過患，對於名相文句仔細思量，如實了解於心，體會「誡」的真正意趣。換句話說，對於所誡示的教法要能思惟明白，從而依教奉行。又有隨順止、觀二種法門之義，這兩種行法是禪定與智慧的基礎，生出一切的禪支（禪定體驗特徵）與道品（助成菩提的行法）。由以上的觀察所誡法義與止觀修學，所以稱為「觀」。

「法」意指這整部誡文所示行法的始末次第，反覆地開示，希望使弟子能禁斷煩惱，止息種種惡業，勇猛精進，提升修證，安住於不退轉心。這個「法」的意義，就是全書三十篇所要教導的修行法門。❶

日本長泉律院的道光普寂（一七〇七—一七八一）於《顯揚正法復古集》卷二說：「南山宗旨最難辨別明了，應當仔細推求疏鈔的意旨，並且熟讀鑽研《淨心誡觀》，達到韋編三絕（讀破書卷）的程度。不如此的話，必然錯認南山道宣所痛斥的偽冒律儀，以為在持守戒律，高傲地濫得他人恭敬供養，其過失無所不至，豈不令人感慨萬千！」❷道宣這部撰述可視為對戒行的諄諄告誡，應當熟讀，以免犯過而不自知。

諄諄教誡離過失

解明了「淨心」的重要意義及佛教修學的提升次第，從第二篇「誡觀序宗法」到第二十五篇「誡觀晚出家人心行法」，道宣反覆告誡學佛者執著世俗法所犯的種種過失，教導如何依循佛法知見與對治方法以淨化自心。

「誡觀序宗法」點出淨心行法的宗旨，強調想要修道，在身、口、意三業中，先斷除對財、色二方面的貪著。可透過對身體的如理觀照，消解貪愛，制伏煩惱，令心清淨。憑藉斷捨財、色來成就無漏善根，熏成阿賴耶識的無貪種子，逐漸淨治煩惱染汙，進入菩薩賢聖階位。第三篇「誡觀五停心觀法」指示可運用不淨、慈悲、十二因緣、十八界、數息五種觀法來對治貪欲、瞋恚、愚癡（否定因果）、我執、散亂等煩惱問題，止息過失，起修道業。只要能夠斷絕財、色，就是奉守戒律。

第四篇「誡觀末法中校量心行法」強調應先學習清淨持戒，而後修習禪定及聽經聞法。切不可本末倒置，理解法義而不事修行，追求名利，違犯戒律。第五篇「誡觀六難自慶修道法」說明人身難得、生中國（有佛法之地）難、信樂正法難、六根（能學佛法的眼、耳等感官）具足難、出家受戒難、受戒而能隨戒難。如能克服六難，應自我慶幸。

第六篇到第十八篇分別開示世相如夢，應修出世善根；列舉僧尼破戒而不修出世法的各種惡業；告誡外現威儀而心求名利的邪命（不正當的謀生方法）虛偽行為；告誡取相著法修行而自認具備福德智慧，是不依真理修行的欺佛行為；告誡不可驕縱與偽善，在人前表現律儀而在人後違犯戒行；教導遠離女人十惡；教導飲食、衣服、臥具、醫藥都是施主從苦緣生產而來，四事難消，應少欲知足；教導思惟六道輪轉，受苦無窮；教導世間八風力量強大，有智者應觀緣起性空而心不動搖；教導觀察身心的無量苦惱過患，應修禪定觀照真理，復歸一真清淨心的佛性、真常法身；告誡不可詐現修行善法，自說功德，獲取名聲，而口清心濁；說明眾生各各執著於正報（身心個體）與依報（生存環境），應當厭離；教導思惟因煩惱結使造作顛倒業行，應修五停心觀、三解脫門等加以對治。以上十三篇告誡一切有情的煩惱與苦報，及佛教行者常犯的過錯，應思對治與遠離，以獲致身心清淨。

第十九篇「誡觀十八界假緣生法」，教導觀察十八界都是因緣和合所生之法，應精進修學佛教行法，追求實相法身的體悟。第二十篇「誡觀修習安那般那假相觀法」，教導修習數息觀、淨土觀等禪修方法。第二十一篇「誡觀善惡相資法」，觀想眾生造作五逆十惡、違犯重戒、誹謗賢者與正法，應視此為福田，助成自己的菩薩道功德，發起同體大悲教化他們，思惟善惡一如、眾生如幻，不執著諸相。第二十二篇「誡觀六道眾生善惡因果法」，了知凡聖善惡因果之法，思量種植種種善根，將所修善法全迴向無上菩提。第二十三篇「誡觀行者善護戒財塵賊止劫法」，教導善修戒行，守護根門，使煩惱魔賊得不到破壞機會。第二十四篇「誡觀世諦第一義諦法」，能觀察世諦猶如幻化，欺瞞愚癡凡夫，無有實在自性，而於第一義諦真常聖道中修行。第二十五篇「誡觀晚出家人心行法」，告誡過晚出家的十種罪過，易招三惡道果報。以上七篇主要教導佛教正知正見與實相真理的觀察思惟。

道宣向慈忍總結前述諸篇的淨心意義說：「前面的二十五篇闡說各種煩惱業行的對治方法，清淨你的身心。心靈既得清淨，稱為自利行。」❸最後的五篇，將教導大乘佛法的利他廣行，能達到自利利他，方為廣大的淨心。

菩薩戒行真淨心

第二十六篇是「誡觀對發菩提心法」，教導必須發起無上菩提心，堅定勤行種種波羅蜜，使有情眾生能滅除生死大苦因緣。道宣說：「菩薩行者不染著三界，不厭棄三界，常處生死而知生死本空；以中道智慧修行無為而不住無為。為何不染著三界？由於盡除煩惱，不為業力所繫；又不厭棄三界，以大慈悲追求無為道，期望自利利他，隨順大乘。恆常觀照四諦、十二因緣而了知生死苦聚；恆常發起四弘誓願，以四攝法利益眾生，修四無量心怨親平等；恆常修行六度利益自他，修行無量功德趣向無上菩提，為了成就諸佛的十力、四無所畏、十八不共法。能遵循此教導而修行，稱為廣大淨心。」❹

第二十七篇「誡觀教化眾生法」，開示教化有情大眾的說法次第。應當生起大慈悲心，憶念三界苦海，先在人道教化與利濟眾生，透過善言軟語使他們調伏，相信因果，皈依三寶，然後依照根性傳授諸乘的階梯正法。首先，教導人天善法的五戒、十善、八關齋戒，使他們遠離三惡道，獲得人天安樂果報。對於出家追求無上菩提者及修學二乘者，為他們講說四諦、十二因緣，使其生起厭離與悔悟，了知執著有為世間的過患，斷除生死，證得涅槃安樂。具大乘根器者，更教授破相見空的六波羅蜜法門，修學菩薩十地，如《大品般若》、《華嚴》等經所說。更進一步，教導泯除道諦與十八空等法相，超越形相與名稱，悟入平等真理、不思議海境界，這即是佛乘，如《思益》、《維摩》、《首楞嚴》等經所說。❺

第二十八篇「誡觀佛性不一二非有無含中道不著中法」，教導眾生同具清淨佛性，生死煩惱從真性而起，佛性為成佛之因。須知佛性中道不一不異、非有非無，含攝一切真理功德，應超離二邊而不執中道，令佛性影現。揭顯佛性的四親近法為親近善知識、親近正法、親近靜思、親近如說修行。第二十九篇「誡觀智差別福田不等法」，前觀佛性為觀察因相，此篇教導觀察果相，即究竟佛果。充滿三千大千世界的有情智慧加總不及一位聲聞初果的智慧，依序不及二果、三果、阿羅漢果、辟支佛果、種姓菩薩、初地菩薩、……十地菩薩，十地菩薩智慧加總不及如來一念之智。供養功德的差別同樣如此，布施所有三賢位與十聖位的菩薩，滿足一劫時間，不及供養如來一餐飲食的果報。藉此示導應當志求如來智海，勇猛修行以期契悟，稱為決定淨心。❻

最後一篇「誡觀內行密修囑付殷勤受持法」，道宣諄諄教誡剛出家不久而不在老師身邊，未得善知識指引的慈忍，要好好熟讀這些教誨，字字思量，體會一字之中所含的無量義。這本撰述即等同大善知識的言教，重點不在快速讀完，而在慢慢細讀，讀後立即起行。道宣告訴弟子按部就班修學佛法的重要性：「佛法大海，缺乏智慧進入不了；寶臺千仞，沒有梯階無法登上。剛開始進入佛門，未修學戒律與禪定，越級學習空性教理，佛陀不感隨喜。」❼這就是他撰寫這些修行篇章多言對治煩惱與持守戒律的緣由所在；當然，他不忘融入智慧觀法，作為修行明燈，避免暗心無知而迷失正道。

《淨心誡觀法》是南山律祖道宣對初入佛道者所提供的修學指引，篇幅雖然僅有兩卷，但富含精闢佛法見解，及他的深厚實修經驗。只是對於現代學佛大眾而言，這些篇章的古文表達已非易讀，但值得細細品味。關於戒學指導，這本著述旨在講述煩惱過患，彰顯持戒的修行理念與功德利益，是大方向的指點引導，而非流於戒條的繁瑣解說，很適合多數佛教行者研讀與實踐。

❶ 以上〈釋名篇〉見《大正藏》冊四十五，頁八一九下。

❷《大藏經補編》（CBETA）冊三十二，頁五九一下—五九二上。

❸《大正藏》冊四十五，頁八三〇上。

❹《大正藏》冊四十五，頁八三〇上—中。

❺《大正藏》冊四十五，頁八三一中。

❻《大正藏》冊四十五，頁八三二中—八三三中。

❼《大正藏》冊四十五，頁八三三中—八三四上。

參考文獻

王建光著：《中國律宗通史》，南京：鳳凰出版社，二〇〇八年，第八章「唐代律宗（二）：南山宗」。

溫金玉：〈道宣律師研究回顧與展望〉，《普陀學刊》（第十三輯），上海：上海古籍出版社，二〇二一年，頁一一二—一二五。

顯密融通準提法

——道殿《顯密圓通成佛心要集》導讀

印度佛教密宗的經典與儀軌在唐玄宗開元年間（七一六—七二〇）快速湧入中國，善無畏、金剛智與不空是最著名三位密教大師與佛典翻譯家，世稱「開元三大士」。他們都對準提佛典的漢譯做出重大貢獻。準提佛典在漢地的傳譯，始於北周時代，直到北宋初期，有二種單行咒語、五部經典與四種儀軌流傳至今，修持儀軌可說從簡易發展為繁複。根據準提佛典，準提法門在密法當中具有最勝地位，屬於「獨部別行」，可以總攝「二十五部真言壇法」，也就是統攝一切密教法門。

經歷中晚唐的戰爭亂世與毀佛事件，修行儀軌複雜的密教傳承遭受巨大衝擊，史料湮沒，現今已難找到唐末、五代時期中國佛教界修學準提行法的記載。對比於準提密法在漢地佛教圈的沉寂，這個法門在邊疆民族所建的遼王朝受到歡迎。遼王朝支持佛教，擁有從中原流傳過去的華嚴佛學與密教傳統，嘗試將顯教與密教進行教理與行法的融通相成。

遼道宗（一〇五五至一一〇一年在位）時代，有道㲀法師（生卒年不詳）編撰《顯密圓通成佛心要集》，以華嚴教理為顯教圓宗，以準提法門為密教圓宗，嘗試融通顯教與密教，及倡導顯密相合實踐。元朝蒙古人入主中國，皇室貴戚信仰祕密佛教者眾，又將準提法門回傳中原地區。到了明、清時代，蔚成修持準提法門的風氣，佛教僧俗人士編制多種準提行法，幾乎都參照道㲀的著作。密教法門對漢傳佛教影響最大者即是準提行法，而道㲀的《顯密圓通成佛心要集》可謂功不可沒。

顯密合修速成佛

道㲀的《顯密圓通成佛心要集》分為四章：㈠顯教心要；㈡密教心要；㈢顯密雙辯；㈣慶遇述懷。「顯教心要」論說華嚴判教與淺深觀門，顯明華嚴圓教宗旨與觀行方法。「密教心要」詳述準提密法的特殊價值與修持儀軌。「顯密雙辯」揭示顯密二教的教法融通及結合修行的意義。「慶遇述懷」表述自己值遇佛法的欣慶與感懷。

佛教修行者分有上、中、下的根機差別，如果是上根人，應當顯密雙修，思惟華嚴法界無盡圓融的奧義，而以身、口、意三業修持〈準提咒〉，使其相輔相成。在「顯密雙辯」又將上根人分成二類資質：第一種是久修者，智慧潛能足夠深厚，能對顯教與密法同時修行，尋求快速成就。第二種是具備善根的初修者，可先修好顯教普賢觀法，再修密教三密加持；或是翻轉過來，先修好三密加持，再實踐普賢觀法，兩種順序皆可。❶道㲀推崇顯密雙修，如此才夠格成為佛教通人，但鑑於上等根機者極為稀少，且華嚴圓教法義不易學習，他更倡導先密後顯這樣的修學次第，可將眾多佛教行者帶上成佛菩薩道。

至於中、下根機者，由於欠缺顯密合修的適足能力，姑且隨從個人的稟性與喜好，擇一修學，或是專志學習顯教，或是單純修習密法，都是可行的。❷等到智慧潛能獲得提升，進入上根人之列，自能將顯密二教結合起來修行。唯學顯教或只修密法適用於成佛道路的起步階段，基於大乘菩薩道自覺覺他的寬廣精神，顯密合修以通達一切法門是必須達到的境地。

有人學習顯教而貶抑密教，另有人好修密法而否定顯教，道殷指出這些都是非常偏差的態度。他說明顯教圓宗的華嚴佛學是諸佛共同讚歎，菩薩全體遵行，印度與中國的佛門智者無不歸心，實踐其深廣教法。華嚴顯教廣為人所見所聞，就不須多加讚揚了。對比於華嚴圓教，密教圓宗的祕密神咒可謂諸佛之頂、菩薩之心，具足廣大功用，利樂無邊有情，世人卻對此少有所知。❸在中國佛教文化圈確實高度看重顯教，對其修證內容與功德比較了解，對於準提密法的巨大功效與修持方法就相對陌生，誤解者眾，所以道殷要特別為密教說話。

道殷勸誡學佛者不論自己所修學者是顯教還是密教，佛性為主的性宗還是唯識為主的相宗，均可一門深入，但必須信受這些法門全是融通無礙的。在顯教偏盛的文化環境中，他倡議顯密融通無礙，並且強調密法的適應時代機宜，於是特別標榜持誦〈準提陀羅尼〉的十大功德：㈠護持國王，安樂人民；㈡能滅罪障，遠離鬼神；㈢除身心病，增長福慧；㈣凡所求事，皆不思議；㈤利樂有情，救脫幽靈；㈥是諸佛母，教行本源；㈦四眾易修，金剛守護；㈧令凡同佛，如來歸命；㈨具自他力，現成菩提；(十)諸佛如來，尚乃求學。❹顯教與密教殊途同歸，功德平等，但準提密法的優勢是能廣泛適應上、中、下各等根器，修持易獲成就。諸佛尚且修學〈準提陀羅尼〉，何況普通學佛者！

理想的顯密兼修模式，應是在顯教圓妙教理的指引之下，勤修密教法門，爭取迅猛成就。道㲀視準提行法為祕密佛教的頂峰，統攝各部密法，成為修持陀羅尼的首選。雖然他肯定光憑持念〈準提咒〉一法即能獲致巨大的修行利益，但如此的說法就大乘菩薩道而言並非了義，在能力所及的條件下，顯密合修的功德更是不可思議。先學顯教或先修密法，最終都必須導向顯密兼行。

顯教圓宗華嚴學

道㲀依據華嚴宗的判教學說，將顯教的淺深教法判為小、始、終、頓、圓的五教層級：

(一)小乘教：指《阿含》等經典、《大毘婆沙》等論典，講說一切法從因緣所生，三界無常不安，了知人空真理，修學自利解脫行，欣求阿羅漢果位。

㈡大乘始教：又分為法相宗（相始教）與無相宗（空始教）。法相宗（唯識教）指《解深密》、《佛地》等經典，《瑜伽師地》、《唯識》等論書，多解明法相，講述一切法唯識所現，了知人、法二空真理；修學六度萬行，趣向大乘佛果。無相宗指諸部《般若經》，及《中論》、《百論》等論書，解說一切法本來是空，無始時來的愚癡迷情誤認為實有；以及追求體證無上菩提，修學菩薩萬行。

㈢一乘終教：指《法華》、《涅槃》等經典，《寶性》、《佛性》等論書，講說一切眾生具足佛性，本來靈明不昧，無始時來迷妄顛倒而不自覺悟；想要成就佛果，須先了悟自家佛性，然後契合佛性修習本有的無量妙行。

㈣一乘頓教：指《楞伽》、《思益》等經典，及菩提達摩所傳的禪宗，只談論真性，不依階次；講說一切妄相本空，真心本自清淨，原無煩惱，本是菩提。

㈤不思議乘圓教：指《華嚴》一經，《十地》一論，完全講說毘盧法界、普賢行海。其中所有或事或理、或因或果等法，一法具足一切法，重重無盡。此教總體含攝各層教法，契合法性而自在無礙。❺

這種五教判釋內容對華嚴判教學說稍做調整，比較值得注意的有兩點：首先，華嚴宗判教將《法華經》安置在「同教一乘」，地位略低於《華嚴經》，此處則將《法華經》視同終教的佛性思想。其次，華嚴宗判教的頓教凸顯不歷階次的意義，此處加入真心本淨的教理。無論如何，都在彰顯華嚴圓教的至高無上理趣。

佛法要求解行雙修，教觀合一，了知圓教終極真理的意義所在，是能依其圓妙教理而從事真實修行，意即「初悟毘盧法界，後修普賢行海」。圓教的無盡圓融觀門並非一蹴可幾，道殷於是開出由淺至深、由偏至圓的五階觀行法門：

㈠諸法如夢幻觀：觀察一切染淨諸法全不真實，猶如夢幻，這個能觀的智慧同樣如同夢幻。如此觀想，愛惡自然減少，悲智自然增長。這相當於華嚴四法界中的事法界觀。

㈡真如絕相觀：屬於理法界觀。又分成三種：第一，恆常觀照遍於整個法界唯是一味清淨真如，本無差別事相，能觀之智也是一味真如。第二，若心念生起時，只生起覺知之心，觀照本來沒有生起、覺知之相。第三，心有所念即與真心相違，只要安心於無所寄託，自然與妙理相合。

㈢事理無礙觀：恆常觀照一切染淨事法都是緣起無自性而全是真理，真理全是一切染淨事法。雖然思惟諸法本性不生不滅，而又相即於心念的因緣和合，善惡業行的苦樂等果報不會失壞。

㈣帝網無盡觀：在禮敬、供養、懺悔、發願、持誦等五門修行，都觀想窮盡虛空、周遍法界的無量國土，像天帝珠網譬喻那般重重無盡的三寶面前，各有重重無盡的自己身體，每一身體各自對重重無盡的三寶修行禮敬、供養、懺悔、發願、持誦；每一處三寶面前，各有重重無盡的自己身體在修行禮敬、供養、懺悔、發願、持誦。又觀想自己在任何一門的修行，窮盡未來時間，念念相續，從無間斷，身、語、意三業全無疲勞厭倦。這已跨入事事無礙法界觀的範圍，相應於《普賢行願品》的修行與觀想。

㈤無障礙法界觀：恆常觀照一切染淨諸法全是無障礙法界之心，將這個能觀照的智慧也觀想為全是法界之心。這個無障礙法界中，本來具足一切染淨諸法，沒有任何一法超出這個法界；而一一法全是一切法，一切法全是一法，圓融無礙。在行、住、坐、臥四威儀中，恆常觀照每一根、每一塵都是重重無盡的法界，這就是在修習「普眼法門」的境界。❻這相應於華嚴事事無礙法界觀的圓妙真理境界。

最高的「無障礙法界觀」是先前四種法界觀門所依的「總法界觀」，亦即前面四個觀門都可貫通於最高的無障礙法界觀。如此，顯教圓宗的華嚴教理雖然微妙不可思議，難知難解，但行者可依照自己的智慧潛能，選取相應的觀法層次，按部就班地深入慧觀境界。

密教圓宗準提法

《顯密圓通成佛心要集》在「密教心要」部分，開頭即依據密教經疏判定「陀羅尼教」即是密教圓宗。先概述顯教圓宗的修行難處，須要先行了悟毘盧法界，然後依體悟修行直到圓滿普賢行海，而得超離生死，證成無礙佛果。至於密圓的神咒，一切眾生及因位菩薩雖然不解其義，只要專意持誦，便可自然具足毘盧法界與普賢行海，圓滿大乘修行。❼準提神咒又是一切密法當中的翹楚，修持此法即能圓滿一切佛法修行。

道殿主要繼承善無畏所傳的準提行法，注重簡易的修持理念與方法，像是以一面鏡子作為準提壇場，也無接受灌頂的要求，以及「不揀淨穢」，開放給具夫妻關係與飲酒食肉者修持。這是廣泛適用於佛教僧俗二眾的密教行法。此外，他依據準提佛典與多種密教典籍，為準提行法充實持誦儀軌，增進修行成效。道殿法師所編制的修持儀軌應當有其優異處與合理性，方能在漢傳佛教圈中流傳久遠，值得深入了解。

道殿法師採用準提鏡作為壇場，可隨身攜帶，建立鏡壇的方法是依據善無畏所傳儀軌。想要修持準提法門時，便將鏡壇從囊袋中取出，對著念誦。若是無法每日面向鏡壇持誦咒語，至少要在十齋日使用，其餘日子可不對鏡持誦。如果手邊缺乏鏡子，可用心中觀想鏡壇的方式來持誦；觀想不到鏡子時，就只須專心持念神咒。

依法持誦時，首先採金剛正坐，手結禪定印契，澄定身心，觀想頭頂上有個梵字「囕」（raṁ），遍發光明。觀想此字母後，以左手結金剛拳印，右手持著念珠，口誦〈淨法界真言〉「唵．囕」（oṁ raṁ）二十一遍，以淨化身心。接著誦念〈護身真言〉「唵．齒臨」（oṁ chrīṁ）二十一遍，守護行者，以期成就勝事。在〈護身真言〉之後，持誦〈六字大明真言〉「唵・麼抳・鉢訥銘（二合）・吽」（oṁ maṇi padme hūṁ）。這個咒語是根據《大乘莊嚴寶王經》所增，該經在講完〈六字大明真言〉後，有七十七俱胝如來同說〈準提陀羅尼〉，所以兩咒具有相次的關係。

其後，進入準提修持儀軌的核心，持誦〈準提咒〉「南無・颯哆喃・三藐三菩馱・俱胝喃・怛儞也（二合）他・唵・折隸・主隸・准提・娑婆（二合）訶」（namo saptānāṁ samyak sambuddhakoṭīnāṁ tadyathā oṁ cale cule cunde svāhā）一百零八遍。配合的手印即是準提印，結在胸前位置。所觀的本尊是準提佛母。手結正確印契，口中專精持咒，心中觀想本尊，以期達到三密相應。這個神咒功效非常強大，可滅除一切罪障，成就一切善法。道殿法師援引善無畏所傳行法來概述〈準提咒〉的持誦功德：增加壽命；消除惡疾；滿足所願；眾人愛敬；不受傷害；天神守護；得大神通，往兜率天；感得觀世音菩薩或金剛手菩薩授與仙藥，延長壽命，證菩薩位；得前往十方淨土，奉事諸佛，普聞妙法，覺證菩提。涵蓋世間與出世間的種種願望。道殿法師又在〈準提咒〉末尾加上〈一字大輪咒〉「部林（二合）」

（bhrūṁ），以助成〈準提咒〉的修持效果。❽這個一字真言的功效是在誦念其他咒語時，與此咒一同持誦，必定獲得成就。

道殿法師將多部密教典籍的幾個真言咒語貫聯起來，編成〈準提咒〉的一整套持誦儀軌，有其經典依據與邏輯理路。他根據這些咒語的不同功能，使其依序串連，以收相輔相成之效，增益修持準提法門的整體功德。《顯密圓通成佛心要集》傳到中原地區的影響效力，使準提行法在明、清兩代的佛門中成為最盛行的密教法門。嚴格說來，這一種經過漢化的密教儀軌。

❶《大正藏》冊四十六，頁九九九上。

❷《大正藏》冊四十六，頁九九九上。

❸《大正藏》冊四十六，頁九九九上。

❹《大正藏》冊四十六，頁九九九中。

❺《大正藏》冊四十六，頁九八九下——九九〇上。

❻以上五種觀門參見《大正藏》冊四十六，頁九九一中—九九三中。

❼《大正藏》冊四十六，頁九九三下。

❽以上所摘錄的準提法門「持誦儀軌」，見《大正藏》冊四十六，頁九九四上—下。

參考文獻

藍吉富編：《準提法彙》，臺北：全佛文化，二〇一三年。

黃國清著：《讀懂準提法門》，臺北：法鼓文化，二〇二三年。

智慧人 54

漢傳佛教經典一本通——30本必讀經典入門

All About Chinese Buddhist Texts: An Introduction to 30 Must Read Classics

著者	黃國清
出版	法鼓文化
總監	釋果賢
總編輯	陳重光
編輯	詹忠謀
封面設計	化外設計
內頁美編	小工
地址	臺北市北投區公館路186號5樓
電話	(02)2893-4646
傳真	(02)2896-0731
網址	http://www.ddc.com.tw
E-mail	market@ddc.com.tw
讀者服務專線	(02)2896-1600
初版一刷	2024年5月
建議售價	新臺幣490元
郵撥帳號	50013371
戶名	財團法人法鼓山文教基金會—法鼓文化
北美經銷處	紐約東初禪寺 Chan Meditation Center (New York, USA) Tel: (718)592-6593 E-mail: chancenter@gmail.com

法鼓文化

國家圖書館出版品預行編目資料

漢傳佛教經典一本通：30本必讀經典入門 / 黃國清著. -- 初版. -- 臺北市：法鼓文化, 2024.05
面； 公分
ISBN 978-626-7345-29-0 (平裝)

1. CST: 佛經

221 113003512